Gérard Mendel

W0205773

Une histoire de l'autorité

Permanences et variations

ÉDITIONS LA DÉCOUVERTE
9 *bis*, rue Abel-Hovelacque
PARIS XIIIe
2002

Pour en savoir plus sur les travaux de Gérard Mendel et la sociopsychanalyse : www.gerardmendel.com ou www.sociopsychanalyse.com

Catalogage Électre-Bibliographie (avant publication)

MENDEL, Gérard
Une histoire de l'autorité : permanences et variations. – Paris : La Découverte, 2002. – (Cahiers libres)
ISBN 2-7071-3636-0

Rameau :	autorité : histoire : études transculturelles individu et société autorité (psychologie)
Dewey :	306.1 : Anthropologie sociale et culturelle. Anthropologie. Ethnologie. Questions générales
Public concerné :	Tout public

En application du Code de la propriété intellectuelle, il est interdit de reproduire intégralement ou partiellement, par photocopie ou tout autre moyen, le présent ouvrage sans autorisation du Centre français d'exploitation du droit de copie (20, rue des Grands-Augustins, 75006 Paris).

Si vous désirez être tenu régulièrement au courant de nos parutions, il vous suffit d'envoyer vos nom et adresse aux Éditions La Découverte, 9 *bis*, rue Abel-Hovelacque, 75013 Paris. Vous recevrez gratuitement notre bulletin trimestriel **À La Découverte**.

© Éditions La Découverte & Syros, Paris, 2002.

À mes filles Caroline et Beatrix,
à mes petites-filles
Charlotte et Lucille

« C'est toi qui assujettis les femmes à leurs maris par une chaste et fidèle obéissance, c'est toi qui donnes autorité aux maris sur leurs femmes, qui soumets les enfants aux parents par une sorte de servitude et établis les parents au-dessus de leurs enfants dans une pieuse domination. C'est toi qui enseignes aux esclaves la fidélité à leurs maîtres… aux maîtres à être plus enclins à les persuader qu'à les punir. C'est toi qui lies le citoyen au citoyen, la nation à la nation, en vérité, c'est toi qui lies tous les hommes entre eux dans le souvenir de leurs premiers parents, non par des liens sociaux seulement, mais encore par une sorte de fraternité. C'est toi qui enseignes aux rois à gouverner pour le bien de leurs peuples et c'est toi qui exhortes les peuples à être soumis à leurs rois. »

SAINT AUGUSTIN

« C'est le peuple qui s'asservit, qui se coupe la gorge, qui, ayant le choix ou d'être serf ou d'être libre, quitte la franchise et prend le joug, qui consent à son mal, ou plutôt le pourchasse. »

Étienne DE LA BOËTIE

« Ce qui pousse les gens dans les bras des différents types de prophètes de l'imposture n'est pas seulement leur sentiment de dépendance, c'est aussi leur désir de renforcer cette dépendance, de ne pas avoir à prendre en main leurs affaires. »

Theodor W. ADORNO

Introduction

L'autorité en crise ou la démocratie en panne ?

L'autorité est en crise. On l'entend dire communément, au-delà des clivages politiques. Cette crise serait à l'origine des problèmes évidents rencontrés dans des lieux sociaux comme l'école, la famille, l'entreprise, l'État, les banlieues « sensibles », les prisons... Sur ce thème, des livres paraissent ; la plupart des magazines et hebdomadaires y consacrent, année après année, leur cahier central.

Qu'est-ce que l'autorité ? Un consensus existe — j'y reviendrai dès le premier chapitre — pour la considérer comme le fait d'obtenir une obéissance volontaire, sans contrainte physique et sans qu'il soit besoin d'ouvrir la discussion ou de justifier ses exigences : une obéissance, en somme, irraisonnée et irréfléchie. Pour ceux qui ont vécu les années cinquante et soixante, il est vrai que les choses ont changé. L'accord semble se faire pour dater la rupture des événements de Mai 68, sans qu'il soit précisé, le plus souvent, s'il faut voir en eux une cause ou le moment d'apparition de changements qui évoluaient jusque-là à bas bruit.

Une telle façon de voir appelle au moins trois remarques. Tout d'abord, l'histoire montre qu'il est de bonne prudence, à toutes les époques, de se méfier des météorologies d'air du temps et de quasi-unanimité ; et sans doute plus encore aujourd'hui, où le « correct » se décline sur tous les modes. On devrait, ensuite, s'étonner, dans notre monde compliqué, de la trop belle simplicité d'une explication unique pour des phénomènes qui touchent à des domaines aussi divers que ceux cités. Enfin, et surtout, on peut trouver étrange de faire de l'autorité une cause première, alors qu'elle est si mal connue dans ses tenants et ses aboutissants, dans son origine et dans ses modes d'action ; on verra que les qualificatifs de « mystère », d'« énigme » lui sont attribués par de très bons esprits et de tous bords. C'est comme si, devant l'impossibilité de faire face raisonnablement aux impasses de notre époque, cette autorité, aussi fameuse qu'obscure, déteignait sur les esprits, au point de les pousser à reporter l'explication ultime dans une zone d'ombre qu'on n'interrogerait même pas. L'autorité est l'un des derniers mots qui, sans le dire expressément, désigne le sacré. Qu'en est-il, alors, de la crise de l'autorité ?

« Où est passée l'autorité ? »

Nous disposons sur ce sujet d'un livre écrit par deux journalistes du premier rang, Laurent Joffrin et Philippe Tesson, qui manifestement ont eu à cœur d'engager là les ressources de leur expérience et de leur culture [1]. Un dialogue serré oppose deux sensibilités, l'une qui se réclame d'une tradition de gauche et l'autre qu'on peut dire conservatrice. Ce qui justifie de s'arrêter sur les arguments échangés, c'est que, d'une manière générale, les idées exprimées sur l'autorité, et même celles des philosophes ou des spécialistes des sciences humaines, se situent quasiment toujours à ce même niveau du sens commun.

Les auteurs s'accordent, pour commencer, sur l'existence actuelle d'un vrai problème : comment faire tenir une société de plus en plus individualisée et, plus précisément, comment responsabiliser socialement les individus ? Tous deux affirment, par ailleurs, la nécessité de l'autorité ; on va voir rapidement qu'ils ne parlent pas de la même.

Existe-t-il, alors, une crise de l'autorité ? Tout au long du livre, Philippe Tesson ne cesse de l'affirmer haut et fort ; elle touche l'ensemble des cadres sociaux (sauf un, l'entreprise) : famille, école, État. Tout au contraire, pour Laurent Joffrin, il

1. Laurent JOFFRIN et Philippe TESSON, *Où est passée l'autorité ?*, Nil Éditions, Paris, 2000.

n'existe pas de crise, mais seulement une évolution. L'autorité, autrefois fondée sur le sacré, devient aujourd'hui rationnelle et démocratique. Quant à la démocratie, elle ne cesse de s'approfondir, heureusement « dans une période pacifique, tranquille, normale » (p. 26).

Quels seraient, alors, les points forts et les faiblesses qu'on pourrait repérer dans ce dialogue où « Jean qui pleure », pour qui tout va mal (sauf l'entreprise), croise le fer avec « Jean qui rit », pour qui tout va bien (sauf l'entreprise) ?

Philippe Tesson a pour lui indéniablement la cohérence de la pensée. Il sait de quoi il parle : de l'autorité telle qu'il a pu l'observer de ses yeux, dans son enfance et sa jeunesse. Il lui reconnaît une spécificité irréductible, qu'il relie aux idées de communauté, de tradition, de transmission ; à un mode d'action interpersonnnel ; à la valorisation de la lignée et du principe généalogique ; à la tendance à s'incarner dans l'image du père. Elle fonctionne sur la base de la hiérarchie et de l'inégalité ; par là, elle ne peut que s'opposer à la démocratie qui, réclamant l'égalité, l'oblige à une « recomposition permanente ». Sur tous les points de cette description, je ne peux qu'être d'accord.

Mais Tesson affaiblit considérablement sa position en reprenant à son compte le discours du néo-management actuel, au point de prétendre que l'entreprise moderne — là où pour d'autres règne la « barbarie douce [2] » — aurait créé des conditions de travail quasi édéniques. Autre faiblesse manifeste que celle de présenter ses adversaires idéologiques comme épousant tous « radicalement » le « postulat » selon lequel « les individus sont les auteurs de leur propre forme de vie » — comme si les formes sociales n'intervenaient pas. Pour Philippe Tesson, tout le mal viendrait — il le dit en ces termes — de ce que les gens n'osent plus assumer la part de responsabilité qu'ils détiennent : les parents « démissionnent », les enseignants « laissent faire », les autorités sociales succombent au « laxisme », et ainsi de suite. Quant à la cause d'une telle lâcheté générale, elle serait à chercher dans la pernicieuse idéologie individualiste. D'où celle-ci vient-elle, cela ne sera pas vraiment dit. En définitive, la défaillance de l'autorité, qui est première en date et causale, entraîne à sa suite la crise de la démocratie, marquée, en particulier, par l'irresponsabilité sociale des individus.

---

2. Jean-Pierre Le Goff, *La Barbarie douce*, La Découverte, Paris, 1999.

Laurent Joffrin, on l'a dit, se refuse à la perspective d'une crise de l'autorité. Au contraire, « appuyée sur un consensus croissant, [elle] est de plus en plus forte » (p. 21). Par malheur, dans ce discours, sa spécificité s'est évanouie. De « traditionnelle » qu'elle était, elle devient, je cite, « moderne, égalitaire, rationnelle, consentie, déléguée ». Elle change de contenu : « Je me réfère à la définition démocratique de l'autorité » (p. 25). Bref, maintenant, l'autorité et la démocratie ne font plus qu'un. C'est aussi que Joffrin assimile autorité et consentement volontaire, alors que, manifestement, celui-ci peut reposer sur d'autres motifs : un choix longuement réfléchi, l'obéissance au règlement dans une culture bureaucratique, etc. (Il a sur ce point, on le verra au chapitre 2, un illustre prédécesseur, Max Weber.) Ce qui paraît faire problème dans cette position généreusement optimiste où tous les clignotants sont au vert, c'est que la démocratie et l'individu démocratique, qui occupent ainsi toute la scène politique, restent des entités parfaitement abstraites ; au point que Joffrin doit mettre en avant à plusieurs reprises l'« utopie démocratique », dont la progression se ferait de manière volontariste.

Arrêtons-nous un instant. Il n'est sans doute pas mauvais en effet, en prologue à une réflexion sur l'autorité, d'étoffer davantage la problématique de ce qui représente son contrepoint permanent, la démocratie.

La maigreur des contenus de l'« idée » démocratique chez Joffrin paraît témoigner d'un phénomène majeur qui a persisté tout au long du XXe siècle [3]. Il concerne le peu d'intérêt des notables de cette famille d'esprit — tant les intellectuels que les politiques — pour ce qui est de l'ordre de la *pratique* démocratique autre que délégative. Joffrin évoque la nécessité de contre-pouvoirs « étatiques, syndicaux, partisans, intellectuels ou associatifs », dont il dit très justement qu'ils « supposent une organisation, des procédures, des appareils et des disciplines » (p. 282). Or, sauf exception, a-t-on vu les intellectuels « de gauche » et les journaux « progressistes » s'intéresser aux pratiques existantes ou qui se cherchent ? Seuls les débats d'idées générales les retiennent. A-t-on jamais vu, sauf exception, les politiques favoriser de telles pratiques ou encourager la réflexion à leur propos, tout occupés qu'ils sont (une vie de forçat bienheureux) par les jeux et les ris du système délégatif, ses embûches et ses

3. Gérard MENDEL, *Le Vouloir de création*, L'Aube, La Tour-d'Aigues, 1998, p. 83-88.

traquenards ? Il est significatif que, en conclusion, et de nouveau avec Weber, Joffrin ne voit d'autre solution au problème du « chef démocratique » que le « retour en grâce du chef charismatique des origines ». L'incantation à l'« approfondissement » de la démocratie rejoint ainsi finalement le dithyrambe sur l'autorité.

Sortir des formules magiques

Pourtant, malgré ces réserves non minces, je partage beaucoup, sinon la plupart, des positions de Tesson et de Joffrin. Oui, l'autorité possède une irréductible spécificité, une universalité humaine. Oui, selon une formule plus profonde qu'il n'y paraît, « la démocratie est le plus mauvais des régimes politiques à l'exception de tous les autres ». Elle, si difficile à faire vivre — et plus encore à nourrir — qu'il est nécessaire pour se maintenir dans son cadre de constamment se rappeler où mènent les autres régimes.

Comment, par ailleurs, ne pas prendre au sérieux le problème de la responsabilisation sociale des individus de la société de masse ? Comment, aussi, ne pas voir que, à propos de l'autorité, existe un problème de générations : l'autorité n'a manifestement pas le même sens pour un jeune de vingt ans aujourd'hui et pour ceux qui ont eu cet âge dans les années cinquante et soixante du siècle dernier. Paradoxalement, peut-il sembler, en situation difficile, certains de ces jeunes réclameront un « plus » d'autorité. C'est que, en raison précisément du déficit démocratique actuel, l'absence de repères sociaux ou simplement psychologiques, ou bien leur affaiblissement peuvent amener à penser que le retour aux formes du passé serait une solution. Tout plutôt que le vide. Depuis les commencements de la modernité, les grandes « maladies infantiles » de l'individu en gestation ont toutes débuté ainsi ; nous en avons connu plusieurs au XXe siècle, et de cela aussi il sera question dans ce livre.

La crise actuelle du lien social me paraît être primairement, causalement, une crise de la démocratie. En France, celle-ci a connu une longue histoire formelle. Avec les communes de l'an mil ; avec les parlements d'Ancien Régime ; avec les frondes, les ligues, les révolutions ; avec les luttes cent-cinquantenaires pour le suffrage universel, celles pour la liberté de la presse, pour la reconnaissance syndicale, pour le droit d'association. Pour répondre aux problèmes sociaux et culturels nouveaux, la démocratie a toujours dû inventer des formes organisationnelles et des procédures originales. Or, il a existé une panne de la démocratie au XXe siècle. Les avancées — telles la montée en puissance de l'opinion publique imposant la parité ou le PACS, ou bien l'importance grandissante des ONG — n'y peuvent suffire.

L'« approfondissement de la démocratie » suppose, comme le dit Joffrin justement, mais trop abstraitement, « une organisation, des procédures, des appareils et des disciplines » qui puissent permettre aux individus de participer aux responsabilités sociales dans les différents aspects de leur vie. La plupart des problèmes dits « de société », si facilement interprétés en termes psychologiques, sont des problèmes collectifs et institutionnels : les nouvelles formes de famille, l'éducation des enfants, leur socialisation à l'école (qui est, avec l'entreprise, un objet de controverse majeur entre Tesson et Joffrin) ; et aussi les violences urbaines — pour ne pas parler des « dégâts du progrès », des diverses et grandissantes pollutions, du « harcèlement moral », de la « malbouffe » ou des épizooties nées des perversions de l'industrie agroalimentaire…

Une anthropologie de l'autorité

J'avais pensé écrire un livre qui traiterait conjointement de la démocratie et de l'autorité, tellement leurs problèmes sont intriqués. Si l'autorité n'est plus ce qu'elle était, c'est que la pratique démocratique n'a pas pris le relais socialisant des communautés traditionnelles ou, dans la modernité occidentale, de l'image du père, relayée à tous les niveaux, religieux, politique, familial, psychique. L'histoire de l'autorité reste à écrire ; elle nous mènerait aujourd'hui non à sa disparition, ni même à un affaiblissement, mais à des formes proches, trop proches, de ses fondements ultimes et non encore socialisés. Cette histoire, nous allons essayer de la retrouver.

Écrire ce livre conjoint est vite apparu comme une impossible gageure. Certes, de toujours, l'autorité et sa puissance subjective sur l'individu ont vu leur emprise limitée sinon par la démocratie, du moins par ce qui la sous-tend, la nécessité pour survivre de faire sa part à l'objectivation du réel. Mais les problèmes d'une anthropologie de la démocratie sont si particuliers qu'ils réclament à eux seuls un livre, et sans doute plus difficile encore à écrire que celui traitant d'une anthropologie de l'autorité.

Depuis deux à trois décennies, une nouvelle discipline naît, à bas bruit, l'anthropologie générale. Qu'ils utilisent ce terme ou non, certains auteurs, encore en petit nombre, ont reconnu la nécessité de dépasser les huis clos disciplinaires. Ce sont, alors, d'autres questions qui se posent. Quelle part respective reconnaître aux ressources organiques de l'espèce et à la société ? En quoi pourraient consister ces ressources, une fois abandonnée l'idée de « nature humaine » ? Il se présente, là, une difficulté majeure. En effet, ces ressources ne peuvent préexister au travail sur elles des formes sociales et culturelles, sous peine de réintroduire en contrebande et par la fenêtre la nature humaine chassée par la porte. Mais sur « quoi », alors, opère le travail de culture ? Un « quoi » sans encore d'existence préformée et qui pourtant possède la capacité à devenir, puisque la société ne crée pas *ex nihilo* ce sur quoi elle travaillera. Cette anthropologie générale, avec ses problèmes particuliers, va ici être mise à l'épreuve du « mystère », de l'« énigme » que représente l'autorité pour le sens commun.

Le plan du livre découle de ce qui précède. Dans une première partie, je m'efforcerai de dessiner au net les figures de l'autorité et d'approcher ses sources cachées. Dans une deuxième partie seront étudiées ses formes passées, dont certaines encore présentes, là où la modernité occidentale n'a pas encore exercé une pression trop écrasante. Dans la dernière partie, enfin, j'essaierai de déchiffrer les formes brouillées, mouvantes, sous lesquelles l'autorité se présente actuellement. Il faudra faire de nécessité vertu. Ici, en effet, le chercheur est tout entier pris dans le phénomène qu'il observe : il doit, alors, considérer ses propres réactions comme également un objet de recherche, et en tirer un enseignement. Il lui faut, de plus, au fur et à mesure qu'il creuse en profondeur, étayer l'avancée avec des concepts nouveaux à construire, s'il veut essayer d'appréhender la part d'inconnu que renferme le moment présent. L'anthropologie générale sera sans doute l'une des grandes disciplines du XXIe siècle, mais elle n'en est encore qu'à ses balbutiements. Vouloir progresser au-delà de la simple intuition, certes méritoire mais insuffisante, oblige à prendre des risques.

C'est surtout l'autorité elle-même que l'aventure de la recherche concerne. Il est, en effet, difficile de penser qu'elle puisse demeurer depuis si longtemps une énigme quant à ses fondements et modes d'action, si son approche n'avait pas nécessité une part d'imagination non négligeable.

Remerciements :

Ma gratitude va à celles et à ceux qui m'ont accompagné et soutenu durant cette recherche.

À Nathalie Heinich ; à Maria-Jose Acevedo, à Mireille Bitan, à François Geze, à Catherine Mendel, à Jean-Luc Prades, à Claire Rueff-Escoubès.

I

Les figures de l'autorité

1

L'autorité : vers une définition consensuelle

« Mais qui osait, sous le règne de François-Joseph, parler à un supérieur sans y être invité ? »

Umberto SABA

Pour Marcel Mauss, le don était un phénomène social « total » : « Il met en branle la totalité de la société et ses institutions [1]. » De l'autorité, plus largement encore, on peut dire qu'elle est un phénomène humain total : elle participe de la vie psychologique la plus quotidienne (l'autorité d'un parent ou d'un proche), elle nourrit les réflexions les plus générales (la crise de l'autorité), elle se trouve au cœur des théories politiques (l'autorité de l'État). Je ferai donc feu de tout bois, et prendrai mon bien chez Max Weber, Hannah Arendt, Freud, d'autres auteurs encore. Mais, aussi, je puiserai tout autant dans mon expérience de psychanalyste ou d'intervenant psychosociologique que dans les numéros spéciaux de magazines qui, nombreux, ces dernières années, ont actualisé ce thème [2].

1. Marcel MAUSS, « Essai sur le don » (1923), *in Sociologie et anthropologie*, PUF, Paris, 1950.

2. Dans les années 1998-1999, quatre magazines (au moins) ont consacré leur couverture et une partie de leur dossier central au thème de l'autorité : *Le Monde de l'éducation*, *Le Monde des débats*, *L'Express*, *Le Nouvel Observateur*.

Pour cadrer le sujet, j'ouvrirai ce livre en le plaçant sous un double patronage, celui d'un psychiatre et psychanalyste, Pierre Mâle, et celui d'un poète, Umberto Saba.

Sous le patronage de Pierre Mâle

Sans la scène que je vais raconter, je n'aurais pas eu, je crois, le cran de reprendre pour la seconde fois, trente ans plus tard, le thème immense de l'autorité [3]. Dans le voyage d'exploration que représente ce livre, bien des fois je me suis remémoré cette scène quand je me sentais écrasé par mon sujet ou bien par trop à contre-courant de l'opinion commune. La simple phrase dite par Pierre Mâle me servait alors d'aiguille de boussole désignant le nord magnétique.

On sait que les « Entretiens de Bichat » sont la grande messe annuelle de la formation permanente des médecins. Au début des années soixante, je participais à une table ronde présidée par le grand psychiatre et psychanalyste Pierre Mâle, alors au faîte de sa renommée. Le thème en était l'adolescence, et donc tout naturellement il en assurait la présidence, étant, en France, l'auteur de référence sur ce sujet. Nous étions quatre, je crois, à la tribune et, après les exposés, vint le moment du dialogue avec la salle. La première question fut nommément dirigée vers Mâle : « Doit-on faire preuve d'autorité dans l'éducation des enfants et des adolescents ? » Je me tournai avec une vive curiosité vers Mâle, mon voisin immédiat. Je n'ignorais pas en effet ses opinions politiques conservatrices. Dans la salle, le silence avait succédé au léger brouhaha : on n'évoque jamais impunément l'autorité. Pierre Mâle fit durer l'attente quelques instants. Puis, détachant chaque mot : « La fermeté, oui. L'autorité, non. » À la fois, tout était dit, et tout restait à dire.

Tout était dit. À savoir qu'il existe une différence telle entre l'autorité et la fermeté que l'une apparaît souhaitable, nécessaire même, tandis que l'autre est à prohiber. L'étrange est que, à propos de ces deux termes, chacun dans la salle paraissait se comprendre à mi-mot : aucune précision supplémentaire ne fut demandée. Il est vrai, aussi, que cette scène avait lieu il y a

3. Gérard MENDEL, *Pour décoloniser l'enfant. Sociopsychanalyse de l'autorité*, Payot, Paris, 1971.

maintenant quarante ans, et que, à cette date, l'autorité conservait encore à peu près son sens traditionnel. Sur quoi le consensus s'était-il établi ? Sur un point précis, je crois, qui est celui-ci : la fermeté met en jeu soi-même, alors que l'autorité cherche d'abord à agir sur l'interlocuteur. Être ferme, c'est, face à l'autre, mettre à nu sa personnalité et faire montre de manière explicite et sans faiblesse des valeurs qui sont nôtres. On oblige cet autre, ce faisant, à prendre position par rapport à cette fermeté et à ces valeurs ; et il y a de bonnes raisons de penser que, chez un enfant face à des parents fermes, la balance penchera le plus souvent dans le sens de l'identification. Le sentiment qui va guider l'enfant sera en effet l'admiration devant la solidité d'une attitude perçue comme reflet d'une force intérieure, et le souhait d'acquérir cette force en s'identifiant à son porteur.

Tout était dit. Et, pourtant, tout restait à dire. Car si on pouvait bien, en creusant quelque peu, avoir une bonne compréhension de ce qu'est la fermeté, en revanche les dessous de ce que recouvre le mot autorité paraissent bien moins aisé à définir. Dans la scène que je rapporte, il me semble que les divers participants, dans la salle ou à la tribune, partageaient la même intuition, celle selon laquelle l'autorité consiste à amener l'autre sur ses positions à soi, et cela par une manipulation psychologique à l'intérieur de la relation interpersonnelle. La différence entre partisans ou adversaires de l'autorité tient, alors, à ce que, pour les uns, il s'agit là d'une « bonne chose » — soit bonne en soi, soit malheureusement nécessaire — et, pour les autres, d'une manœuvre néfaste. La fermeté est tout entière comprise dans ce qu'elle manifeste et montre, alors que l'autorité plonge ses racines beaucoup plus profond et hors la vue. Ce que sait l'homme d'autorité, c'est qu'il a maintes fois éprouvé l'efficacité de celle-ci. Quant à savoir de quels dessous, de quels arrière-plans elle tire son efficacité, il l'ignore et sans doute même ne souhaite-t-il pas trop faire la lumière sur ce point. Une autre scène, alors, va nous permettre d'avancer dans la compréhension de ce que sont les racines de l'autorité, à l'époque où celle-ci possédait encore le vif de son éclat.

Sous l'invocation d'Umberto Saba

Lors de son soixante-dixième anniversaire, le poète Umberto Saba reçut, lui qui n'avait pas mené d'études supérieures, le diplôme de docteur *honoris causa* de l'université de Rome. Il évoqua dans son discours de remerciement un épisode douloureux de sa scolarité et qui avait marqué, dit-il, non seulement son adolescence mais sa vie entière [4].

Nous sommes à Trieste, en 1896. Saba était alors âgé de quatorze ans, et son professeur principal passait pour être — et il était en partie — « sévère mais juste » ; chaque mot compte : « passait pour être », « était en partie ». À l'époque, continue Saba, les enfants aimaient de tels caractères : « Et moi aussi, je les aimais. J'avalais comme du petit lait un de ses éloges, d'autant plus qu'il en était fort avare. Or, il se produisit que, pour des raisons inconnues, il me prit soudain en haine. » Cette haine s'exprimera à la fin de l'année par une injustice grave, flagrante. La note la plus basse est donnée à son dernier devoir de grec, celui qui commande le passage à la classe supérieure, pour une seule faute et légère, et cela en contradiction avec les conventions en usage dans la classe jusqu'alors. Le voisin de classe qui, lui, a fait plusieurs fautes reçoit une note très supérieure. « J'aurais voulu, peut-être dû, me lever et demander une explication. Mais qui osait, sous le règne de François-Joseph, parler à un supérieur sans y être invité ? » À la demande de la mère, le professeur acceptera finalement de modifier la note, mais à la condition que l'élève change d'institution. « Le “sévère mais juste” me dit, en me regardant dans les yeux en présence de tous mes camarades : “Espérons que vous vous honorerez davantage dans l'institution où vous irez.” Paroles redoutables, qui eurent une influence presque décisive sur mon existence tourmentée. » En effet, Saba abandonne alors, « par manque d'amour », ce sont ses mots, les études littéraires pour la voie commerciale.

Essayons d'interpréter cette scène si riche d'arrière-plans psychologiques. Ce professeur emblématiquement « sévère mais juste » représente l'image d'un père œdipien qui, certes, de par son « avarice » d'amour, se manifeste davantage sur le versant surmoïque que sur celui de l'idéal du moi. Tant que le « sévère mais juste » reste fidèle à son emblème, l'élève Saba se situe

4. Umberto SABA, « Discours de thèse », *in Femmes de Trieste*, José Corti, Paris, 1977.

dans les premiers de la classe. Il n'étudiait, dit-il, que pour contenter sa mère et ce professeur, « bref, pour me faire aimer de ceux dont je dépendais ». Dès qu'il se sentit rejeté, il passe « presque d'un seul coup » dans les derniers. C'est-à-dire qu'il se met en mesure de donner raison à son maître. Mais, durant l'année, du moins n'est-il pas injustement noté. Le traumatisme survient avec l'injustice délibérée, ouverte, publique comme le sera l'humiliation finale : « Espérons que vous vous honorerez davantage… » L'emblème du « sévère mais juste » se dissout et une autre image apparaît, bien plus inquiétante, celle de l'arbitraire, de l'injustice, et d'une haine à ce point forte qu'elle vise, symboliquement au moins, à la mort de l'autre. Nous verrons que cette autre image est celle de l'archaïsme psychologique, notion complexe et hétérogène dont nous aurons à constater qu'elle recouvre plusieurs strates. Et l'élève Saba perd alors ses repères identitaires, au point qu'il doit changer d'orientation professionnelle.

J'ai retenu cette scène parce qu'elle donne à voir plusieurs phénomènes concernant l'autorité. Manifestement, le « sévère mais juste » représente une figure d'autorité. Saba a fort bien perçu ultérieurement que sa dépendance à ce professeur reposait sur un besoin d'amour. Il étudiait pour être aimé ; faute d'espoir d'être aimé, il cesse d'étudier. Continuellement, nous verrons, en effet, que la force de l'autorité — du moins celle sous forme psychologique comme ici — tient chez le dominé à la peur de perdre l'amour du dominant. Il est un autre point encore que cette scène illustre, c'est que l'autorité ne se discute pas : « Qui osait, sous le régime de François-Joseph, parler à un supérieur sans y être invité ? » D'Hannah Arendt à Charles de Gaulle, il ne sera pas dit autre chose. Mais, aussi, puisque aujourd'hui aucun élève n'accepterait sans protester une telle transgression ouverte des règles élémentaires de la notation, la conclusion qui s'impose, c'est que l'autorité a perdu de sa force. Il existe une histoire de l'autorité.

Faisons un saut d'un siècle en avant dans le temps, voyons alors ce qu'il advient aujourd'hui à l'école.

Une journée dans un IUFM [5]

Voici quelques années, j'étais invité à animer en province un séminaire sur l'autorité dans deux IUFM reliés entre eux par la vidéo. Trois cents jeunes professeurs s'étaient préparés à cette journée par la lecture de textes qui leur avaient été distribués plusieurs semaines à l'avance.

J'engageai le dialogue en demandant à la salle de proposer une définition de l'autorité. Travaillant depuis trente ans sur le sujet, je fus étonné. On me proposa en effet une définition tous azimuts et on ne peut plus fourre-tout. On évoqua successivement la compétence, le savoir-faire, l'expérience, le sens pédagogique, la force de caractère, la capacité à inspirer le respect et l'admiration, le prestige, d'autres qualités encore. Bref, un portrait de l'enseignant idéal avait été brossé de pied en cap. Dans ces conditions, la réponse ne pouvait qu'être négative à ma seconde question : un enseignant sans autorité peut-il être un bon enseignant ? L'unanimité fut sans faille, et pas un seul doigt ne se leva dans le contre-vote. La journée s'annonçait rude et raide. En effet, aucun des termes qui venaient d'être utilisés ne correspondait à ma propre conception de l'autorité, hormis peut-être, et en partie seulement, celui de prestige. Nous mettions un contenu différent dans l'enveloppe du même mot.

De fait, la journée fut très rude. J'avais beau multiplier les exemples les plus concrets, varier les approches, mes propos, au-delà de l'incompréhension manifestée par les questions adressées en retour, éveillaient, je le sentais, une opposition sourde mais tenace. Ironie de la situation : la place d'autorité que j'occupais m'évitait des réactions plus vives. Pour une fois, l'autorité me protégeait.

Les semaines qui suivirent, je tirai deux leçons de cet échec. La première concernait l'école. Longtemps après Mai 68, l'autorité restait d'évidence le maître mot de la culture transmise aux jeunes enseignants ; la greffe de l'autorité traditionnelle semblait ici avoir prise. D'où, en contrepoint, leur désarroi à évoquer un manque de considération des élèves à leur égard, voire le refus d'obéir. Tout au long de la journée, on n'avait pas cessé de me presser de fournir des recettes psychologiques propres à faire plier des récalcitrants de plus en plus nombreux.

5. IUFM : institut universitaire de formation des maîtres.

L'autorité fonctionne dans une interaction très particulière entre deux personnes. D'évidence, ici, à l'école, ce n'était pas l'enseignant qui posait problème, mais l'élève. Celui-ci réagissait sur le même mode que la société en général, qui connaît la très fameuse « crise de l'autorité ». L'école apparaissait ainsi comme le dernier bastion revendiqué d'une autorité qui ne fonctionnait bien nulle part ailleurs. N'était-il pas temps, alors, de penser à mettre en place un autre système — mais lequel ? Une absence de taille était manifeste dans le savoir pédagogique de ces jeunes enseignants. Aucune formation n'était donnée dans cet IUFM à propos du fonctionnement des groupes qui représente pourtant l'une des grandes avancées de la psychologie depuis six à sept décennies. Or, déjà, considérer la classe comme un grand groupe, avec ses clivages et sa dynamique, aurait permis à ces enseignants à tout le moins d'élargir leur champ d'action au-delà de la seule relation interpersonnelle avec l'élève, où toute difficulté est vécue par le maître comme le signe de sa propre défaillance ou insuffisance. Mais, aussi, comment ouvrir cette piste vers le fonctionnement des groupes, quand l'autorité sous sa forme interpersonnelle reste insoupçonnable, définie, d'entrée de jeu, nous venons de le voir, comme l'alpha et l'oméga de la pédagogie et l'équivalent général de toutes les qualités du bon enseignant ? Quand même, cette absence complète aujourd'hui dans un IUFM d'un enseignement sur les groupes — et celui-là n'était pas le seul, j'ai pu le constater par la suite — paraissait incroyable.

La polysémie du mot autorité

Je tirai une seconde leçon de cette journée à l'IUFM. Jusqu'à ce jour, je n'avais pas suffisamment pris conscience des sens différents qui étaient donnés au mot autorité. Pour ces jeunes enseignants, le mot rassemblait les vertus cardinales du bon professeur. Pour les anarchistes du XIXe siècle ou les libertaires de Mai 68, il signifiait la répression sous ses aspects les plus négatifs et maléfiques. Pour moi, il évoquait une variété particulière de pouvoir, sur le fondement duquel je m'interrogeais depuis plus de trente ans. S'ajoutant aux phénomènes passionnels suscités par l'autorité en tout un chacun, ce babélisme où chacun entend le mot à sa façon ne facilite évidemment pas le dialogue entre contempteurs et défenseurs.

Nous retrouverons ainsi tout au long du livre les sens multiples, la polysémie du mot autorité. Une publicité de France-Télécom l'exprime crûment : « *Autorité* politique, judiciaire, religieuse, intellectuelle, parentale... les possibilités de recherche sur Internet sont multiples tant le terme "autorité" revêt d'acceptions variées. » Pas moins de neuf sites sont désignés. Dans le même numéro du mensuel *Le Monde de l'éducation* [6] où cette publicité apparaissait, les frères Daniel et Gabriel Cohn-Bendit écrivaient : « Autorité. Il en est de ce mot comme de bien d'autres : on peut l'utiliser dans des sens apparemment contradictoires et glisser ensuite de l'un à l'autre. » Je serai plus radical : la polysémie de ce mot est exceptionnelle.

Comment un signifiant peut-il ainsi maintenir son unité avec des signifiés et des référents qui diffèrent autant ? On dirait que, en dépit du flou des significations, le mot est par lui-même lesté d'un poids si lourd — mais venu d'où ? — que son impact psychologique l'a rendu irremplaçable. C'est peut-être l'un des derniers mots de notre vocabulaire, sinon le dernier, qui porte témoignage de ce que pouvait être le sacré. D'où, nous le verrons, les réactions passionnelles qui se manifestent à son égard.

Cette polysémie peut permettre des amalgames dans lesquels la spécificité du mot disparaît, noyée dans la confusion. Ainsi, par exemple, du concept de « violence symbolique » chez Pierre Bourdieu. On sait que, pour cet auteur, l'ordre social est « grosso modo partout respecté » parce qu'un pouvoir symbolique aux mille facettes, et qui tient en majeure part à la construction sociale des corps, produit le « paradoxe de la doxa ». Les manifestations de l'ordre social apparaissent comme naturelles à l'opinion publique et resteront indiscutées. Ce peut être aussi bien — deux exemples retenus par l'auteur — le respect des codes de la circulation place de la Concorde que la domination masculine universelle [7]. Un tel concept est proche de ce qui est entendu ici par autorité, mais il lui ajoute de nombreux autres « ingrédients ».

---

6. *Le Monde de l'éducation*, dossier « L'autorité », n° 259, mai 1998, p. 31.

7. Pierre Bourdieu, *La Domination masculine*, Seuil, Paris, 1998, p. 7 ; *cf.* également : « Sur le pouvoir symbolique », *Les Annales*, n° 3, mai-juin 1977.

En effet, la violence symbolique amalgame, sans que chacun des apports soient reconnus, l'idéologie et la fausse conscience (Marx), l'inconscient (Freud), la construction sociale des représentations (Durkheim), la légitimation (Weber), les techniques de corps (Mauss), l'intériorisation imposée socialement de l'autocontrôle (Elias), la domination masculine (Françoise Héritier).

Le fait d'avoir ainsi tout brouillé et mélangé de ce qui participe à la production de la méconnaissance empêche certainement de rendre justice à l'apport propre original de Pierre Bourdieu. La vigueur et la massivité de la dénonciation critique a probablement gêné l'analyse différentielle. Ce que paraît confirmer le choix des mots : « symbolique » est un terme qui, de longue date déjà, est source de grande confusion [8] ; mais c'est surtout le mot « violence » qui peut surprendre, dans la mesure où il s'agit là d'un terme résolument polémique. Il présente le désavantage de provoquer un débordement de subjectivité, qui affecte le regard objectif du sociologue et culpabilise le lecteur un peu critique. Comment se sentir justifié de ne pas prendre immédiatement position contre la « méchante » violence symbolique ?

Vers une définition consensuelle de l'autorité

Dans ce livre, je souhaiterais être entendu aussi bien par les défenseurs que par les détracteurs de l'autorité. Il est donc important de rechercher au départ une définition acceptable par tous. Commençons avec des citations montrant les jugements différents qui peuvent être portés.

Michel Bakounine : « Nous détestons de tout cœur le principe de l'autorité ainsi que toutes les manifestations possibles de ce principe divin et anti-humain. »

André Siegfried : « Deux conceptions de la société, à travers un duel séculaire et passionné, se disputent le pays depuis la Révolution. L'une, ayant l'autorité pour base, assied l'équilibre

---

8. Vincent DESCOMBES, « L'équivoque du Symbolique », *Confrontations*, 1980 ; Étienne BALIBAR, « Réponse à Avtonomova », *in Lacan et les philosophes*, Albin Michel, Paris, 1997 ; Michel TORT, « Quelques conséquences de la différence "psychanalytique" des sexes », *Les Temps modernes*, juillet 2000 (avec une riche bibliographie sur « Le Symbolique ») ; Monique SCHNEIDER, « Transcendance du symbolisme », *in Retour à Lacan*, Fayard, Paris, 1981.

sur une hiérarchie d'autorités sociales comme elle établit l'univers sur la toute-puissance de la divinité. Avec le prêtre, le noble et le roi, représentants non discutés d'un ordre d'essence supérieure, elle construit une cité où la suprématie des dirigeants l'emporte sur l'indépendance des subordonnés [...]. L'autre, basée sur l'égalité et la liberté, situe et restitue à chaque citoyen sa part de souveraineté [9]. »

Charles de Gaulle : « Face à l'événement, c'est à soi-même que recourt l'homme de caractère [...]. Bien mieux, il embrasse l'action avec l'orgueil du maître, car il s'en mêle, elle est à lui [...]. D'ailleurs, un tel chef est distant, car l'autorité ne va pas sans prestige, ni le prestige sans éloignement [10]. »

Le Centre français du patronat chrétien (CFPC) : « Le conflit Lip démontre l'anarchie qui résulte dans une entreprise de l'absence ou de la démission de l'autorité. »

Clédat : « Auteur, latin *auctorem*, se rattache au verbe latin *augere, augi, auctum* [...] sur lequel a été fait notre verbe augmenter. L'auteur est proprement celui qui augmente, d'où celui qui produit, ou celui qui concède un droit. Au dernier sens, se concèdent les acceptions des dérivés suivants : autoriser, autorité, autoritaire [11]. »

Le linguiste Émile Benveniste considère que l'origine du mot autorité est à chercher plus loin que dans une simple « augmentation » : « Augmenter est le sens secondaire et affaibli de *augeo* : l'action de *augere* est d'origine divine [12]. » Pour Chantraine : « Autorité, *auctoritas, auctor*, auteur, sont à rapprocher du sanscrit *otas*, qui indique la force de dieux [13]. »

Il semble pourtant qu'une définition puisse être retrouvée qui obtienne l'assentiment général. Elle caractériserait l'autorité comme la variété de pouvoir qui assure l'obéissance des subordonnés sans user de la force manifeste, de la contrainte physique, de la menace explicite, et sans avoir à fournir justifications, arguments, ou explications. On ne voit pas d'où pourrait

9. André SIEGFRIED, *Tableau politique de la France de l'Ouest sous la IIIe République*, Armand Colin, Paris, 1913 (rééd. 1972).

10. Charles DE GAULLE, *Le Fil de l'épée*, Plon, Paris, 1932, p. 53.

11. CLÉDAT, *Dictionnaire étymologique de la langue française*, Hachette, Paris, 1929.

12. Émile BENVENISTE, *Le Vocabulaire des Institutions indo-européennes*, vol. 2, p. 148-151, Minuit, Paris, 1981.

13. CHANTRAINE, *Dictionnaire étymologique de la langue grecque*, Hachette, Paris, 1929.

venir un désaccord éventuel avec le commentaire d'Hannah Arendt qui, sur le thème de l'autorité, se range explicitement dans le rang des conservateurs : « L'autorité exclut l'usage de moyens extérieurs de coercition ; là où la force est employée, l'autorité proprement dite a échoué. L'autorité, d'autre part, est incompatible avec la persuasion qui présuppose l'égalité et opère par un processus d'argumentation. Là où on a recours à des arguments, l'autorité est laissée de côté. Face à l'ordre égalitaire de la persuasion, se tient l'ordre autoritaire qui est toujours hiérarchique. S'il faut vraiment définir l'autorité, alors ce doit être en l'opposant à la fois à la contrainte par force et à la persuasion par arguments [14]. » On notera qu'il s'agit là d'une définition en négatif qui précise uniquement ce que l'autorité n'est pas.

Récemment, deux philosophes, Pierre Manent et Alain Renaut, qui dialoguaient à propos de l'autorité, parvenaient à la même conclusion : « L'autorité n'agit ni par la persuasion rationnelle et argumentée dans le débat public, ni par la contrainte forcée [15]. » Quant à ce qui fait qu'on obéit (ou qu'on n'obéit pas) à l'autorité, le dialogue des philosophes apporte peu de lumière. Pierre Manent : « Une notion difficile à cerner, [...] une sorte de prestige qui conduit au consentement. » Alain Renaut : « Une notion peu claire, mystérieuse, éventuellement charismatique, qui fait pencher le plateau de la balance sans qu'il y ait vraiment discussion. » Au mieux, on prêtera à l'autorité un contenu positif mais abstrait, qui serait « le pouvoir plus la reconnaissance de sa légitimité ». Ce lien de la légitimité avec l'autorité paraît, en effet, suffisamment important pour que le prochain chapitre lui soit consacré. On aura également noté la récurrence de l'opposition entre autorité et égalité. L'absence d'une réflexion de fond sur ce que serait en positif l'autorité peut surprendre, alors que, de l'avis général, elle joue un rôle de premier plan. Le politologue d'expérience qu'est René Rémond fait ainsi « dépendre largement de l'avenir de l'autorité dans notre société la survie d'une communauté de citoyens [16] ».

14. Hannah ARENDT, « Qu'est-ce que l'autorité ? », *in La Crise de la culture* (1954), Gallimard, coll. « Idées », Paris, 1972, p. 123.

15. *Le Monde des débats*, n° 1, mars 1999.

16. René RÉMOND, « L'héritage », *Le Monde de l'éducation*, dossier « L'autorité », n° 259, mai 1998.

On en vient finalement à penser que, malgré sa polysémie, malgré les opinions radicalement opposées qui la concernent, il existe un noyau actif dans l'autorité, qui est ressenti émotionnellement, mais sans que défenseurs ou adversaires parviennent à franchir le cap de l'émotion et du vécu pour en venir à la réflexion. L'autorité, pour l'heure, représente un impensé, mais qui ne laisse personne indifférent.

Une définition à contresens ?

Il est un phénomène peut-être plus troublant encore que cette absence d'une réflexion de fond sur une notion aux enjeux si considérables. Il apparaît manifeste, en effet, que le contenu du terme a changé du tout au tout durant la dernière décennie. Rappelons-nous Hannah Arendt : « L'autorité exclut l'usage de moyens extérieurs de coercition. » Or, à présent, ce qu'excluait l'autorité est devenu son nouveau contenu. Quand on en appelle à la restauration de l'autorité dans les établissements scolaires, on pense explicitement à l'emploi de la coercition : renforcement de la discipline, augmentation du nombre des surveillants, collaboration de l'école avec la police, exclusion des élèves opposants, voire déplacement de ceux-ci dans des institutions spécialisées. Ou, pour être encore plus précis et reprendre les termes mêmes d'un article récent sur l'école et la nouvelle autorité : « Contrôle des absences et des retards assorti d'avertissements, filtrage des entrées, fermeture des grilles, barèmes de sanctions, conseil de discipline [17]. » De même, la « tolérance zéro » en milieu urbain signifie qu'on sanctionnera immédiatement l'infraction. La bizarrerie tient à ce que l'on se serve du même mot pour dire le contraire de ce qu'il signifiait avant. Si Hannah Arendt était encore parmi nous, elle devrait affirmer, en toute logique, que nous faisons aujourd'hui un contresens conceptuel.

Il est pourtant une explication à ce contresens. C'est que la force a toujours été présente comme l'*ultima ratio* de l'autorité. Elle est le recours présent en filigrane aussi bien chez le parent qui commande : « Obéis. C'est comme ça. On ne discute pas » que chez l'agent de police ordonnant : « Circulez, il n'y a rien à

17. *Le Monde*, 10 février 2001.

voir. » Mais aux belles heures de l'autorité, ce recours ultime n'était pas perçu quand il suffisait de « faire les gros yeux » pour que le subordonné « rentre sous terre ».

Il n'était nul besoin de menacer l'élève Saba d'une quelconque sanction pour lui « clore le bec ». La dimension de l'autorité était autosuffisante, elle constituait un univers dans lequel l'individu était immergé sans nulle conscience d'y baigner. Est-ce qu'on pense en permanence à la gravitation qui nous retient à la terre ? Dans ce qu'André Siegfried nommait un « ordre d'essence supérieure », l'épouse était prise dans la gravitation du mari, les enfants dans celle des parents, les prisonniers dans celle de leurs gardiens, les citoyens dans celle des fonctionnaires dits d'autorité, etc. Cette eau étale de l'autorité, cette gravitation, nous éprouvons aujourd'hui de la difficulté à nous représenter leur permanence, car la dimension dans laquelle elles agissent ne possède plus la cloison étanche qui les séparait de la coercition. Les deux dimensions maintenant se télescopent, s'interpénètrent : ce sont des lambeaux, des morceaux plus ou moins substantiels de l'autorité traditionnelle qui subsistent et se plaquent sur la menace ouverte ou sur la mise en œuvre de la contrainte. Tout se passe comme si, parlant de l'autorité, nous cédions à la nostalgie d'un temps où, plus même que l'obéissance obtenue sans justification, c'est le consensus, l'absence de conflit qui nous fascinent. Aujourd'hui où tout se discute à l'infini, où presque rien n'est plus assuré qui fasse l'objet de l'assentiment commun, où les contradictions sont à fleur de réalité, à fleur de peau, l'usage « en dépit du bon sens » de la notion d'autorité dit notre fatigue d'avoir à vivre le conflit en permanence, et sans disposer des outils qui permettraient la négociation régulée d'un accord.

À quoi bon, alors, pourra-t-on demander, s'interroger sur une valeur collective ainsi en déshérence nostalgique. Il existe pourtant un motif sérieux pour creuser l'interrogation : c'est que les sources restées « énigmatiques », « mystérieuses », de l'autorité n'ont aucune raison d'avoir disparu. Comment s'expriment-elles à présent ? Avançons un premier pas en questionnant un terme fréquemment associé à l'autorité, la légitimité.

2

Autorité et légitimité

« Il règne en cette matière [la légitimité] beaucoup d'obscurité. »

Paul BASTIDE

Au moment où j'écris ces lignes, on peut lire dans un quotidien le commentaire d'une enquête sur les accidents de la route en France ; il lui est reproché de ne faire « guère cas des spécificités culturelles et historiques : le rapport avec l'alcool, la norme ou l'autorité, par exemple [1] ». En quoi pourrait, alors, aider à la réflexion la distinction tranchée que je vais maintenant proposer entre la légalité, qui dirait seulement la loi, et la légitimité, qui émanerait de l'autorité ?

À lire ce commentaire, on peut penser que les Français se montrent moins civiques sur les routes que les Anglais, nommément cités, parce que moins respectueux des normes, de l'autorité, des lois, ces termes étant pris, comme il est usuel, dans une équivalence proche. Rappelons que, toutes choses par ailleurs égales, le chiffre des morts sur les routes en 1998 a été respectivement de 8 437 en France et 3 581 en Angleterre. Or, il découle de la thèse que je vais défendre que cette différence considérable peut être due, au moins pour partie, à ce que les

1. *Le Monde*, 2 juin 2001.

Français vivent la loi et ce qui est légal excessivement en termes d'autorité, de légitimité. Sortir de l'à-peu-près, distinguer sérieusement entre légalité et légitimité, permettrait ainsi d'aller plus loin dans l'explication de certains phénomènes sociaux.

Les Français et le code de la route

Mettons cartes sur table, nos cartes. Les Français auraient un rapport particulier à l'autorité, qui s'inscrit dans la culture. La vénération, malgré leur bilan discutable, pour certains personnages historiques (Louis XIV, Napoléon) en témoigne, tout comme, plutôt que de faire confiance à leurs propres forces collectives, le recours fréquent à l'« homme providentiel » (Pétain ou bien de Gaulle). Avec les représentations et les affects liés à ces individus d'exception se manifeste le tropisme très subjectif vers la conception familialiste de l'Histoire ; pour celle-ci, il est dans l'ordre des choses, en effet, que les enfants, en cas de difficulté grave, puissent attendre d'un père qu'il les protège, au prix à payer de leur soumission. En raison de ce rapport particulier à l'autorité, les conducteurs français auraient plus tendance que les Anglais à vivre de manière *subjective* le code de la route, et non dans le rapport du citoyen à la collectivité, c'est-à-dire dans la perspective de l'intérêt objectif qu'il y a, pour tous, y compris pour eux-mêmes, à respecter les règlements. De manière *subjective* : autrement dit, ici, dans le rapport parents-enfants, l'État et ses gendarmes représentant le parent, vis-à-vis duquel toujours les sentiments restent ambivalents, avec, selon les individus, plus ou moins d'amour ou de rébellion. Suivant les circonstances, on fait appel à l'État ou bien on se révolte. N'a-t-on pas prétendu que, faute de consentir à temps aux évolutions nécessaires, les Français se trouvaient contraints de faire des révolutions ?

En raison de l'importance culturelle de l'élément subjectif, certains conducteurs, dopés par la vitesse et l'alcool, seront conduits à facilement régresser vers la dimension familialiste. Ils se comporteront alors comme des enfants, bravant l'autorité et sacrifiant au plaisir immédiat d'un vécu de puissance ; ils deviennent partiellement aveugles au danger. De toute manière, en dehors même de ces cas particuliers mais nombreux, le facteur culturel accroîtra chez tout un chacun l'élément subjectif aux dépens de l'appréciation objective, d'où une sous-estimation des risques encourus. Dit brièvement : les Français auraient, par leur culture historique, plus tendance que, par exemple, les Anglais à amalgamer autorité et loi, à les confondre dans leurs représentations et leurs affects ; par là, pour certains domaines intéressant le social, ils mêlent excessivement la vision objective des choses et ce qui est de l'ordre de la subjectivité vécue, et qui devrait rester avant tout personnelle et intéressant la vie privée.

Le type de rapport à l'autorité exerce son influence très au-delà des administrés, dans la forme d'esprit des administrateurs eux-mêmes et dans leur gestion des problèmes. Ainsi, par exemple, la politique de la route en Angleterre sera moins « fataliste » qu'en France. La prévention représente une partie très importante du programme des auto-écoles, avec l'accent placé sur la non-agressivité envers les autres conducteurs et le respect à leur égard. Les comportements à risque ou bien inciviques seront réprimés, sans attendre l'accident. La dénonciation des conducteurs dangereux est souhaitée et, loin de toute complicité (les appels de phare pour prévenir d'un contrôle), elle est là-bas chose courante. On considère qu'il est du rôle de chaque citoyen de veiller à la sécurité de tous. Les policiers circulent en voitures banalisées et équipées de caméras-vidéo ; dans un but éducatif, l'automobiliste visionne immédiatement son infraction, dès son interpellation. Enfin, la répression est plus sévère, les retraits de permis sont plus fréquents et plus longs. La pratique française du « permis blanc » — l'utilisation du permis malgré une suspension, pour raison professionnelle — est inconnue en Angleterre.

On pourrait résumer ces différences, en disant que, pour le juge anglais, la collectivité et la sécurité objective de ses membres sont davantage objet d'intérêt que les paramètres concernant l'individu fautif et sa subjectivité (« il n'a pas fait exprès, c'est la fatalité, qui peut toucher tout le monde », etc.). Le juge anglais a souci avant tout, et sans états d'âme, que la loi soit respectée et appliquée. Indéniablement, à l'écoute des témoignages, il y a un « quelque chose » dans l'esprit du juge en France qui l'empêche de considérer un délit même grave sur la route comme un crime véritable ; ce quelque chose est, à mon sens, d'ordre culturel. À un certain niveau de régression, ici aussi familialiste, le justiciable adulte lui apparaît comme l'enfant imprudent (l'homicide « par imprudence ») qui aurait manié sans les précautions nécessaires un objet dangereux ; c'est la voiture qui serait dangereuse plus que l'acteur. Il est vrai, aussi, que l'administration de la justice représente un domaine où la subjectivité et l'objectivité sont mêlées, comme le montre le vocabulaire lui-même : les termes de culpabilité et de justice, par exemple, sont employés aussi bien dans la sphère privée que dans l'enceinte d'un tribunal, autorisant ainsi tous les amalgames psycho-affectifs [2].

Pour revenir à la légalité et à la légitimité, bien entendu, la distinction entre les deux est, nous allons le voir, très souvent reconnue, mais en surface seulement. Très fréquemment, aussi, légitimité et autorité se trouvent associées terme à terme. Rappelons-nous Alain Renaut : « L'autorité, c'est le pouvoir plus la reconnaissance de la légitimité. » Déjà un point fort rassemble ces deux notions : un mystère reconnu quant à leurs fondements.

Ce mystère n'est pas pour nous étonner, puisque autorité et légitimité représentent, à notre sens, deux facettes du même contenu, chacune gardant sa spécificité. L'autorité dite naturelle, c'est-à-dire l'ascendant dans les relations interpersonnelles, nécessite un additif pour que l'individu puisse revendiquer une sphère d'influence plus large et qui se situe dans la dimension sociale. Cet additif, c'est la légitimité ; elle va permettre de se présenter, à quelque niveau que ce soit, comme détenteur ou représentant de l'autorité sociale. Il est nécessaire, alors, que l'individu puisse arguer qu'il agit au service d'une cause d'intérêt général dépassant sa seule personne.

Ces thèmes vont nous permettre d'élargir le champ de l'autorité au-delà de l'interpersonnel ; nous allons les aborder en trois étapes. La première sera consacrée à Max Weber dans son rapport au thème de l'autorité et la troisième à Charles de Gaulle, dont la figure historique nous permettra à la fois l'étude du clivage entre légitimité et légalité et une première approche du contenu de l'autorité-légitimité dans sa dimension psychologique. Dans l'étape intermédiaire, nous donnerons la parole à des juristes.

---

2. Gérard MENDEL, « Entre le sacré et le profane, une figure symbolique : le magistrat », *in La crise est politique, la politique est en crise*, Payot, Paris, 1985, p. 42-60.

Max Weber et l'autorité

J'ai tenu à faire figurer Max Weber en cette place, même brièvement, afin de tordre le cou au lieu commun si répandu actuellement, qui, par facilité sans doute, fait de lui un — sinon *le* — théoricien de l'autorité ; au point que ne pas citer d'entrée de jeu son nom à propos de ce thème m'aurait exposé à la critique universelle. Voyons ce qu'il en est.

Max Weber s'est attaché à décrire la domination charismatique, et le charisme wébérien correspond en effet à ce que nous nommons l'autorité. Mais Weber, quant à lui, n'identifie nullement charisme et autorité ; il ne fait pas de cette dernière un concept à part entière. Elle représente, dans son œuvre, seulement l'équivalent sémantique de la domination. Une des très rares fois où il utilise le mot, c'est dans cette signification très générale : « En ce sens, la domination (l'"autorité") peut reposer sur les motifs les plus divers de docilité : de la morne habitude aux pures considérations rationnelles en finalité [3]. »

Pour Weber, le pouvoir politique se résume à la domination d'une minorité, laquelle ne se satisfait pas de l'obéissance forcée. Pour gagner l'adhésion psychologique qui donne de l'autorité à un régime, il lui faut une légitimité qui fera apparaître comme justifié l'ordre donné à l'exécutant. Une telle légitimité est alors porteuse d'autorité, mais ne sera spécifique d'aucun des trois types de domination décrits par Weber : traditionnelle, charismatique, rationnelle-légale (cette dernière trouve son fondement dans la légalité et son expression sociopolitique la plus accomplie est représentée par la bureaucratie impersonnelle en voie pour lui de conquérir le monde, étouffant la liberté et les grandes aspirations nationales sous la rationalisation réglementée). Ainsi, dans ce dernier cas, légalité et légitimité deviennent des synonymes. L'autorité pour Weber est ce qui fait qu'on obéit à un ordre sans qu'il soit besoin d'user de la force, et ce peut-être simplement parce que telle est la loi. En ce sens, il n'existe pas pour lui d'opposition entre légitimité et légalité, et tout pouvoir légal est légitime : ce n'est donc pas dans la légitimité qu'il cherchera un appui pour lutter contre la grisaille mécanisée de la bureaucratie, mais dans la venue d'un leader

3. Max Weber, *Économie et Société*, tome 1, Plon, Paris, 1971, p. 219.

charismatique dont l'autorité (la domination) s'opposera à l'autre autorité, celle de la bureaucratie.

Il faut bien penser que Weber écrit au tout début du XXe siècle — il meurt en 1919 — et que, depuis lors, sont survenus des phénomènes qui auraient été proprement impensables pour lui. La légitimité de la loi ne va plus de soi pour nous, aussi bien celle de la loi nazie ordonnant l'exclusion sociale des Juifs et l'élimination des handicapés que celle de la loi stalinienne permettant de condamner à mort un enfant à partir de l'âge de douze ans. Nous voici revenus au temps d'Antigone qui opposait la loi non écrite aux lois civiles, et nous savons mieux distinguer aujourd'hui, par nécessité, entre légalité et légitimité. Eichmann, parfait bureaucrate rationnel-légal, se faisait l'agent du génocide non par légalisme — malgré ce qu'il en a prétendu lors de son procès en Israël — mais en raison d'une foi fanatique en l'autorité charismatique d'Hitler.

Il est bien évident que Weber aurait lutté de toutes ses forces contre le nazisme ; mais il est clair également que sa conceptualisation politique ne lui aurait pas permis de construire la théorie de cette lutte. Yves Sintomer a certainement raison d'écrire que le régime gaulliste représente l'idéal politique de Weber [4]. Il faut alors ajouter, et ce sera le propos d'un prochain chapitre, que la différence évidente de nature entre le pouvoir d'un de Gaulle et celui de Hitler — pourtant dans les deux cas de nature charismatique selon la typologie wébérienne — oblige à nous interroger plus avant sur ce qu'est une telle autorité qui peut revêtir des formes si dissemblables.

On en vient alors à la perspective selon laquelle ce qui a empêché Weber de reconnaître l'autorité et la légitimité comme de vrais concepts autonomes et de s'interroger sur leurs fondements (de même que sur les fondements des éthiques de la conviction et de la responsabilité), c'est la pauvreté de l'anthropologie qu'il s'était construite et qui se réduisait à une seule composante : la lutte universelle pour la puissance. Weber a placé la subjectivité de l'individu au centre de sa « sociologie compréhensive » au point, à l'intérieur de sa méthodologie, de poser explicitement la société comme seulement constituée par la somme des individus qui la composent. Il y avait alors quelque inconséquence à l'impasse totale sur la psychologie qu'il a faite.

---

4. Yves SINTOMER, *La Démocratie impossible ?*, La Découverte, Paris, 1999.

Freud, par exemple, ne sera jamais cité, pourtant son exact contemporain — Weber est né en 1864 et Freud en 1856 (la réciproque est vraie, Freud n'évoquant lui non plus jamais Weber).

Légitimité, légalité, autorité : un regard de juristes

Deux juristes éminents, Georges Burdeau et Paul Bastide, ont eu à traiter pour une encyclopédie l'un de la légalité et l'autre de la légitimité ; il apparaît ainsi que seul ce dernier concept pose problème [5].

Légal : conforme à la loi. Quelle est alors, se demande Georges Burdeau, d'entrée de jeu, la valeur de l'ordre juridique existant ? Cette valeur doit être fondée sur un principe qui la justifie : « Ce principe, c'est la légitimité. » De la légitimité, écrit-il, découle l'autorité (nous retrouvons ici l'association signalée entre les deux termes). Cette légitimité doit nécessairement être évaluée dans le rapport à une norme, ce qui implique de prendre en considération un système de valeurs, une éthique, laquelle est « nécessairement entachée de subjectivité ». Mais, poursuit Burdeau, « la subjectivité ne saurait à elle seule constituer l'assise d'un ordre juridique stable, car sa mise en œuvre suscite moins des citoyens que des fanatiques, des rebelles ou des indifférents ». D'où l'« intérêt du principe de légalité ». Le lecteur a l'impression qu'on tourne en rond, puisque « si le pouvoir légal est le pouvoir légitime, c'est parce que la loi qui le fonde est elle-même légitime ». Pourtant quelque chose de fondamental intervient ici et qui permet d'échapper à ce que pourrait avoir de stérile en ces domaines le raisonnement, s'il se coupait des sciences sociales et humaines ou s'il se limitait par trop à une seule d'entre elles. Burdeau, en effet, parvient à échapper à un raisonnement qui devenait circulaire, en associant deux disciplines, en couplant l'histoire et le droit.

Dans le monde latin, la valeur réside dans l'application égale pour tous de la loi, non sans danger pour les libertés : « Pourvu que le législateur se charge lui-même d'ôter aux hommes leur indépendance, ils sont à peu près contents. » La tradition anglo-saxonne, plus pragmatique, valorise le contenu de la loi, les droits, cette *common law* qui, au long des siècles, « s'est formée

5. Articles « Légalité » et « Légitimité », *Encyclopaedia Universalis.*

sur un système de garantie des libertés anglaises. C'est dans la mesure où il respecte ces règles écrites ou non écrites que le pouvoir peut être tenu pour légal ».

La réflexion marque ici un point non négligeable. Nous avançons en effet au-delà d'une légitimité qui reposerait sur un principe transcendant, qu'il soit d'ordre surnaturel ou laïque (le droit naturel, les droits de l'homme). Le régime de Vichy, par exemple, se situait en rupture aussi bien avec le principe latin du droit soucieux d'égalité devant la loi des nationaux, indépendamment de leurs appartenances, qu'avec la tradition anglo-saxonne de la *common law* garantissant les libertés fondamentales. Le thème de la continuité historique permet à la réflexion de progresser à propos de ce que peut être la légitimité de la loi.

Paul Bastide, qui traite de la légitimité, va conforter notre position sur plusieurs points. Il affirme, s'opposant implicitement à Weber, que « les deux concepts de légitimité et de légalité ne se recouvrent pas », et il regrette que cette distinction ne soit pas mieux fondée : « Il en résulte une grande confusion. » Et, enfin, il associe lui aussi légitimité et autorité : « Dans certaines périodes troublées, le problème de la légitimité se pose d'une manière aiguë : l'autorité se trouve discutée. » Et, comme pour nous, chez Bastide, c'est de la légitimité que découle l'autorité sociale : « La légitimité est la source et la justification de l'autorité. »

D'où la lancinante interrogation : où chercher cette source de la légitimité qui donne ainsi son autorité à la loi ? Grande est la prudence de Bastide : « Il règne en la matière beaucoup d'obscurité. » L'étude de l'aventure gaullienne va nous permettre non, certes, de dissiper cette obscurité, mais de mieux préciser certaines des données du problème. On verra plus avant (chapitre 7) pourquoi, à notre sens, la distinction entre légitimité et légalité doit être conservée dans la mesure où, avec elle, s'exprime une contradiction fondamentale, celle entre autorité et démocratie.

Charles de Gaulle, objectivité historique et subjectivité biographique

L'observateur averti de la dimension politique qu'est René Rémond a pu écrire : « Quand Charles de Gaulle décide de ne pas tenir pour légitime l'armistice signé par un gouvernement qui a pour lui les apparences de la légalité, sa rébellion introduit dans l'espace politique la distinction entre légalité et légitimité [6]. » Sans doute devrait-on plutôt énoncer que cette « rébellion » a obligé à tenir compte d'une distinction dont les tenants et les aboutissants avaient été jusque-là mal cernés. « Ce débat entre légalité et légitimité, écrivait Georges Burdeau, n'a cessé de hanter la pensée politique. » On se souvient, entre autres, de la revendication affirmée à la légitimité et des émigrés et des révolutionnaires en 1792, et des légitimistes et des orléanistes en 1830.

Le 17 juin 1940 au matin, le général de Gaulle arrive par avion à Londres : « Je m'apparaissais à moi-même, seul et démuni de tout, comme un homme au bord d'un océan qu'il faudrait franchir à la nage [7]. » Sur l'autorité, sa réflexion est ancienne. « Face à l'événement, note-t-il dans *Le Fil de l'épée* (1932), c'est à soi-même que recourt l'homme de caractère [...]. Au-dessous dc lui, l'on murmure tout bas de sa hauteur et de ses exigences. [...] Réciproquement, la confiance des petits exalte l'homme de caractère [...] car il est né protecteur [8]. » Dans une tonalité nietzschéenne, deux éléments sont mis ainsi en avant : l'homme de caractère (d'autorité) qui possède un ascendant interpersonnel lié à une supériorité innée (« il est né protecteur ») ; et l'événement.

Ce 17 juin 1940, l'événement est au rendez-vous. « Devant le vide affreux du renoncement général [...]. En ce moment, le pire de son histoire [celle de la France] [9] », l'homme d'autorité qu'est le général de Gaulle ne se défile pas : « Ma mission m'apparut d'un seul coup, claire et terrible. » Mais il est aussi très conscient de ce que nous avons nommé l'« additif » nécessaire pour que s'opère le passage du simple ascendant interpersonnel (le « caractère », la « volonté ») à l'autorité (sous-entendu : sociale) : « C'est en épousant, sans ménager rien, la cause du salut national que je pourrais trouver l'autorité. Le 18 juin 1940, à dix-huit heures, je lus au micro le texte que l'on connaît [10]. »

---

6. René RÉMOND, « La société française et l'autorité », *Migrants-formation*, dossier « Figures de l'autorité », n° 112, mars 1998, p. 8-18.
7. Charles DE GAULLE, *Mémoires de guerre*, tome 1 : *L'Appel*, Plon, Paris, 1954, p. 67.
8. Charles DE GAULLE, *Le Fil de l'épée*, *op. cit.*, p. 53.
9. Charles DE GAULLE, *Mémoires de guerre*, tome 1 : *L'Appel*, *op. cit.*, p. 74.
10. *Ibid.*, p. 70.

Vingt ans plus tard, il affirmera qu'« il incarne la légitimité nationale depuis le 18 juin 1940 [11] ». Ce disant, il oppose, d'autorité pourrait-on dire, sa légitimité à une double légalité, celle du vote de l'Assemblée nationale à Bordeaux les 9 et 10 juillet 1940. Et celle de la IVe République entre 1946 — date où il démissionne — et 1958, quand il revient aux affaires. L'examen des arguments qu'il présente va nous aider à distinguer mieux entre légitimité et légalité.

Par rapport à Pétain, l'ordonnance gaullienne du 9 août 1940 déclare : « Tout ce qui est postérieur à la chute, dans la journée du 16 juin 1940, du dernier gouvernement légitime de la République est évidemment frappé de nullité. » Pourtant, dans les *Mémoires de guerre*, de Gaulle reconnaît : « L'Assemblée nationale, réunie les 9 et 10 juillet, remettait à Pétain tous les pouvoirs, presque sans en avoir débattu. » De Gaulle ne nie pas la valeur légale de cette décision. Que s'est-il alors passé, presque un mois plus tôt, le 16 juin, quand Pétain a légalement succédé à Paul Reynaud, pour que de ce jour date la perte de la légitimité du gouvernement légal ? « À la lueur de la foudre, le régime paraissait, dans son affreuse infirmité, sans nulle mesure et sans nul rapport avec la défense, l'honneur, l'indépendance de la France [12]. » La légalité concerne la dimension du fonctionnement politique dans ses procédures formelles. La légitimité réfère, elle, à tout autre chose : à la figure à la fois charnelle et imaginaire de la France, considérée dans sa « défense », son « honneur », son « indépendance ». Il n'est plus question ici de cette politique que de Gaulle nommera avec dédain « politicienne », mais de la survie de la France, en ce que de Gaulle considère comme sa vérité unique, son élection « au premier rang » parmi les nations. C'est parce que cette vérité et cette élection lui paraissent menacées entre 1946 et 1958 par le « régime des partis » que de Gaulle niera toute légitimité au gouvernement légal de la IVe République entre ces dates.

Revenons un instant à juin 1940. Entre de Gaulle et Pétain, ce sont deux légitimités qui s'affrontent. Le premier affirme : « C'était à moi d'assumer la France » ; et le second, déjà sacré « sauveur de la patrie » par une partie de l'opinion publique entre les deux guerres, déclare « faire don de sa personne à la France ».

---

11. Conférence de presse.
12. Charles DE GAULLE, *Mémoires de guerre*, tome 1 : *L'Appel*, *op. cit.*, p. 66-67.

De même qu'il n'existe qu'une seule lignée légitime pour un enfant, il ne peut y avoir qu'une seule légitimité nationale. « L'autorité ne se partage pas », répétera de Gaulle à plusieurs reprises. Ne serait-ce pas là une raison de leur mutuelle condamnation à mort, symbolique dans les deux cas ?

De Gaulle doit mener la lutte dans une double dimension : celle de l'autorité-légitimité mais aussi, lui qui n'est pas démocrate de culture, celle de la défense de la République. Les choses sur l'autre bord sont certes plus simples quant à ce dernier point : « La Révolution nationale [...] dénonce les méfaits du courant de pensée qui contestait le principe d'autorité, entend en prendre le contre-pied et remet en honneur le culte de l'autorité [13]. »

Ainsi, pour l'homme du 18 Juin, la « cause » au service de laquelle il se met et qu'il entend désormais incarner, c'est la survie de la patrie. À quelles représentations répond ici l'image de la France ? Cette nouvelle interrogation va nous permettre de commencer à approcher le contenu de l'autorité dans sa dimension psychologique.

Dès les premières lignes de *L'Appel*, il s'explique sur son rapport à la France, avec une image forte, mais qui reste encore très impersonnelle. « Toute ma vie, je me suis fait une certaine idée de la France. Le sentiment me l'inspire aussi bien que la raison. Ce qu'il y a d'affectif imagine naturellement la France, telle la princesse des contes ou la madone aux fresques des murs. » La « foi » dans la France, dans la grandeur de la France, lui vient, écrit-il, et de son père et de sa mère. Ce qui est de l'ordre de la raison lui a été transmis par le père : « Homme de pensée, de culture, de tradition, [il] était imprégné du sentiment de la dignité de la France. Il m'en a découvert l'histoire [14]. » Mais le sentiment est le fait de la mère : « Ma mère portait à la patrie une passion intransigeante, à l'égal de sa piété religieuse. » Notons ce clivage sur lequel nous aurons l'occasion de revenir longuement et que l'on peut dire d'ordre idéologique et culturel : il attribue aux hommes la raison, la culture, la tradition, et aux femmes la passion, le sentiment.

Nous venons de voir comment, à partir de la défense d'une « cause », l'autorité naturelle de de Gaulle a pu se transmuer en autorité nationale sur les Français, en légitimité. Celle-ci va

13. René RÉMOND, « La société française et l'autorité », *loc. cit.*

14. Charles DE GAULLE, *Mémoires de guerre*, tome 1 : *L'Appel*, *op. cit.*, p. 1-2.

explicitement procéder de la transformation « familialiste » du rapport à la France. Elle qui, dans les premières lignes de *L'Appel*, n'était encore que la « princesse des contes » devient en juin 1942, dans les dernières lignes du même livre, la mère : « Trêve de doutes ! Penchée sur le gouffre où la patrie a roulé, je suis son fils, qui l'appelle, lui tient la lumière, lui montre la voie du salut. Beaucoup déjà m'ont rejoint [...]. Maintenant, j'entends la France me répondre. Au fond de l'abîme, elle se relève, elle marche, elle gravit la pente. Ah ! Mère, tels que nous sommes, nous voici pour vous servir [15]. »

« Je suis son fils. » Pas le seul fils, certes : « Beaucoup m'ont rejoint », qui étaient eux aussi des fils de la mère patrie. Mais le fils infiniment privilégié, le premier d'entre tous et, en tout cas, le seul susceptible d'« incarner la légitimité nationale ».

Dans le registre familialiste, le président Georges Pompidou ira plus loin, trop loin même, si loin, en effet, que se perd la vérité psychologique de l'image gaullienne, lorsqu'il déclare pour annoncer au Parlement la mort du général : « La France est veuve. » Certainement, de Gaulle ne s'est lui-même jamais considéré comme l'époux (incestueux) de la France (sa mère). Mais pour Georges Pompidou, l'image d'un père était là, présente avec une telle force qu'il ne pouvait éviter de la projeter sur l'homme qui venait de mourir, et qui était aussi celui dont en 1970 il avait précipité la mort politique. Carlos Arias Navarro, le chef du gouvernement espagnol, se tient, lui, au plus près de la dimension subjective-familialiste quand il annonce, le 20 novembre 1975, la mort de Francisco Franco : « L'Espagne n'est pas veuve, elle est orpheline. »

Les apports de la psychanalyse permettent de parler d'une structure œdipienne chez l'homme du 18 Juin. Une structure très traditionnelle : le père, l'homme de raison et de tradition ; la mère, qui incarne le sentiment et même la passion. Le contenu psychologique de l'autorité commence ainsi à nous apparaître comme constitué à partir des images parentales de l'enfance. Il nous faudra certes aller plus loin en particulier pour comprendre en quoi ce contenu est radicalement différent chez un Hitler, pourtant lui aussi figure charismatique et homme d'autorité s'il en fut.

15. *Ibid.*, p. 261.

Entrée en scène du familialisme social

Écrivant ces dernières lignes, les relisant, une étrange impression nous gagne : celle d'être passé à côté du plus important, de l'essentiel qui serait là tout près, effleurant la conscience, mais que nous n'aurions pas été capable de saisir.

Et c'est en relisant une autre fois encore les pages écrites que l'évidence nous apparaît. À tous les moments où il a été question de la légitimité, le thème en a constamment été associé à celui du familialisme social, c'est-à-dire à la vision imaginaire de la société comme représentant une grande famille, une communauté familiale. L'image d'Antigone revient ici en mémoire pour la seconde fois : c'est le droit familial, le droit légitime de donner une sépulture au frère mort qu'elle opposait au droit légal de la cité.

Un autre exemple, contemporain celui-là, nous vient à l'esprit. On se souvient que, dans les premières années du septennat de François Mitterrand, l'opposition lui a fait à plusieurs reprises un procès en légitimité selon lequel son « esprit de parti » l'empêcherait d'être le président de tous les Français, qu'il se devait d'être et qu'il prétendait par ailleurs être. L'existence ainsi d'un double registre, celui d'une légalité que personne ne lui contestait et celui de la légitimité mise en question, nous paraîtrait incompréhensible si l'on n'admettait pas la présence en arrière-plan des représentations conscientes d'un autre schéma touchant à l'imaginaire. Dans cet autre schéma, le pays n'est plus figuré comme une société soumise à la loi, mais comme une communauté familiale dont le président élu devient le père. Le « corps du roi » qu'étudiait Kantorowicz n'est pas mort avec la monarchie [16]. Il peut d'ailleurs s'incarner différemment selon les traditions nationales : en France, avec la personne de chair et de sang du président ; aux États-Unis, il est représenté par la Constitution. Tout président élu s'empresse de déclarer qu'il est devenu à présent le président de tous ses nationaux, et cela en parfaite contradiction avec la réalité objective puisqu'il a été élu pour appliquer un programme partisan.

À l'époque moderne, la loi et la légalité concernent les citoyens. Mais la force du thème de la légitimité marque la pérennité sous tous les régimes d'un schéma familialiste

16. Ernst KANTOROWICZ, *Les Deux Corps du roi* (1967), Gallimard, Paris, 1989.

sous-jacent pour représenter la société. Cette opposition, nous la retrouverons sous une autre forme, celle entre autorité et démocratie. Tant il est vrai que nous sommes faits d'une double pâte : celle qui procède de la lucidité objective et celle du vécu subjectif et de ses besoins propres.

3

« Soumission à l'autorité »

> « On nous dit : "Viens" et nous venons. Nous obéissons au percepteur, au gendarme, à l'adjudant. Ce n'est pas assurément que nous nous inclinerions devant ces hommes. Mais devant leurs chefs ? Il arrive pourtant que nous méprisions leur caractère, que nous suspections leurs intentions. »
>
> Bertrand DE JOUVENEL

Il serait difficile de ne pas évoquer ici un livre dont on a beaucoup parlé à sa parution en 1974, celui de Stanley Milgram, *Soumission à l'autorité* [1]. Il intéresse notre sujet à plusieurs titres. Au-delà de son contenu proprement dit, il est en effet porteur de certaines ambiguïtés et contradictions dont nous avons vu combien elles accompagnent souvent le thème de l'autorité.

L'expérience de Milgram et son écho médiatique

Au début des années soixante, Stanley Milgram, un psychosociologue enseignant de la prestigieuse université Yale, recrute

1. Stanley MILGRAM, *Soumission à l'autorité. Un point de vue expérimental*, Calmann-Lévy, Paris, 1974.

par petites annonces quelques dizaines de volontaires pour une « étude sur la mémoire ». À ceux qui, un par un, sont convoqués dans les locaux de l'université, un expérimentateur annonce qu'il s'agira pendant une heure de tester scientifiquement les effets de la punition sur l'apprentissage des connaissances. Un élève, attaché dans la pièce voisine, recevra des chocs électriques, dont l'intensité croîtra au fur et à mesure des erreurs qu'il commet. Le volontaire aura, à chaque erreur, à commander ces chocs croissants en appuyant sur des manettes où les chiffres sont gradués de 15 à 450 volts. À 300 volts, une indication signale : « Chocs extrêmement intenses » ; et à 360 volts : « Attention, chocs dangereux. » L'expérimentateur précise que si les chocs sont en effet douloureux, ils ne laissent pas de lésions permanentes. Bien entendu, à l'insu du volontaire, l'élève est un comparse et les chocs sont fictifs.

Cette expérience met-elle en jeu l'autorité, comme le prétend Milgram ? Cela n'est guère contestable. Derrière les consignes de l'expérimentateur silencieux et en uniforme — blouse grise, « maintien impassible, expression plutôt sévère » —, il y a, imposante, la cathédrale de pierre de l'université avec toute son autorité qui légitime ce qui va être fait au nom de la science.

Par ailleurs, des enquêtes de prévision menées préalablement, tout autant auprès de spécialistes (psychiatres, sociologues) que d'« Américains moyens » de toutes professions, avaient donné les mêmes estimations : à 150 volts — quand l'élève commence à dire qu'il n'en peut plus, et à demander qu'on le libère —, la majorité des volontaires désobéira à la consigne de continuer, qui aura été réitérée à ce moment ; 4 % iront jusqu'à 300 volts, mais s'arrêteront quand, après des cris de plus en plus intenses (des cris enregistrés à l'avance), l'élève pousse un « véritable cri d'agonie » ; seulement un ou deux sujets sur mille, des cas hautement pathologiques, pourront, malgré le silence total de l'élève à partir de 400 volts, oser aller jusqu'au choc le plus élevé (450 volts).

C'est dans l'écart entre ces prévisions et la réalité que réside sans doute l'information la plus significative. Car non pas un ou deux sur mille, mais 65 % des sujets sont allés jusqu'aux 450 volts et, obéissant à la consigne, ils ont répété le choc à trois reprises.

À sa parution en 1974, *Soumission à l'autorité* a fait sensation. La grande presse — quotidiens et hebdomadaires, à gauche comme à droite — et les revues plus spécialisées ont rendu compte du livre semblablement : sans commentaires critiques, du même ton factuel qu'aurait été annoncée la découverte d'une hormone nouvelle ou d'un ancêtre inconnu de l'homme préhistorique. Quelque chose d'autre pourtant s'y ajoutait dont, à la relecture des articles, il est difficile de dire s'il s'agit plus d'accablement ou de soulagement. En tout cas, c'était « comme ça » : tel était l'homme, maintenant on savait, expérimentalement, scientifiquement, à quoi s'en tenir ; il n'y aurait plus à y revenir. Un film de fiction — *I comme Icare*, où Yves Montand tenait le rôle principal — s'empressa d'annoncer la mauvaise nouvelle au grand public. Finalement, le tout de l'événement éditorial peut se résumer en une phrase : les deux tiers des civilisés se changent d'une minute à l'autre en abominables tortionnaires pour peu que l'autorité le leur commande — et ce bien qu'il n'y ait aucun risque à refuser d'obéir. De chacun de nous aux apparences de bon docteur Jekyll, le diable est prêt à surgir de la boîte, l'affreux Mister Hyde.

L'écho tout à fait inhabituel tout autant que l'absence de commentaires critiques se comprennent mieux à situer le livre dans le contexte historique. La guerre du Viêt-nam était encore très proche ; révélations et même procès (en particulier celui qui avait fait grand bruit à propos de la tuerie de My Lai) montraient ce que, dans certains cas, il en avait été du *GI* ordinaire. D'ailleurs, Milgram consacrait une dizaine de pages à ces conduites au Viêt-nam et les mettait en parallèle avec le résultat de ces expériences. La France, quant à elle, sortait de la guerre d'Algérie à laquelle avaient participé près de deux millions de jeunes du contingent ; le non-dit allait durer une quarantaine d'années mais pesait lourd sur les consciences. S'il n'était certes pas agréable de savoir qu'au moins les deux tiers de nos semblables étaient des tortionnaires en puissance, du moins ceux qui l'avaient été pouvaient se sentir moins seuls.

Il faut noter, et cela demande aussi explication, l'absolu contraste du silence qui, seulement une dizaine d'années plus tard, a fait suite à l'extraordinaire écho médiatique des expériences de Milgram. Des livres généraux traitant de l'autorité n'en font plus même mention ; aussi bien, pour ne prendre que trois exemples mais significatifs dans leur diversité, celui d'un sociologue, Richard Sennet[2], celui des journalistes Philippe Tesson et Laurent Joffrin[3], et celui d'un consultant en organisation, Larry Hirschhorn[4].

La question du pourquoi de ce silence reste ouverte. Peur de citer un livre trop connu, ou bien difficulté à en tirer une leçon qui, aujourd'hui, satisfasse ? Un « oubli » peut-être dû aux mêmes motifs qui avaient, en toute bonne foi, rendues si trompeuses les estimations prévisionnelles des spécialistes et des profanes ? C'est-à-dire le besoin de dissimuler à soi-même une vérité peu supportable. Ou bien encore ce silence tient-il au sentiment que, avec la crise de l'autorité, les résultats ne seraient plus aujourd'hui les mêmes qu'au début des années soixante ? Une hypothèse sans doute difficile à admettre, en ce qu'elle obligerait à remettre en cause les interprétations de Milgram, et à dissocier son expérimentation de la théorie de l'autorité qu'il propose.

Docteur Jekyll et Mister Hyde

Que dire, tout d'abord, de l'expérimentation ? Qu'elle mériterait certainement d'être reproduite, dans des sociétés et des cultures diverses et différentes. On peut regretter un point particulier. En effet, l'une des variables introduites cernerait la formation d'un petit groupe de volontaires. Il est certainement dommage que l'expérimentation soit ici biaisée par le fait qu'ils soient tous des comparses, hormis le volontaire. Ce biais relève directement de l'idéologie propre à Milgram, et aussi à la culture américaine, qui est de considérer que, en quelque sorte de toute éternité, existerait l'« Individu ». Nous entrons déjà dans la théorie de l'autorité proposée par Milgram.

L'image qui, à l'instant, nous était venue à l'esprit d'un « Docteur Jekyll et Mister Hyde » se révèle plus pertinente qu'il ne pouvait le paraître. Milgram propose une interprétation de l'autorité qui s'appuie sur la cybernétique et la théorie de l'évolution. Aucune société ne pourrait, écrit-il, exister sans hiérarchie

---

2. Richard SENNET, *Autorité* (1980), Fayard, Paris, 1981.
3. Philippe TESSON et Laurent JOFFRIN, *Où est passée l'autorité ?*, *op. cit.*
4. Larry HIRSCHHORN, *Reworking Authority*, The MIT Press, Cambridge, Massachusetts, 1997.

et, selon lui, pas de hiérarchie qui soit sans autorité. Dès lors que la coopération sociale ne peut être organisée que sur le mode hiérarchique et autoritaire, l'évolution a inscrit l'autorité dans le fait social, comme un facteur tout extérieur. L'action de ce facteur sur l'individu « autonome », libre et responsable — l'« Individu » — ne le transforme pas en individu « agentique » (néologisme créé par Milgram), mais lui substitue purement et simplement ce dernier. Exemple : l'instruction militaire qui vise à dépouiller l'individu de son autonomie pour mettre à sa place un quelqu'un d'autre, « agentique », passif et soumis.

Une double idée est absente chez Milgram. Celle d'abord selon laquelle la société est toujours présente en l'individu (le fameux « voile de l'ignorance » du philosophe américain John Rawls, qui permet d'exclure les inscriptions sociales et culturelles, annihile du même coup la réalité de l'individu). Au travers des socialisations, l'individu est toujours du social, presque organiquement. Seconde idée absente, celle de la complexité intérieure de l'individu occidental (pour ne parler que de lui), une complexité conflictuelle, contradictoire. L'autorité ne peut donc consister simplement dans le remplacement de l'autonomie par l'« agentisme », mais s'intègre nécessairement dans une chaîne d'interactions entre le monde extérieur et celui intérieur. On ne change pas de « nature » en se soumettant à l'autorité, mais bien plutôt on passe d'une dimension de la personnalité à une autre.

Milgram est d'ailleurs très près d'en venir à d'autres explications quand il évoque la famille. Mais il s'agit toujours, pour lui, et même dans l'enfance, d'une action qui reste extérieure à la personnalité : « Il [l'enfant] a été soumis à la discipline imposée par les parents, ce qui lui a inculqué un sentiment de respect pour l'autorité des adultes [5]. » Milgram va jusqu'à dissocier complètement l'injonction à l'obéissance (qui fera autorité) et la valeur inculquée ; ce qui lui permet, entre autres, de considérer que l'autorité est moralement neutre et que tout dépend des valeurs utilisées. Il ne prend aucunement en compte les identifications parentales dans lesquelles le parent intériorisé et la valeur qu'il incarne ne peuvent être dissociés. Une fois le mécanisme autoritaire mis en place, il ne peut certes pas être indifféremment employé selon la valeur sociale du moment.

5. Stanley MILGRAM, *Soumission à l'autorité*, *op. cit.*, p. 170.

L'autorité : un secret à « trouver », une théorie à construire ?

Milgram n'est jamais aussi proche d'une conception plus large que celle jusque-là avancée par lui quand, dans l'avant-dernier paragraphe du livre, contredisant toute son interprétation antérieure, il écrit : « Je suis certain que l'obéissance et la désobéissance [à l'autorité] ont pour origine un aspect complexe de la personnalité. Mais je sais que nous ne l'avons pas encore trouvé [6]. » « Trouvé » : comme si la théorie était contenue dans l'expérience et ne restait pas à construire. Pourtant, la toute dernière ligne du livre revient sur cette déclaration : « Dans la plupart des cas, ce qui détermine l'action de l'être humain, c'est moins le type d'individu qu'il représente que le type de situation auquel il est affronté. » C'est maintenant de nouveau la situation (extérieure) qui détermine la réaction du sujet, et non plus aussi la personnalité dans une complexité sur lequel le livre fait l'impasse.

Quoi qu'il en soit, l'expérience de Milgram demeure, avec ses résultats étonnants. Mais, aussi, c'est Milgram lui-même qui nous invite à chercher ailleurs que dans sa propre interprétation une explication que lui-même n'a pas « trouvée ». Nous allons nous y efforcer dès le prochain chapitre. Auparavant, ne craignons pas de nous répéter : si tant de bons esprits butent à approcher de plus près le « mystère » de l'autorité, c'est sans doute, alors, que le saut à faire, autant interprétatif qu'explicatif, est d'exceptionnelle longueur, qu'il n'existe pas de solution de continuité entre la ou les causes et leurs effets d'autorité. On ne peut donc espérer rencontrer un terrain où avancer qu'après un saut dans le vide, celui qui toujours sépare les faits de leur théorisation : un saut, selon les cas, de longueur variable. Dit d'une autre manière : une validation éventuelle de l'hypothèse avancée ne pourra se fonder que sur la possibilité qu'elle offre de relier et d'organiser en un ensemble cohérent des phénomènes par ailleurs séparés. On ne « trouve » pas une explication, on la construit.

6. *Ibid.*, p. 252.

4

La psychanalyse et les deux contenus de l'autorité, ou : de Gaulle n'est pas Hitler

> « J'ai appris que notre vieux monde est régi par l'autorité comme le nouveau par le dollar. »
>
> Sigmund FREUD (1902)

Il nous faut à présent passer de la sociologie à la psychologie. Quelle a été la position de Freud sur l'autorité ? Son génie lui a permis de creuser jusqu'à un premier sous-sol, celui où, dans l'inconscient, habite l'image du père. Mais sa difficulté à attribuer une forme de psychisme complexe au tout petit enfant l'a probablement empêché de développer une théorie de l'archaïsme psychologique. D'où l'amalgame abusif qui lui fait rassembler, sous la même appellation de « père », des images aussi opposées dans leur contenu que le « père »-chef de la horde primitive qu'il place aux origines de l'humanité, et le père œdipien. Mieux les séparer va nous permettre d'isoler deux contenus psychologiques différents pour l'autorité, et de reconnaître ainsi en quoi le charisme d'un de Gaulle n'est pas celui d'un Hitler.

Freud face à l'autorité : de la révolte au fatalisme

Entre 1908 et 1910, la pensée de Freud sur l'autorité opère un tournant à 180 degrés. En 1908, il est « nécessaire », pour atteindre un « état normal », que l'enfant en grandissant se libère de l'autorité de ses parents [1]. Or, en 1910, une telle libération devient exceptionnelle. Chez la plupart des hommes, « le besoin d'une quelconque autorité est si impérieux que pour eux le monde se met à vaciller si l'autorité se trouve menacée [2] ».

Dans le même texte sur Léonard de Vinci, Freud porte un jugement critique, et même négatif sur l'autorité, reprenant à son compte la phrase du peintre de la Joconde : « Celui qui, dans le conflit des opinions, se réfère à l'autorité, travaille avec sa mémoire et non avec son entendement. » Surtout, il donne une explication quant à la source de l'autorité, et il est le premier, dans l'histoire des idées, à la donner. Si Vinci fut le chercheur universel que l'on sait, c'est, écrit Freud, qu'il osa se révolter contre le père : « Les anciens et l'autorité ne correspondaient finalement qu'au père [...]. Dieu lui-même n'est rien d'autre psychologiquement qu'un père qui a été exalté. »

Ainsi, l'autorité extérieure tire sa force de son lien avec l'image du père, telle qu'elle s'est gravée dans l'inconscient durant l'enfance. Et très peu nombreux deviennent, pour le Freud de 1910, ceux qui, comme Vinci, osent se révolter contre le père, et s'en sortent bien.

Il faudra attendre 1921 pour que ces pères soient étudiés par Freud dans le rapport à la société. Deux cas de figure sont décrits dans *Psychologie collective et analyse du moi*. Le premier est celui de la foule inorganisée avec meneur, qui serait vécue inconsciemment par l'individu comme la reviviscence de la horde imaginaire des débuts de l'humanité ; le meneur, alors, n'est autre que le substitut du père des origines, tout-puissant, tyrannique, sanguinaire, tel que décrit dans *Totem et Tabou*. La foule organisée comprend, elle, les individus qui font partie de structures sociales stables. Dans le second cas, celui de l'armée et de l'Église, le meneur — le Christ dans l'Église catholique, le

---

1. Sigmund FREUD, *Le Roman familial du névrosé*, Standard Edition, Londres, IX, 1959, p. 237.
2. Sigmund FREUD, *Un souvenir d'enfance de Léonard de Vinci*, Standard Edition, X, 1957, p. 122.

commandant en chef dans l'armée — est censé aimer tous les fidèles ou tous les soldats d'un amour égal. Son image renvoie au père contemporain. Mais s'agit-il bien de la même figure d'un père dans deux cas qui diffèrent totalement ? Nous nous interrogerons plus loin sur cette question, à propos des exemples historiques fort dissemblables d'un de Gaulle ou d'un Hitler.

Un nouvel élément, capital, apparaît en 1930, dans *Le Malaise dans la culture*, avec la description de la manière dont fonctionne le rapport d'autorité entre psychisme et extériorité sociale. Dans la petite enfance, l'« autorité extérieure » des parents impose des renoncements multiples, partageant ainsi le monde du possible entre le bien et le mal. D'où tire-t-elle ainsi son pouvoir pour n'avoir pas, dans la plupart des cas, à recourir à la force ? « Le mal est au début ce pour quoi on est menacé de perte d'amour [3]. » La chose est simple : l'enfant a peur, s'il n'obéit pas, de perdre l'amour du parent, cette « puissance suprême » dont il dépend entièrement. Plus tard, seconde étape, entre trois et cinq ans, quand l'image des parents a été intériorisée dans l'inconscient, renoncer au « mal » ne suffira plus à l'enfant pour trouver la paix. Car le parent interdicteur, devenu le surmoi inconscient, perçoit maintenant le désir de « faire le mal », lequel n'a pas disparu : « L'intention est ici considérée (par le surmoi) comme équivalente à l'exécution. » À la place de la perte d'amour réelle, à présent « on a un malheur interne permanent, la tension de la conscience de culpabilité ». Retenons que cette tension est, indépendamment de la conduite, installée en permanence chez l'homme moderne. Ce qui n'est certes pas rien. Freud, après avoir montré comment la culpabilité conduit au besoin d'autopunition, précise que le sentiment de culpabilité est « le problème le plus important du développement de la culture : le prix à payer est une perte de bonheur de par l'élévation du sentiment de culpabilité [4] ».

Ainsi, deux sortes de « père » sont présents dans *Psychologie collective et analyse du moi* : le chef de la horde primitive susceptible de renaître dans la figure du meneur de la foule inorganisée, à quelque époque que ce soit ; et les chefs de la foule organisée, ceux de l'armée et de l'Église, *alias* Jésus-Christ et le

3. Sigmund FREUD, *Le Malaise dans la culture, Œuvres complètes*, XVIII, PUF, 1994, p. 311.

4. *Ibid.*, p. 321.

commandement en chef. Ces deux « pères » appartiennent-ils à la même « espèce », correspondent-ils tous deux pareillement à l'instance paternelle de la théorie psychanalytique ? Pour répondre, récapitulons leurs caractéristiques.

Le chef de la horde primitive se présente comme un tyran sanguinaire, possédant un absolu pouvoir qu'il exerce de manière arbitraire. C'est par ailleurs un surmâle « à la puissance illimitée » (Freud) qui se réserve, dans la horde, l'exclusivité de la sexualité et de la reproduction. Le Christ et le commandant en chef, eux, tirent leur ascendant de l'illusion : ils sont supposés aimer tous les membres de leur « foule » et surtout les aimer également.

Le premier, le tyran, use donc d'un pouvoir d'une violence illimitée pouvant aller jusqu'au meurtre et il inspire la plus grande terreur. Le second incarne l'amour, l'égalité, la justice, du moins tant que certaines règles strictes mais précises sont respectées par les fidèles ou par les soldats ; des règles codifiées, connues à l'avance, limitées, invariables. Entre le dominant et les dominés existe une relation de type contractuel.

La seconde figure, « sévère mais juste » (nous retrouvons ici Umberto Saba), exigeante mais aimante, correspond, d'évidence, à celle du père œdipien. Freud lui-même évoque à son propos le père-chef de famille de l'époque moderne. Quant au chef « monstrueux », *dixit* Freud, de la horde, sa figure est interprétée par les psychanalystes contemporains, à la lumière des travaux post-freudiens, comme la représentation fantasmatique non plus du père mais de la mère toute-puissante issue de la prégénitalité orale, anale, phallique [5]. Avant de préciser le sens pour nous du terme « archaïsme », aujourd'hui si galvaudé, illustrons notre propos d'une citation de Jean Laplanche. Sous l'intertitre : « Le surmoi archaïque et féroce : un rat », il écrit : « Ce à quoi l'on arrive dans la psychanalyse contemporaine, et non sans raison, c'est évidemment à la mise en jeu de deux aspects fort différents du surmoi : un surmoi prégénital ou préœdipien, pulsionnel, auquel véritablement s'appliquent les caractéristiques de férocité sans merci [...] ; et, d'autre part, un surmoi œdipien,

5. Guy Rosolato, évoquant manifestement Lacan, a pu écrire : « Cette référence prévalente au père peut être détournée pour masquer une fixation à la mère [...], pour camoufler une relation immuable avec la mère seule, une mère phallique, toute-puissante, archaïque » (Guy ROSOLATO, *La Relation d'inconnu*, Gallimard, Paris, 1978, p. 9).

[...] introduisant le sujet à la nécessaire séparation des sexes et des générations [6]. »

L'archaïsme psychologique

En raison de l'importance que nous lui attribuons et de la place qu'elle va occuper dans ce livre, il nous faut aborder de manière plus technique la question de l'archaïsme psychologique. L'effort demandé au lecteur trouvera sa contrepartie par la réponse à cette question que nous nous étions posée sur la nature différente de l'autorité chez de Gaulle et chez Hitler.

L'archaïsme psychologique, dont il est beaucoup question aujourd'hui chez les psychanalystes, ne renvoie pas pour nous, cela vient d'être dit, à une préhistoire mythique qui serait celle de *Totem et Tabou*. Il est bien plutôt à considérer comme la conséquence de la traversée de l'enfance si particulière de notre espèce. Il représenterait le produit de l'interactivité du matériau organique humain et de l'environnement social. J'avais étudié dans *Anthropologie différentielle* (1972) les formes différentes prises par cet archaïsme dans plusieurs cultures. Mais ce terme d'archaïsme est loin d'être univoque. Dans *L'acte est une aventure*, j'ai défendu la thèse que ce terme recouvre pas moins de trois contenus différents.

Jusque vers six mois, l'archaïsme 1 — ainsi peut-on le nommer pour la simplicité du propos — réfère à la symbiose psychosomatique *infans*-mère. Moments de fusion et de défusion, de tout-plaisir mais aussi de frustration des besoins. Par rapport à cette frustration se développent déjà des stratégies défensives et quasi réflexes de plaisir, préformes du désir. Un prépsychisme commence ainsi à se construire, constitué non de représentations mais de fantasmes psychosensoriels, voire psychomoteurs [7].

Vers six mois, la séparation progressiste de ce moi fusionnel-défusionnel en sujet et en objet (la mère, le monde) introduit à

6. Jean LAPLANCHE, *Problématiques 1*, PUF, Paris, 1980, p. 363.

7. Le psychomotricien Bernard Aucouturier a décrit ces fantasmes psychomoteurs (*cf.* Bernard AUCOUTURIER et Gérard MENDEL, *Qu'est-ce qui fait courir l'enfant ?*, Actes de la journée d'étude sur la pratique psychomotrice, Faculté de psychologie et des sciences de l'éducation, Université de Louvain, 2000). *Cf.* également : Gérard MENDEL, « Les trois archaïsmes », *in Trois textes sociopsychanalytiques*, Impatiences démocratiques éd., Arles, 2000.

l'archaïsme 2. Il concerne ce que Winnicott nomme l'aire intermédiaire, dans laquelle se développent les processus transitionnels. C'est le temps que nous avons nommé celui de la Grande Séparation : l'egocosmie première se clive en *ego* et en cosmos.

Enfin, entre douze et quinze mois, le refoulement primaire intervient, séparant l'inconscient (qui naît à ce moment) et le préconscient-conscient. C'est à partir de ce moment seulement que se développent les représentations archaïques vectrices de toute puissance imaginaire, figures bénéfiques ou bien maléfiques (archaïsme 3). Ce troisième archaïsme concerne seulement la partie la plus profonde de l'inconscient refoulé.

La pensée magique, la croyance à la toute-puissance des idées, le « désir de magie » appartiennent à cette dernière phase. La magie n'a rien à voir avec l'univers extérieur où elle n'existe pas : ce qui concerne la magie est tout entier notre création, liée à un moment de notre passé. C'est là un des grands enseignements de la psychanalyse, bien que ce savoir ne neutralise jamais le « désir de magie » en nous. À partir de trois ans, l'enfant sort de l'archaïsme 3, en raison du développement de la psychomotricité et du langage permettant l'interactivité consciente et de mieux en mieux contrôlée avec l'environnement.

Ainsi, le « père » de la horde primitive renvoie par tout ce qui le caractérise aux représentations « mauvaises » de l'archaïsme 3. C'est-à-dire, en fait, à la violence agressive des fantasmes du petit enfant à cet âge envers les parents nécessairement frustrants. Les images de ces derniers sont intériorisés dans l'inconscient comme porteurs de toute la charge de cette violence. À cet âge, la frustration extérieure vient avant tout de la mère. D'où, dans la théorie psychanalytique kleinienne, le concept de « mauvais sein ». À la figure de la « mère archaïque mauvaise » se superpose ultérieurement l'image de la mère phallique. Il faut noter l'absence d'une cloison étanche entre les trois archaïsmes, entre les traces mnésiques qui leur correspondent. Dès lors, se surajoutent aux représentations agressives de l'archaïsme 3 les composantes les plus noires, les plus angoissantes, des archaïsmes 1 et 2.

De Gaulle et Hitler : la même autorité ?

Une double condition était nécessaire pour relier ainsi le « père » freudien de la horde primitive non plus à la préhistoire de l'humanité mais à une étape de la maturation de tout enfant. Tout d'abord, il fallait abandonner la phylogenèse freudienne en faveur d'une ontogenèse, celle d'une enfance historiquement et culturellement située. Tout enfant traverse les mêmes étapes organiques, mais les contenus de chaque étape sont travaillés différemment par les cultures. Il fallait ensuite distinguer plusieurs strates à l'intérieur de la notion trop globalisante d'archaïsme psychologique.

Ce cheminement permet de séparer en figure archaïque et en figure œdipienne ce que Freud avait amalgamé dans une image contradictoire de « père ». L'intérêt de donner ainsi deux contenus à l'autorité apparaît immédiatement. En effet, nous pouvons alors répondre à la question laissée en suspens (voir *supra*, chapitre 2) : sur quoi repose la différenciation de l'autorité, du charisme, dans les deux figures historiques différentes que sont Charles de Gaulle et Adolf Hitler ? Comparons, sous leur plume même, la figure intérieure qui incarne la cause dont ils se font le défenseur, et qui est celle en laquelle ils puisent leur légitimité, c'est-à-dire qui permet le passage d'une autorité interpersonnelle à l'autorité sociale.

Pour le général de Gaulle, cette figure, c'est la France. Nous avions déjà noté que l'homme du 18 Juin parlait d'elle comme de sa mère, la nommait explicitement comme telle : « Je suis son fils [...]. Maintenant, j'entends la France me répondre [...]. Ah ! Mère, tels que nous sommes, nous voici pour vous servir. »

C'est aussi d'une mère qu'Hitler tire sa légitimité, une mère dont il est lui aussi non seulement un fils légitime mais l'« enfant de prédilection ». Cette mère n'est pas directement l'Allemagne, mais la nature, dont les lois trouvent au mieux à s'incarner dans la race aryenne, l'Allemagne étant sa principale représentante.

Ainsi, les analogies apparaissent au premier abord très fortes entre ces deux personnages historiques : chacun homme d'autorité s'il en fut ; chacun se présentant explicitement comme le fils privilégié d'une mère et tirant sa légitimité de sa filiation. Il nous faudrait, alors, renoncer à rien comprendre à ce qui d'évidence les distingue de manière radicale, si nous ne pouvions nous appuyer sur notre précédent travail de discrimination. À présent que nous savons départager entre Œdipe et archaïsme et distinguer entre les strates psychiques de celui-ci, il nous suffit de reprendre la description même qu'ils font de leurs parents.

Autant un de Gaulle attribue à titre égal sa formation à son père (la raison) et à sa mère (la passion), autant la biographie de Hitler montre un attachement viscéral à la mère seule : « J'avais révéré mon père, j'avais aimé ma mère. » En fait, Hitler s'était trouvé en conflit aigu avec son père, un alcoolique caractériel et brutal, jusqu'à la mort de celui-ci, alors que lui-même avait treize ans.

La structure psychologique de de Gaulle est triangulaire (père, mère, fils) ; œdipienne, donc, car intégrant l'image des deux parents et la séparation des sexes et des générations. La structure de Hitler est duelle (mère, fils), préœdipienne, prégénitale. Dans le monde intérieur de de Gaulle, la réalité extérieure pèse son poids, les arguments rationnels l'emportent sur la passion, des considérations éthiques portées par la tradition familiale et l'histoire nationale imposent des limites à ses actes. S'il n'est certainement pas un démocrate de cœur, son pouvoir autoritaire ne sera jamais celui d'un dictateur au-dessus des lois.

Une mère œdipienne, donc, chez de Gaulle, c'est-à-dire qui trouve pour le fils une partie de sa définition dans la problématique du rapport au père et vis-à-vis de laquelle les désirs sexuels se sont transmués en tendresse. Il est significatif que, en 1906, à l'âge de quinze ans, dans des lignes étonnantes, lorsqu'il parle déjà de sa relation à la France, c'est pour la défendre seulement, et non dans le rêve démesuré de la conquête du monde qui sera celui d'Hitler : « L'Europe, irritée du mauvais vouloir et des insolences du gouvernement, déclara la guerre à la France… Le général de Gaulle fut mis à la tête de deux cent mille hommes et de cinq cent dix-huit canons… Le peuple qui avait longtemps désespéré de la France passa du plus grand abattement au plus grand tumulte[8]. » Ainsi, lors de l'adolescence durant laquelle se revit le conflit œdipien, le fils répare auprès de la mère (la France) les erreurs du père (le gouvernement, son « mauvais vouloir », ses « insolences »).

C'est une tout autre mère qu'Hitler invoque dans *Mein Kampf* avec une image de la nature[9]. Il s'agit d'une mère qui ignore

8. Charles DE GAULLE, *Lettres, notes et carnets. 1905-1940*, 2 vol., Plon, Paris, 1980.
9. Nous résumons ici les chapitres consacrés à Hitler dans *La Révolte contre le père.*

toute limite et même les frontières d'un pays ; elle est la nature en son entier. Cette mère-nature se montre impitoyable dans sa démesure, son illimitation, sa toute-puissance totalitaire : « La force règne, partout et seule [...]. Le monde n'appartient qu'aux forts qui appliquent des solutions totales. [...] L'humanité selon la nature qui anéantit les faibles pour donner leur place aux forts. » Face à cette nature, l'homme se révèle impuissant : « En réalité, l'homme ne domine la nature sur aucun point. [...] La nature se venge impitoyablement quand on transgresse ses commandements. » Intervient alors le thème fondamental, car vecteur pour Hitler de sa légitimité : la race. La race aryenne est supérieure aux autres, car elle est celle qui « en dernière analyse répond aux lois voulues par la nature ». À l'intérieur de cette race, deux catégories, la « masse qui n'est qu'une partie de la nature », et l'homme de génie : « Le plus fort en courage et en volonté, *enfant de prédilection de la nature* [je souligne, G.M.] atteindra le noble droit de vivre. »

L'impuissance de l'homme par rapport à la nature n'est ici que la projection de ce que Hitler ressent confusément en lui comme la faiblesse de son moi par rapport aux pulsions archaïques, ce moi qui n'a qu'incomplètement intégré l'image paternelle trop haïe. La relation duelle mère-fils place le sujet en deçà de la distinction des sexes et des générations. Dans les oscillations entre fusion et séparation, se crée un univers psychologique du tout ou rien, de l'illimité, de l'arbitraire, du passionnel sans mesure : « Avec le Juif, il n'y a point à pactiser, mais seulement à décider : tout ou rien. » Le mélange des races, phobie récurrente dans *Mein Kampf*, n'est que la figuration angoissante de l'indistinction des sexes et des générations, de l'inceste : « Toutes les grandes civilisations [aryennes] du passé [moururent] d'un empoisonnement du sang » ; Vienne : « Cette ville gigantesque, conglomérat de races, me paraissait l'incarnation de l'inceste » ; « Le Germain, reste de race pure et sans mélange, est devenu maître du continent américain ; il le restera tant qu'il ne sacrifiera pas lui aussi à une contamination incestueuse » ; etc.

Dans *La Révolte contre le père*, nous avons montré comment la partie vécue comme dangereuse de l'archaïsme, d'abord projetée sur son père puis sur les Juifs, amena Hitler à la lutte à mort avec ces derniers. Il se croyait en toute bonne foi — et là se situe le noyau de son délire paranoïaque — non le persécuteur des Juifs, mais leur victime : « Comme le Juif n'est pas celui qui est attaqué, mais bien l'agresseur », « la terreur ne pouvait être brisée que par la terreur ». Il est mort avec la conviction pleine et entière d'avoir toujours été la victime des Juifs.

L'autorité : deux contenus psychologiques, deux contenus sociaux

Nous pouvons à présent nouer les trois fils que nous avions jusqu'à présent tenus séparés. Premier fil : le père préhistorique dont le meurtre par le fils est à l'origine pour Freud d'une culpabilité héréditaire, phylogénétique (*Totem et Tabou*) : il reproduit pour nous l'une des figures de l'archaïsme 3. Deuxième fil : les représentations psychologiques individuelles, intrapsychiques, qui appartiennent à ces deux meneurs indéniablement charismatiques que sont le général de Gaulle et Adolf Hitler : elles correspondent à des registres différents. Ce registre, pour le premier, est celui du père œdipien, qui est aussi le père meneur de la « foule » organisée de *Psychologie collective et analyse du moi*. Pour le second, le contenu du registre s'organise à partir des éléments de ce que nous nommons l'archaïsme 3 et qui répond au meneur de la foule inorganisée de Freud, au chef de la horde primitive.

Mais si l'un et l'autre puisent ainsi leur charisme dans les représentations au service desquelles ils se mettent tout entier, une autre question se pose, celle de savoir pourquoi et comment parvient à s'opérer le court-circuit qui conduit de la sujétion seulement interpersonnelle sur des proches à l'influence psychologique sur tout un peuple. C'est ici le troisième fil qui se trouve en jeu, celui qui réfère à l'existence non pas d'un seul, mais de deux contenus psychologiques de l'autorité personnelle, celle dite « naturelle » : l'un correspond à l'image d'un père œdipien « sévère mais juste », et l'autre à une image vectrice de toute-puissance archaïque, de magie et d'arbitraire, de démesure. On peut alors comprendre que ces deux images puissent, dans la relation interpersonnelle, interagir éventuellement avec un secteur particulier de la personnalité de l'interlocuteur et réveiller chez lui, à des profondeurs différentes, la peur ancienne d'abandon d'amour venue de son enfance.

Mais c'est un nouveau fil, le quatrième, dont il nous faudra à présent user, celui permettant de suivre le passage, à l'échelle d'un pays, de l'autorité personnelle, interpersonnelle, à l'autorité sociale, à la légitimité. Il ne suffit pas qu'un individu se mette à défendre une cause qui dépasse sa personne — la nation, la race — pour que des millions d'hommes se reconnaissent en lui. Nous entrons là dans un autre domaine particulièrement sensible qui concerne l'histoire d'un pays et sa culture. J'y reviendrai longuement dans le prochain chapitre traitant des cultures collectives et de l'autorité sociale.

Je voudrais, pour finir, considérer sous un angle quelque peu différent les deux figures historiques ici en jeu. Il est satisfaisant que notre interprétation rejoigne le sens commun qui nous dit qu'il s'agit là de deux types d'hommes très différents. Certes, des ressemblances existent. La mégalomanie, évidente chez Hitler et peu contestable également chez de Gaulle, parlant de lui à la troisième personne ou dialoguant avec la France. Par ailleurs, tous les deux n'ont pas hésité à mettre en place le régime politique à leur convenance : l'État nazi et la Vᵉ République. Chacun d'eux, enfin, revendiquait sa légitimité dans un registre explicitement familialiste, se présentant comme le fils privilégié d'une mère grandiose : la France, la nature.

Le sens commun n'a jamais été dupe de ces ressemblances, pourtant non négligeables (il y a souvent une part d'archaïsme dans le père œdipien, j'y reviendrai). Personne n'a jamais sérieusement cru que de Gaulle était le nouvel Hitler ; les dirigeants communistes qui, en France, aux pires heures de la guerre froide, le prétendaient, ne le croyaient pas vraiment. L'interprétation psychologique que nous proposons des deux contenus de l'autorité permet de comprendre d'où le sens commun tirait la justesse de son jugement.

Chacun, en France, avait senti le vent de folie que les discours d'Hitler soufflaient et l'anormalité du personnage (à l'exception des hommes politiques pour qui un homme d'État, puisque collègue, ne peut pas être un fou). C'est bien plutôt la statue du Commandeur rappelant Don Juan à ses devoirs qu'évoquait le personnage de de Gaulle, ce père œdipien (« sévère mais juste ») exigeant réparation pour sa fille séduite, la France, qui avait « chuté » en 1940 sous la séduction du régime des partis de la IIIᵉ République. Pétain, lui aussi un père œdipien pour ses fidèles, même si très âgé, avait de même flétri ces « mensonges qui nous ont fait tant de mal ».

L'interprétation que nous proposons permet de comprendre sur quel secteur de la personnalité de ses fidèles chacun des deux meneurs agissait, et quelle sorte d'autorité il en tirait, quel mode d'obéissance, quelle nature de ferveur. En effet, entre le fanatisme des nazis et la vénération des gaullistes, il ne s'agit pas d'une différence de degré dans les sentiments, mais d'une échelle des valeurs qui diffère. Donnons une interprétation plus complète : de Gaulle, un père œdipien, protégeant *contre* les tumultes d'un monde qui est devenu inquiétant, en pleine mouvance, partiellement archaïque ; Hitler, le protagoniste de l'alliance *avec* les forces les plus dynamiques du monde archaïque.

5

L'autorité, symptôme du sentiment abandonnique de l'espèce humaine

> « Cette confiance éveille chez l'enfant un sentiment de loyauté, de fidélité qui lui impose d'accepter ses parents comme des figures d'autorité. Le moteur de cette loyauté est donc la peur de perdre leur confiance et la peur de l'abandon. »
>
> Robert NEUBURGER

> « Il n'est pas de besoin plus urgent que celui de trouver quelqu'un aux pieds de qui il puisse déposer, aussi vite que possible, le don de la liberté avec lequel, créature infortunée, il est né. »
>
> Fiodor DOSTOÏEVSKI

J'écrivais dans le chapitre précédent que Freud avait su creuser jusqu'au premier sous-sol psychologique de l'autorité. Nous devons à présent fouiller plus profond, vers le second sous-sol. Il faut alors retourner vers le tout début de l'enfance, là où Freud (qui ne fut jamais analysé) craignait d'aller. C'est à ces moments qu'interviennent les ruptures décisives dans le sentiment continu d'exister, d'abord avec les inévitables, mais momentanées, frustrations, puis avec l'épreuve la plus douloureuse sans doute de l'existence, celle de l'arrachement de la mère, de la fin du sentiment de ne faire qu'un avec elle.

Je vais défendre la thèse selon laquelle l'ensemble de ces ruptures, depuis la naissance jusqu'à l'âge de deux ans, alimente une angoisse propre à l'espèce humaine et universelle, une angoisse d'abandon — le « sentiment abandonnique ». Contre elle se seraient développées des défenses : déjà psychiques, tels, par exemple, les stratégies de recherche de plaisir (archaïsme 1) ou bien les processus transitionnels (archaïsme 2). Une seconde catégorie de défenses sert également de protection, celles qui sont liées à la socialisation. Ainsi, le familialisme social que nous avons évoqué à propos du thème de l'autorité-légitimité, et dont nous observerons les formes historiques dans la deuxième partie du livre, comporte un versant défensif contre l'angoisse abandonnique, versant défensif qui est le motif de sa pérennisation dans le monde adulte.

On constate de nouveau l'impossibilité d'une étude de l'autorité qui ne mobiliserait pas l'ensemble des sciences humaines et sociales : histoire et droit, à propos de la légitimité ; ici, psychologie et sociologie ; plus avant : l'ethnologie, le travail, l'esthétique…

Avant d'aborder de front ce qui est au cœur de ce livre — l'autorité comme symptôme du sentiment abandonnique —, je voudrais rassembler et illustrer les données théoriques recueillies jusqu'à présent en évoquant une simple scène de la vie quotidienne.

Le face à face avec l'agent de police

Un conducteur de voiture se voit interpellé par un agent de police ; ne parlons pas d'une faute de conduite, mais d'un simple contrôle. Qui peut affirmer qu'il conservera un calme intérieur parfait, même s'il sait qu'il est en règle ? Essayons, alors, de comprendre les mécanismes psychosociaux en cause dans ce cas, c'est-à-dire en l'absence d'une crainte de sanction qui soit objectivement fondée.

Il y a d'abord la situation sociale elle-même, essentielle à considérer. Intervenant en tout premier comme déclencheur, c'est elle qui, d'évidence, par les éléments extérieurs qui la composent, va amener les réactions psychoaffectives du conducteur interpellé. Quels sont ces éléments ? Tout d'abord, l'uniforme, qui indique qu'il s'agit du « représentant de la loi », d'un fonctionnaire dit « d'autorité ». Cet uniforme très reconnaissable qui désigne l'autorité sociale est porteur d'une signification immédiate : il place la situation dans un rapport d'*asymétrie*. C'est là un élément clé. Il y aura, dans le face à face, celui qui pose les questions, qui formule les demandes, et l'autre qui devra répondre et présenter les documents exigés (le lecteur remarquera que si, à un moment, l'agent est amené à répondre civilement à une quelconque question d'information du conducteur, le climat psychoaffectif se transforme, car s'orientant alors vers l'égalité relationnelle).

L'asymétrie des rôles est fondamentale dans la mise en scène de l'autorité sociale. Cette inégalité relationnelle ne s'impose pas d'elle-même, dans le seul rapport des deux personnes, telle celle qui tient à la fortune, à la position sociale, à la force physique ; elle est *symbolique*, dans le sens précis où l'uniforme, cette pièce de tissu par elle-même insignifiante, trouve du sens seulement dans la transcendance de l'ordre social répressif tout entier derrière son porteur. Un ordre invisible, immatériel, perçu seulement par la médiation d'une culture particulière et qui comprend, au su de tous, les forces de police, les juges, les prisons et leurs gardiens. Elle est symbolique, aussi, dans le sens que, sous la relation d'autorité proprement dite, si celle-ci ne suffit pas, la force matérielle est là, dont l'homme en uniforme possède le monopole légitime : il porte en évidence une arme et, dans certaines limites, la société lui donne le droit de se servir d'elle. Ces limites et ce droit appartiennent au même ordre culturel qui rend symbolique le port de l'uniforme. Dans des pays différents, le contenu propre au symbole varie : la conduite sera différente face à un uniforme de policier mexicain ou français.

Nous pouvons observer qu'il y aurait dès lors quelque hypocrisie à continuer de définir l'autorité, ainsi que nous l'avons fait jusqu'à présent, par l'obéissance sans contrainte ni menace, puisque l'*ultima ratio*, la raison dernière, de l'autorité est la force. Cependant, dans la plupart des cas, les réactions psychoaffectives du conducteur ne tiennent pas à la crainte que l'agent de police emploie la force. Revenons à la situation elle-même.

Deux autres éléments de cette situation participent de l'asymétrie des rôles. Tout d'abord, les choses ne se passent pas seulement dans l'abstrait d'un discours : les corps sont concernés. L'attitude physique de l'agent — l'expression de son visage, mais aussi une certaine raideur voulue du corps — exprime la gravité, la contention et une grande neutralité affective (« Je ne suis pas concerné psychologiquement par la situation, semble vouloir dire ce corps, j'entends me situer en dehors de toute relation interpersonnelle ») ; la voix elle-même n'exprime aucun sentiment qui puisse être de nature à rassurer ou à mettre en confiance, les phrases sont prononcées d'un ton très ferme qui, dans la vie courante, apparaîtrait offensant par sa froideur. Mais, et c'est là le second élément de la situation, le niveau corporel est concerné d'une autre façon et plus directement, car, après l'examen des documents jusqu'alors placés dans votre poche, contre votre corps, et qui passent dans une main étrangère les manipulant sans délicatesse particulière, l'agent va se déplacer, faire le tour du véhicule, vérifier la plaque d'immatriculation, s'assurer de l'état des feux et des phares, et peut-être même demander que le coffre soit ouvert. Or, dans une mesure qui n'est en général pas mince, le conducteur s'identifie quasi physiquement à sa voiture comme à un second corps, qui marche pour lui, assure son confort et sa sécurité, et qui témoigne de son statut social selon la marque et la puissance du véhicule.

À présent, considérons ce que ces éléments situationnels, très particuliers à les observer de près (asymétrie, impersonnalité, droit d'exiger que vous montriez ce que vous avez en poche et de le manipuler), induisent dans le vécu du conducteur. Du début à la fin, ils sont de nature à le ramener vers l'époque de l'enfance, et, qui plus est, vers le versant inquiet de celle-ci. C'est alors que s'est imprimé, année après année, le modèle premier en date de toute situation d'inégalité radicale. Ce sont les personnages de l'enfance, les parents en l'occurrence, dont le visage pouvait, en cas de faute même supposée, se fermer, devenir impersonnel, inexpressif ou bien sévère ; ce sont eux qui, la voix froide, étaient en droit de poser les questions et d'exiger des réponses précises. Ce sont les parents qui vérifient votre tenue, et surtout, dans les premières années de la vie, votre propreté, tournant autour du corps comme l'agent autour de la voiture ; dimension de la propreté qui ramène, elle, à des tout débuts, à la toute petite enfance et aux craintes de se salir éprouvées à l'époque du dressage sphinctérien. Il n'est pas jusqu'à la différence de taille entre l'agent debout et dominant la situation de toute sa hauteur à la portière, et le conducteur tassé sur son siège et regardant l'autre de bas en haut, qui ne soit porteuse de sens. Quelque chose change, en effet, dans la relation si le conducteur sort de la voiture et se trouve à taille égale avec l'agent. Et, enfin, à l'arrière-plan, en filigrane permanent, en ombre chinoise, la différence des forces en présence n'est pas non plus insignifiante : un individu se retrouve seul face à l'ordre social tout entier.

Faisons un pas de plus. Car si la situation ramène à un vécu d'enfance, il ne s'agit pas, nous l'avons dit, de n'importe quel vécu. Le changement des traits du visage vers la froideur ou la sévérité, l'exigence de réponses, le contrôle de l'emploi du temps, l'examen corporel, etc. n'entraient en scène, dans l'enfance, que en cas de faute avérée ou à tout le moins présumée. Il apparaît ainsi que, seulement par les éléments objectifs de la situation elle-même, la relation induite par l'agent d'autorité crée chez le conducteur contrôlé le sentiment présumé d'une faute, et donc un malaise, une inquiétude. C'est un élément fondamental qu'introduit toute relation d'autorité : les signes perçus induisent, de manière subliminale mais qui ne prête pas à doute, le sentiment d'une faute. Selon les personnages de son enfance, l'inquiétude du sujet variera à l'intérieur de la dimension de la culpabilité.

Encore un pas, le plus difficile à faire, car nous devons maintenant nous situer au niveau inconscient et parler d'ambivalence affective. Que signifie, dans le cas présent, l'évocation de sentiments qui iraient en sens contraire ? Que le conducteur ait peur de l'agent, cela va de soi. Il est en revanche difficile de croire qu'il puisse l'aimer au point d'appréhender la perte d'un amour, que rien du reste dans la situation ne laisse le moins du monde apparaître. Et pourtant, c'est bien l'ambivalence des sentiments qui définit le versant psychoaffectif de l'autorité. Ce qui, autrefois, donnait son vrai poids à la sévérité était le fait que, venant des parents, elle témoignait du risque de n'être plus aimé comme on pouvait le souhaiter. C'est l'ambivalence des sentiments qui rend aussi passionnelles les réactions à propos de l'autorité sociale, soit que, aux extrêmes, on s'en proclame le défenseur jusqu'au-boutiste, ou qu'on se veuille un adversaire systématique.

C'est à cause de cette ambivalence que les positions diffèrent, selon qu'on sera ou non identifié à l'idéal du moi des parents, faisant alors de lui son propre idéal ou un contre-idéal ; ou selon qu'on se définisse contre-identitairement à eux et dans l'opposition à leur surmoi. Le point intéressant est que, dans tous les cas de figure, chacun devra lutter en soi (inconsciemment) contre la partie des sentiments qu'il refuse (consciemment) : l'anti-autoritaire lutte contre son amour de l'autorité, le défenseur de l'autorité contre la haine qu'il a de l'autorité, haine qu'il projette alors contre les anti-autoritaires, eux qu'il brûle (inconsciemment) de rejoindre. On peut ainsi comprendre la force des réactions passionnelles que l'autorité suscite.

Qu'en est-il, alors, de l'ambivalence envers l'agent de police ? Le vécu affectif par rapport à lui, dans la situation rapportée, peut être considéré comme le test des positions profondes du sujet envers ses images parentales inconscientes. Répétons-le, le substitut parental qui se présente à la portière de la voiture adopte une attitude très particulière des parents : celle devant une faute présumée de l'enfant. D'où l'inquiétude, qui est ici réactionnelle et non pas de fond. C'est ensuite que la vraie position de fond se fera jour, soit dans le sens d'un retrait défensif en faisant comme si l'autre, le policier, n'existait plus ; soit, l'inquiétude une fois dissipée, avec le souhait manifesté clairement d'établir un contact humain, en cherchant appui non plus sur le versant répressif de la police, mais sur celui protecteur (« Heureusement que vous êtes là, il y a tellement de fous au volant ! »).

D'une manière ou d'une autre, il en va de même, selon la situation, avec tous les détenteurs d'une autorité sociale. Sont nécessaires la mise en scène extérieure d'une asymétrie, d'une inégalité, et celle d'une impersonnalité dans l'exercice de la fonction. Au tribunal, le juge, lui aussi, porte un uniforme, lui aussi est assis en hauteur par rapport au prévenu ou au témoin, il lui parle de haut. Tel le prêtre qui officie sur l'autel ou prêche dans sa chaire. Ou le professeur qui traditionnellement domine la classe depuis l'estrade. La différence des tailles est significative de la relation parents-enfants. Quant à l'uniforme, la blouse blanche du médecin à l'hôpital impressionne davantage le patient que le complet veston du cabinet privé. Nous verrons plus avant comment l'uniforme renvoie à une transcendance qui dépasse de très loin le représentant de l'autorité, pour le relier horizontalement à l'ordre social et pour l'articuler verticalement dans le temps à la tradition, qu'il s'agisse aussi bien de l'État, de la justice, de la religion, de l'école ou de la médecine.

Ainsi fonctionne l'autorité sociale. Ou, plutôt, elle fonctionnait ainsi, jusqu'à encore peu. On se rend compte, alors, à propos d'un exemple aussi simple que le face à face avec la police, de la complexité des problèmes mis en jeu par ce qu'on nomme la crise de l'autorité. Si l'autorité sociale a perdu, au moins en partie, sa capacité de faire impression sur les individus, de quel côté situer le déficit psychosocial ? Versant psychique ou bien versant État ? Il n'y a guère de motif de penser que le déficit provienne du secteur social-étatique, qui, d'une manière générale, a accru considérablement son pouvoir objectif sur les individus et sa capacité d'imposer ce pouvoir. Au contraire, il y a toutes les raisons d'estimer que la faille s'est ouverte à l'intérieur du psychisme lui-même. Aujourd'hui, aucun enfant placé dans la situation de l'élève Saba ne subirait sans réagir le déni public et radical des conventions en vigueur dans sa classe.

Avançons, en première approximation, rejoignant ainsi le sens commun, que c'est l'image du père qui s'est affaiblie ; elle qui, dans la société patriarcale, représente l'élément de référence universel : Dieu-le père, le chef d'État-père, le père de famille, le père intrapsychique. Ce déficit « paternaliste » est à relier, à son tour, à des causes sociales économiques, culturelles. Il s'agit d'une relation en chaîne complexe : causes sociales du déficit patriarcal, affaiblissement de l'image paternelle psychique, moindre efficacité de la relation d'autorité. On comprend alors l'inefficacité des incantations rituelles à la « restauration de l'autorité ».

Tout ce qui vient d'être dit était impensable avant Freud. Nous allons revenir une nouvelle fois à lui dans un instant. Auparavant, le rappel d'un livre important et un peu oublié va nous permettre de mieux cerner les enjeux du retrait d'amour, voire de la simple crainte d'un retrait.

Germaine Guex et le syndrome d'abandon

En 1950, la psychanalyste suisse Germaine Guex décrit un ensemble de signes cliniques rencontrés chez certains analysants, qu'elle rassemble sous le nom de « syndrome d'abandon [1] ». Au premier plan du tableau, une conduite récurrente du sujet. Dans ses relations affectives, il pratique ce qu'on peut nommer le test de « mettre à l'épreuve pour faire la preuve ». Preuve de quoi ? À cause d'un manque d'amour venant de l'autre, il sera toujours finalement abandonné par lui. De toutes les manières possibles,

1. Germaine GUEX, *Le Syndrome d'abandon*, PUF, Paris, 1973 (2e édition).

il va se montrer de plus en plus insupportable et, poussant les enchères au-delà du tolérable, il finira en effet par provoquer le retrait du ou de la partenaire. Il reproduit ainsi la réalité, ou le vécu, d'un abandon très ancien de la petite enfance. Certes, il souhaite encore être aimé et ne plus être abandonné (sinon, en effet, pourquoi un nouveau lien ?), mais, ne pouvant faire fond sur cette possibilité, il lui faut toujours des preuves supplémentaires que l'autre l'aimera au point de ne pas l'abandonner, quoi qu'il fasse ou soit. Ce qui, bien évidemment, va, à un moment ou à un autre, rendre la relation impossible. Sa conduite est en elle-même symptôme, dans la mesure où elle intègre à la fois le désir et l'angoisse liée à ce désir : une angoisse en rapport ici avec le fait ancien (ou le fantasme) que se rapprocher de l'objet du désir, c'est amener, quasi automatiquement (en termes techniques, de par la compulsion de répétition), le retour de l'abandon.

Dans la vie réelle, un seul cas de figure peut répondre à la sorte d'amour qui est ici demandé, un amour inconditionnel, illimité : celui de la mère avec le tout petit enfant. En effet, c'est à cette situation du début de la vie que réfère le syndrome abandonnique. Telle est, pour l'essentiel, la description de Germaine Guex, dont relèvent, pour le syndrome au complet, seulement quelques rares analysants, mais certains des éléments de ce syndrome se retrouvent, isolés, chez nombre de patients.

Freud avait perçu l'existence d'une angoisse chez le nourrisson séparé de sa mère. Il parle de « situation traumatique si, à ce moment, le nourrisson éprouve un besoin que la mère devait satisfaire ; elle se transforme en situation de danger si ce besoin n'est pas actuel[2] ». Mais il écrit également que « l'angoisse de la séparation de la mère, produit de l'état de détresse du nourrisson, ne nécessite pas une interprétation psychologique, le fait biologique l'explique assez simplement[3] ». Nous retrouvons ici la conception somme toute très traditionnelle qu'avait Freud du très petit enfant : un corps sans psychisme. Rappelons-nous *Le Malaise dans la culture* déjà évoqué, dans lequel il donnait deux origines au sentiment de culpabilité ; le second seul était vraiment d'ordre psychique, en rapport avec le surmoi. Auparavant, c'est la peur extérieure (« sociale ») du retrait d'amour qui donne

2. Sigmund FREUD, *Inhibition, symptôme, angoisse* (1926), PUF, Paris, p. 99.
3. *Ibid.*, p. 62.

leur autorité aux parents. Pour Freud, la première année de l'enfant, voire au-delà, concerne seulement le corps.

Or, ce que nous ont appris de nombreux auteurs depuis Freud — Melanie Klein, Margaret Mahler, Donald Winnicott —, c'est que le petit enfant développe un fonctionnement psychique déjà complexe, mais non pas originellement sur le mode « intellectuel » décrit par Freud. Les émotions s'inscrivent d'abord dans le corps, dans les muscles, les poumons, la peau, les viscères ; les représentations ne sont pas verbales — le langage n'est pas encore acquis —, mais sous des formes sensitivo-motrices, proprioceptives, etc. J'avais, il y a longtemps déjà, évoqué des fantasmes non pas visuels mais sensitifs (la « madeleine » de Proust en est l'exemple). Le psychomotricien Bernard Aucouturier a décrit des fantasmes sensitivo-moteurs qui seraient, dès la première année [4], les premières formes des représentations, déjà symboliques car intégrant le souvenir de l'interaction psychomotrice avec la mère.

Mais alors, l'existence très tôt d'une vie psychique *sui generis* fait qu'il n'y a pas de solution de continuité entre les deux origines de la culpabilité, que Freud pensait être séparées. Le sentiment de culpabilité débouche toujours sur l'angoisse d'un retrait d'amour, sous une forme inscrite profondément dans la mémoire du corps [5] ; d'où l'élément physique, corporel, qui est si important dans la mise en scène de l'autorité. L'autorité, dont nous venons de voir, dans la scène avec l'agent de police, comment elle manipule le sentiment de culpabilité, s'en va puiser sa force au plus profond de l'entonnoir psychoaffectif humain, dans la peur de retrait d'amour.

Revenons à Germaine Guex. Elle a su décrire un syndrome clinique rare. Mais surtout, elle a attiré l'attention sur l'angoisse abandonnique, qui, vue dans la perspective que nous proposons, comporte des enjeux de beaucoup plus grande portée. Les abandonniques de Germaine Guex souffrent d'un déficit de socialisation, en particulier primaire (celle des premiers âges). Élargissant le tableau, je dirai que les socialisations sont ce qui permet

---

4. Bernard AUCOUTURIER et Gérard MENDEL, *Qu'est-ce qui fait courir l'enfant ?*, *op. cit.*

5. Il faut ici tenir compte des réflexions de Christophe Dejours sur les deux corps, le corps biologique et le corps « érotique » (Christophe DEJOURS, *Le Corps d'abord*, Payot, Paris, 2001).

d'intégrer le sentiment abandonnique de base, lié à la petite enfance, dans une structure psychoaffective stable. Tel sera l'un de leurs bénéfices. Ce bénéfice a pourtant un coût. L'angoisse d'abandon étant ainsi contrôlée soit depuis l'extérieur (la communauté), soit depuis l'intérieur (les identifications parentales), mais toujours par les autres, par la société, l'individu restera sa vie durant sous dépendance psychologique des « représentants de l'autorité ». L'autorité n'est rien d'autre que le nom de cette dépendance psychofamiliale ; on comprend mieux, dans cette perspective, les différentes figures historiques de l'autorité, celles que nous étudierons dans la deuxième partie. À l'insu des acteurs, l'autorité prolonge socialement l'enfance dans le monde adulte.

Le sentiment abandonnique premier n'est jamais cicatrisé en personne. Que la relation d'autorité gratte cette mauvaise cicatrisation ou que survienne une frustration affective intense, et le vif est atteint. Qu'est-ce que la crise passionnelle amoureuse, sinon la reviviscence aiguë de l'angoisse d'abandon ? Par ailleurs, les variations historiques des formes de l'autorité, lorsqu'elles sont dues à des changements sociaux importants, peuvent déstabiliser la prise en charge par la société du sentiment abandonnique de base. Une telle crise de l'autorité, qui est aussi une crise d'identité collective, favorise l'action de prophètes inspirés, religieux ou laïcs, proposant un nouveau type de contrat avec l'autorité. Ainsi de Platon et de sa *République*, de saint Augustin et de sa *Cité de Dieu*, ou, sur le versant noir, de Hitler et de son « Reich de mille ans ».

Revenons à Freud et, plus précisément, à sa négation d'un sentiment océanique universel.

Du sentiment océanique au sentiment abandonnique

Après la parution de *L'Avenir d'une illusion* (1927), Romain Rolland adressa une lettre à son auteur. Le commentaire de Freud à cette lettre occupe tout le premier chapitre de *Malaise dans la culture* (1929), et il porte sur ce que l'auteur de *Jean-Christophe* nomme le « sentiment océanique ».

Romain Rolland situe la source de la religiosité dans un sentiment particulier qui, affirme-t-il, existe en lui et chez des millions d'humains. Ce sentiment, « il l'appellerait volontiers la sensation de l'éternité, il y verrait le sentiment de quelque chose d'illimité, d'infini, en un mot : d'"océanique"[6] ». Il s'agirait d'un sentiment d'union indissoluble avec le grand Tout et d'appartenance à l'universel. Freud développe trois réserves. Ce sentiment n'est pas universel, puisque lui-même ne l'a jamais connu ; et il ne serait pas à la source du besoin religieux, qui lui paraît dû à la nostalgie du père : « Je ne saurais trouver un autre besoin d'origine infantile aussi fort que celui de protection par le père[7]. »

La troisième réserve est la plus intéressante. Ce sentiment océanique ne nous renseignerait pas sur les liens qui unissent au monde ambiant, il est purement subjectif et affectif ; avec lui s'exprime un reliquat de la première enfance. Son moi apparaît à l'adulte comme « indépendant, un, et bien différencié de tout le reste ». Mais il n'en a pas toujours été ainsi : « Le nourrisson ne différencie pas encore son moi d'un monde extérieur. » Quand la faim le prend, le moi se trouve placé par rapport au sein maternel en face d'un « objet », autrement dit d'une chose située « au-dehors ». Bref, « à l'origine, le moi inclut tout, plus tard il exclut de lui le monde extérieur ». Le sentiment primaire du moi qui s'est conservé en de nombreux individus serait à l'origine du sentiment océanique[8].

Dans *L'Avenir d'une illusion*, Freud indiquait clairement pourquoi l'individu doit avoir recours à la protection paternelle : « La mère, qui satisfait la faim, devient le premier objet d'amour et de plus la première protection contre tous les dangers indéterminés qui menacent l'enfant dans le monde extérieur ; elle devient [...] la première protection contre l'angoisse. La mère est bientôt remplacée dans ce rôle par le père plus fort [...]. Et quand l'enfant en grandissant voit [...] qu'il ne pourra jamais se passer de protection contre des puissances souveraines et inconnues, alors il prête à celles-ci les traits de la figure paternelle, il se crée des dieux[9]. »

C'est ici qu'on est amené à s'interroger sur la position de Freud. Est-il exact en effet qu'il ne puisse exister de « besoin

---

6. Sigmund FREUD, *Malaise dans la civilisation* (1929), PUF, Paris, 1971, p. 6.
7. *Ibid.*, p. 16.
8. Pour une illustration argumentée de ce sentiment océanique, on pourra lire : Régis AIRAULT, *Fous de l'Inde. Délires d'Occidentaux et sentiment océanique*, Payot, Paris, 2000.
9. Sigmund FREUD, *L'Avenir d'une illusion* (1927), PUF, Paris, 1971, p. 33.

d'origine infantile aussi fort que celui de protection par le père ? » Le mot de « protection » semble témoigner de l'aspect défensif de ce besoin. Va dans ce sens la conclusion que Freud donne à ce chapitre : « J'éprouve plutôt, quant à moi, le besoin de m'écrier avec le plongeur de Schiller : “Se réjouisse qui respire dans la rose lumière”. » Conclusion paradoxale, peut-il sembler, venant de la part du créateur de la « psychologie des profondeurs. » Mais contre quoi, ou contre qui, alors, ce besoin de défense ?

Plusieurs auteurs, et nous-même [10], ont insisté sur la complexité conflictuelle des rapports de Freud à sa mère. On peut, alors, interpréter la position de Freud concernant le sentiment océanique comme défensive par rapport à ce qui lui rappelait certains vécus des premières années avec cette mère passionnelle. Pas plus qu'il n'appréciait d'être plongé dans l'océan de la musique, il ne tolérait de se perdre dans ce qu'il nomme le « rétablissement du narcissisme illimité », où il retrouvait par trop l'image d'une mère possessive et dévorante. La mise en avant, si prégnante chez Freud, du « complexe paternel » répondrait ainsi à la fois, à l'expression de la société patriarcale du XIXe siècle à Vienne et à son besoin de défense personnel contre la fusion avec la mère, avec sa mère, défense rendue plus nécessaire encore par son intimité quotidienne avec l'inconscient de ses analysant(e)s.

Aujourd'hui, les temps ont changé, la société patriarcale a perdu de sa force à tous les niveaux : religion, société, famille, psychisme. Nous voici plus proche, dans la régression, de Romain Rolland que de Freud, tout au moins quant à l'éprouvé, puisque l'interprétation de Freud, celle qui relie sentiment cosmique et passé lointain de l'enfance, reste valide. Une interprétation qu'il résumait ironiquement en privé en disant : « Si Romain Rolland savait que son océan se limitait aux quelques centimètres cubes du liquide amniotique ! »

Mais, aussi, se baigner dans les mers chaudes du sentiment océanique comporte sa contrepartie inévitable, le froid à la sortie du bain. Déjà, le « traumatisme de la naissance » (Rank) jette le petit d'homme avec pleurs et cris sur le sable sec. Mais, laissant des traces ineffaçables dans le psychisme en formation, viennent ensuite toutes les frustrations de la petite enfance et les cris vers

10. Gérard MENDEL, *La Psychanalyse revisitée*, La Découverte, Paris, 1988, chapitre 2.

l'objet maternel qui se dérobe. Et, surtout, arrive la traversée de cette période des six-quinze mois, quand l'égocosmie se déchire définitivement en *ego* et en cosmos (Winnicott). Certes, nous pouvons chercher de multiples manières à revenir vers les mers chaudes de l'égocosmie et du sentiment océanique. Il n'empêche que la régression vers un « moi purement hédonique » ne peut jamais être que momentanée et partielle, il nous faudra également exister dans un « monde extérieur, un dehors étranger et menaçant » (Freud), et qui restera en partie ainsi, même si nous l'apprivoisons par la création et par la satisfaction des besoins et des désirs évolués. Autrement dit, le sentiment océanique se présente forcément avec une double face : comme tel, certes, et source de jouissance ; mais l'autre face figure un ensemble de positions affectives que nous proposons de nommer le sentiment abandonnique ; non plus les retrouvailles avec le « grand Tout », mais la mémoire de l'arrachement et de ce qui a suivi de douloureux dans les moments de l'archaïsme.

Ce sentiment abandonnique serait consubstantiel à l'espèce humaine. L'autorité représente comme le symptôme — c'est-à-dire à la fois la souffrance et la réponse à la souffrance — sous lequel il se manifeste universellement, un symptôme inévitable. Nous verrons que ce symptôme a pu être jusqu'à présent tiré vers le haut de deux manières. Soit que la société le prenne en charge et pallie la souffrance individuelle venue de la petite enfance, grâce à des retrouvailles communautaires. Soit que, dans la modernité occidentale, ce qui était communautaire et social s'intériorise, s'invagine à l'intérieur de chacun jusqu'à constituer un endopsychisme individuel avec, à la limite, le sentiment d'être complet à soi seul. Mais une telle illusion connaît elle aussi des ratés et des défaillances au cours desquelles resurgit le sentiment abandonnique. Nous entrons ensuite historiquement dans le cadre de la société non plus seulement masculine mais patriarcale, avec la formation d'une image inconsciente du père, médiatrice et protectrice d'avec l'archaïsme. C'est dans ce scénario que s'inscrit la théorie freudienne. Mais aujourd'hui, avec l'affaiblissement de cette image paternelle, nous voici non plus tiré vers le haut sur un mode ou sur l'autre, mais rattrapé par les divers archaïsmes en nous. L'autorité, symptôme du sentiment abandonnique, n'a pas disparu. Mais elle ne s'exprime plus ni à l'intérieur d'une communauté, ni dans les rapports sociaux, ni sur le mode endopsychique de la société patriarcale ; il nous faut l'affronter sous des formes archaïques, d'où l'importance donnée à ce thème dans le présent livre.

Cette médaille frappée sur deux faces — sentiment océanique et sentiment abandonnique — est propre à notre espèce. Ce qui ne signifie pas que l'autorité ne trouve pas à s'appuyer, à s'étayer, sur des composantes présentes chez l'animal. Il est fort possible que l'autorité sociale, et surtout interpersonnelle, tire parti des phénomènes décrits dans les recherches sur l'hypnose [11]. Mais la dimension sociologique et psychologique de l'autorité ne se réduit certainement pas à l'hypnose. De même, le mystérieux « effet placebo » ne se produit que si la substance, inactive par elle-même, est prescrite par un personnage d'autorité. Manière de nous souvenir que le corps et l'esprit ne sont qu'un…

Il est une explication qui nous paraît à tout le moins plausible, quant à la vulnérabilité de l'être humain au sentiment abandonnique. L'origine de celui-ci pourrait, en effet, se relier à un caractère particulier à notre espèce, sa prématuration biologique, sa « néoténie ». Arrêtons-nous ici un instant.

Dans les années vingt, l'embryologiste hollandais Louis Bolk développe la théorie d'une néoténie de l'espèce humaine [12]. Selon cette théorie, l'enfant humain naît en état de prématuration biologique, la dernière partie de la gestation embryonnaire devant alors se poursuivre hors de l'utérus maternel. Le développement jusqu'à terme du volume frontal du crâne aurait, en effet, interdit toute possibilité d'accouchement en cas de gestation normale. Ainsi, l'évolution de notre espèce aurait pu s'opérer seulement dans une série de mutations sur plusieurs millions d'années, assurant conjointement le développement exceptionnel des os du crâne et une naissance prématurée. Plusieurs particularités trouvent dans cette thèse une explication : l'immaturité somatique à la naissance, le retard relatif du développement psychomoteur volontaire par rapport à d'autres espèces, la discordance sensori-motrice, etc.

---

11. *Cf.* les travaux de Léon Chertok sur l'hypnose et Isabelle STENGERS (sous la direction de), *Importance de l'hypnose*, Les Empêcheurs de penser en rond, Le Plessis-Robinson, 1993. *Cf.* également les recherches de Milton H. Erickson et son utilisation explicite de l'autorité comme forme de suggestion.

12. Louis BOLK, « Le problème de la genèse humaine », *Revue française de psychanalyse*, vol. 2, 1961.

Ces caractéristiques joueraient alors un rôle causal quant à la présence de ces autres éléments spécifiques que sont les étapes maturatives de l'enfance, aussi bien au plan neurophysiologique que pour ce qui concerne les dimensions fantasmatiques, psychoaffectives et cognitives. Le tout petit enfant étant impuissant à agir volontairement, à marcher, etc., est amené, à partir d'expériences sensorielles en avance relative sur la motricité, à tourner ses investissements vers le domaine de l'imaginaire, dans une stratégie de recherche du plaisir, qui est déjà une préforme du désir. De même, les trois stades que nous décrivons pour l'archaïsme vont trouver là leur infrastructure matérielle dans la succession des étapes de la croissance neurophysiologique et perceptivo-motrice. En particulier, le retard du développement psychomoteur ne permet pas l'épreuve de réalité avec le monde extérieur par l'apprentissage de l'acte, avant un temps qui se compte par années [13].

13. Roger Verley, Louis Garma et Jacques Scherrer, « Conceptions récentes sur le développement nerveux des mammifères », *L'Année psychologique*, 1969, fasc. 2, p. 455-489. On trouvera dans ce texte l'étude des vitesses relatives avec lesquelles les différents systèmes (motricité, sensorialité, perception…) opèrent leur développement dans un certain nombre d'espèces animales.

6

Cultures collectives et autorité sociale

« Les peuples adorent l'autorité. »

Charles BAUDELAIRE

J'annonçais, dans le précédent chapitre, que nous allions suivre un quatrième fil, celui qui conduit de l'autorité personnelle d'un homme, celle dite naturelle et innée, à une autorité sociale qui, à la limite, parvient à exercer son emprise sur tout ou partie d'un peuple. Un mot encore, auparavant, sur l'autorité personnelle, dont nous voyons à présent qu'elle n'a rien d'inné ou qui vienne de la nature : elle tient tout entière à la cohérence de l'image que projette à l'extérieur de lui un individu. Celle du père « sévère mais juste », ou bien celle d'une figure dotée de pouvoirs qui touchent au surnaturel, celle du prophète, du mage, du gourou, du sorcier, du thaumaturge, du conducteur de peuple.

Marcel Mauss a su montrer que le magicien était créé par le groupe social et qu'il représentait une construction sociale [1]. S'ajoutant aux apports de ce constructivisme social, il est nécessaire de prendre en compte également le « désir de magie » universel qui, à partir des archaïsmes de l'enfance, nous poussera à souhaiter que s'allège le poids des contraintes objectives et des

1. Marcel MAUSS, « Esquisse d'une théorie générale de la magie » (1902-1903), *in Sociologie et Anthropologie*, PUF, Paris, 1968, p. 3-144.

blessures narcissiques liées à la condition humaine. Par ailleurs, il n'est évidemment pas de la capacité de chacun de provoquer l'illusion d'un pouvoir magique ; il faut que certains secteurs de l'archaïsme soient suffisamment puissants en un individu pour que, dans l'interaction avec le « désir de magie » autour de lui, se renforce, s'explicite, s'extériorise sa propre croyance en la possession de pouvoirs magiques.

De l'autorité personnelle à la légitimité sociale

Nous avons observé précédemment que l'autorité sociale — la légitimité — supposait à l'œuvre un schéma psychofamilial sous-jacent, mais dont la structure de base peut assembler différemment les divers composants, selon les sociétés. Nous allons maintenant essayer de montrer qu'une même organisation de ce schéma peut appartenir à des moments historiques très différents. En effet, les éléments anthropologiques sur lesquels travaillent les formes sociales sont en nombre limité, mais, surtout, il existe une cohérence interne qui crée de véritables sous-structures à l'intérieur du schéma psychofamilial.

Essayons à présent, donc, de suivre ce quatrième fil, qui conduit de la simple autorité personnelle à la légitimité. Pour qu'un individu acquière une autorité sociale reconnue par un secteur de la population plus ou moins étendu, la conjonction de deux facteurs apparaît nécessaire. Tout d'abord, la survenue d'un événement critique ; ensuite, l'identification de cet individu à une cause générale qui représente le mode de réponse proposé à la crise. Pour le général de Gaulle, l'événement, c'est l'humiliation nationale, la défaite de 1940, l'occupation du sol par une armée étrangère ; pour Hitler, c'est une autre humiliation, celle de la défaite de la Grande Guerre, le traité de Versailles et l'amputation d'une partie du territoire, les suites de la crise économique de 1929 et le chômage, la peur des classes moyennes et des grands industriels, face à la Russie bolcheviste aux portes et à un parti communiste puissant à l'intérieur même des frontières.

Le type de réponse proposé par chacun des deux hommes est différent, en accord avec le psychisme de chacun et l'image extérieure projetée. De Gaulle en appelle à la grandeur de la France, mais, s'il voit en effet celle-ci « au premier rang des nations », il n'entend nullement qu'elle conquière de nouveaux territoires. La

France a certes, pour lui, une vocation universelle, mais qui doit s'exercer par des moyens pacifiques. Hitler, lui, préconise, dans *Mein Kampf* déjà, la conquête militaire d'un « espace vital » à l'Est ; et, au-delà, la notion d'une race aryenne supérieure et ayant une lutte universelle à mener pour accomplir sa vocation témoigne d'une ambition d'une tout autre nature. Les ordres de grandeur sont différents : dans un cas, il existe une délimitation précise et des buts qui peuvent apparaître comme raisonnables ; dans l'autre cas, l'illimité et la démesure règnent (il est question d'un « Reich de mille ans »), c'est-à-dire que nous retrouvons les caractères mêmes d'un certain archaïsme.

D'où la question de savoir si tout peuple indifféremment peut se reconnaître dans l'une quelconque des deux figures, s'agissant là seulement, alors, d'affaire de circonstances. On touche, avec une telle question, à un domaine particulièrement sensible. Je citerai une anecdote personnelle. En 1989, à l'occasion du vingt-cinquième anniversaire de l'Office franco-allemand de la jeunesse (OFAJ), il avait été demandé à un Allemand et à un Français de présenter un exposé introductif. J'étais ce Français et, dans les termes les plus mesurés, j'évoquai le rapport de ces deux cultures nationales avec respectivement Vichy et le nazisme. L'Allemand, qui avait eu la parole le premier et qui se trouvait à mes côtés à la tribune, se leva ostensiblement et quitta la salle [2]. Il n'est pas aisé de prétendre que les inclinations, les choix d'un peuple auront à voir, lors d'une période de crise, avec certaines particularités de la culture nationale. De Gaulle rejoignait dans l'imaginaire français une tradition historique, qui est celle-là même des personnages avec lesquels, à la fin de sa vie, il projetait de dialoguer dans un livre jamais écrit : Vercingétorix, Jeanne d'Arc, Louis XIV, Napoléon. Sur l'autre bord, avec Hitler, s'exprime l'un des courants permanents — et certes, dans son cas, sous la forme la plus outrée — de la culture et de l'histoire allemandes, celui qui porte en lui la « peur de la liberté » qu'évoquait Erich Fromm, la croyance à la légitimité du pouvoir en place quel qu'il soit (toujours voulu par Dieu, avait dit Luther), les fureurs du *Sturm und Drang* (l'orage et la tension),

2. Gérard MENDEL, « À propos des cultures allemande et française », conférence inaugurale du colloque pour le vingt-cinquième anniversaire de l'Office franco-allemand de la jeunesse (OFAJ), 1998, *in* Pascal DIBIE et Christophe WULF (sous la direction de), *Ethnologie des échanges culturels*, Anthropos, Paris, 1998.

courant qui effrayait déjà un Goethe s'éloignant du romantisme de sa jeunesse pour déclarer que la culture allemande « avait un problème avec le père [3] ».

Les points concernant la culture nationale nécessiteraient d'amples développements qui ne seraient pas à leur place ici. Disons seulement qu'il nous paraît exister une rationalité permettant de comprendre que certains grands mouvements collectifs ne sont pas aléatoires. Face à la crise économique de 1929, il a été fait choix de Roosevelt aux États-Unis ; et les Français, devant la menace extérieure et les troubles intérieurs ont voté en 1936 pour le Front populaire et, en 1956, rappelons-le, face à la guerre en Algérie, pour le Front républicain.

Quant à nous, c'est aux exigences d'une autre cohérence qu'il nous faut répondre maintenant. Elles vont nous contraindre à prendre un risque plus important que nulle part ailleurs en ce livre et à nous opposer à ce qui peut, en effet, apparaître comme l'expression du bon sens. Que prétendons-nous en effet ? Qu'il n'existe que deux contenus possibles de l'autorité. L'un dans lequel s'affirme un pouvoir limité sur l'événement : un pouvoir « sévère mais juste », c'est-à-dire qui ne comporte pas de rupture brutale avec la tradition historique et juridique ; un pouvoir contractuel dans lequel existent des droits et devoirs réciproques et permanents ; un pouvoir où les règles sont codifiées, précises, connues. Avec l'autre contenu, au contraire, s'affichent l'arbitraire, la violence, la démesure, l'illimité, l'irrationnel. Dès lors que deux contenus seulement de l'autorité peuvent advenir, le corrélatif obligé en est que, dans des sociétés très différentes quant au moment historique, très éloignées quant à la géographie et à l'économie, des ressemblances fortes peuvent exister, qui ne sont pas de simples coïncidences et qui vont concerner le contenu de l'autorité sociale ayant cours. Même en relativisant nos propositions, c'est-à-dire en tenant compte des particularités dues aux modes de la production économique et à l'organisation des formes sociales, il va nous falloir exposer une thèse difficile à défendre. Mais aussi l'intérêt d'une discipline neuve — ici, l'anthropologie générale — est que, permettant un regard différent, elle ouvre sur des hypothèses de travail inédites.

---

3. Dans l'entretien du 21 mars 1830 avec Eckermann, Goethe déclare avoir été le premier à opposer classicisme et romantisme, opposition qu'il considérait désormais comme étant celle entre santé et maladie.

Nous présenterons notre thèse avec un exemple. C'est parce qu'elles puisent toutes deux au même fond anthropologique et qu'elles font appel au même contenu archaïque de l'autorité que les valeurs collectives promues par le nazisme présentent de si forts points de convergence avec celles qui commandent au fonctionnement d'une tribu primitive de la Nouvelle-Guinée étudiée par Margaret Mead au début des années trente, dans un livre devenu l'un des classiques de l'ethnologie [4].

Le nazisme et les Mundugumor, ou le paradoxe d'une éthique commune

Dans ces deux sociétés, celle nazie et celle des Mundugumor de Nouvelle-Guinée, les plus éloignées qu'on puisse imaginer sur tous les plans, règne un système de valeurs très semblable. Le terme de système est important car, plus encore que les analogies entre les valeurs dominantes, ce sont la logique d'ensemble, la cohérence d'une unité foncière qui apparaissent impressionnantes. Ce que nous prétendons, alors, c'est que le système, sa logique et sa cohérence sont identiques dans ces deux cas parce qu'identiquement fondés sur le même type d'autorité, c'est-à-dire à partir du même secteur de l'archaïsme. Avec cette thèse, un nouveau fil apparaît, le cinquième, contribuant à tisser notre tapisserie de l'autorité. Souvenons-nous des caractères de celle-ci, tels qu'ils nous étaient apparus dans les premiers chapitres. L'autorité, c'est un ordre auquel on obéit parce qu'il va de soi, en l'absence d'explication et de coercition. Si on obéit à cet ordre, c'est parce que le donneur d'ordre s'amalgame dans l'inconscient avec une ancienne figure parentale de l'enfance dont on craint de perdre l'amour, l'appui.

Rappelons quels sont les quatre fils déjà démêlés. Premier fil : le père préhistorique de Freud n'est pas un « père », mais l'une des figures universelles de la traversée par tout enfant d'un certain archaïsme psychique. Deuxième fil : les deux figures charismatiques que nous avons choisies comme paradigmatiques — de Gaulle, Hitler — répondent à des registres psychiques différents : celui du père œdipien ; celui du « père » préhistorique de Freud,

4. Margaret MEAD, « Trois sociétés primitives de Nouvelle-Guinée » (1935), *in Mœurs et Sexualité en Océanie*, Plon, Paris, 1969.

qui est au vrai (premier fil) la figure correspondant à un temps précis de la traversée de l'archaïsme. Troisième fil : à chacune de ces deux figures, de ces deux temps, œdipien ou archaïque, correspond un contenu différent de l'autorité (œdipienne ou archaïque) ; ainsi ne devrait-on pas parler de l'autorité sans indiquer chaque fois auquel de ces deux contenus elle répond. Quatrième fil : l'inclination d'un peuple, lors d'une crise majeure, vers l'une ou l'autre des deux figures d'autorité est fonction de plusieurs facteurs, l'un d'entre eux étant — au-delà de la péripétie, de la circonstance, du moment, de l'occasion — la culture nationale.

Cinquième fil : s'il existe ainsi deux contenus différents de l'autorité, ceux-ci doivent pouvoir se retrouver dans des sociétés que, par ailleurs, tout sépare. Non pas que ces contenus existeraient par eux-mêmes, déjà préformés, mais parce que le travail de la société sur les ressources anthropologiques (non encore mises en forme avant le travail des socialisations) peut, en raison du nombre limité de ces ressources, seulement donner naissance à deux formes. Ces deux contenus de l'autorité sont métahistoriques, mais pas dans le sens où elles seraient indépendantes de l'Histoire : il faut l'Histoire, une histoire particulière, datée, précise, pour qu'ils apparaissent. Ils sont métahistoriques, parce que l'espèce humaine est limitée dans ses possibles formes et expressions par des contraintes biologiques et par les étapes de la maturation de l'enfance. Il n'existe pas, pour nous, ce qu'on nomme traditionnellement une « nature humaine » et qui connaîtrait des préformes psychiques ou culturelles n'ayant plus qu'à s'actualiser. Pas d'« embryon préformé » qui, dans un milieu favorable, simplement grandirait. Mais plusieurs « ressources » quasi informelles et en nombre limité qui sont comme des corps minéraux, à l'état pur et sans alliage et que la société travaille : leur « structure moléculaire » fait que ce travail sur eux de la société amène « par la force des choses » à ce que certaines directions soient prises et non d'autres ; ce travail amène chaque fois à la production sociale (pour continuer à filer la métaphore) d'une certaine catégorie d'« objets » à l'exclusion de tous autres : pas de marteau en charbon, pas d'épée en terre cuite.

Nous ne rechercherons pas comment peuvent s'articuler le mode de production économique, les rapports sociaux, l'idéologie, la psychologie individuelle, les valeurs éthiques et culturelles. Nous souhaitons seulement montrer le faisceau de valeurs qui est commun à ces deux sociétés. Ce que nous avançons ici est différent de ce qui a été dit à propos des deux contenus de l'autorité — archaïque et œdipien, Hitler et de Gaulle. Nous prétendons maintenant que ces contenus sont transhistoriques (dans le sens précis que nous venons d'indiquer) et qu'ils peuvent donc se manifester à des époques et dans des lieux géographiques très différents, mais chaque fois sous des conditions très précises : ce n'est ni le hasard ni l'arbitraire qui font que se mettent en place, par exemple, la société nazie ou celle de la tribu Mundugumor.

Et, certes, on ne peut imaginer des entités plus différentes au plan économique et de l'organisation sociale. La première se présente sous la forme d'une société urbaine, inscrite au centre de la vieille Europe dont elle avait, jusqu'à un certain point, partagé l'histoire et la civilisation. Son économie : industrielle ; sa forme publique : étatique et centralisée ; l'idéologie sociale de base sur laquelle le nazisme va greffer avec succès ses valeurs propres est, pour reprendre la typologie wébérienne, celle bureaucratique-hiérarchique. La seconde concerne une tribu perdue au cœur de la Nouvelle-Guinée, une société sans écriture et dont les membres vivent de la guerre, de la chasse, de petites cultures vivrières ; l'organisation politique : un système de chefferie et de notables puissants. Or, les valeurs dominantes, interpersonnelles et sociales, à l'intérieur de cette tribu sont dans leurs grandes lignes les mêmes que celles ayant cours dans la partie de la population allemande où se manifeste dans sa plus grande netteté l'idéologie nazie : les SS.

Les guerriers Mundugumor et les membres de la SS partagent les mêmes valeurs et ne pourraient, s'ils se connaissaient, que manifester la plus grande estime pour leurs conduites réciproques. Ces valeurs, groupées autour d'un axe qui est celui de la violence, sont l'orgueil de groupe, le culte du héros guerrier, le courage physique, le mépris de l'adversaire mis à mort chaque fois que possible, la cruauté sadique à son égard non seulement permise mais honorée. À ces valeurs s'ajoutent l'arbitraire de la conduite ; le libre cours donné aux pulsions ; la démesure du désir de conquête : aucune tribu environnante n'est épargnée, aucun accord n'est respecté ; l'éthique sociale est fondée sur le principe du tout ou rien : ce sera la vie ou bien la mort.

Ces deux sociétés ont mobilisé dans les individus les mêmes ressources anthropologiques (celles de l'archaïsme 3), qui se sont transformées en valeurs sociales dominantes.

Indépendamment de l'histoire et des formes économiques et politiques, le guerrier Mundugumor et les membres de la SS partagent les mêmes valeurs collectives, la même vision d'un monde divisé en maîtres et esclaves ; ils donnent le même sens à la vie en général et à leur vie en particulier.

Comment se sont mises en forme ces valeurs communes ? Non par l'injection directe des valeurs sociales dans un individu qui auparavant n'aurait été qu'une enveloppe vide. Les formes sociales ne créent pas à elles seules des valeurs collectives. Dans une société fondée sur la violence guerrière, un « principe de cohérence » oblige cette société, indépendamment de tout projet personnel conscient, à investir de manière privilégiée certaines des ressources anthropologiques disponibles durant l'enfance. L'élevage des enfants est conduit de telle sorte que ce sont les ressources congruentes aux valeurs sociales qui se trouvent investies. Entre la société et l'individu, la médiation est assurée indirectement par l'éducation. Les ressources anthropologiques étant limitées en nombre et se regroupant autour d'un axe central, c'est alors le même faisceau des ressources, la même gerbe transhistorique de valeurs, que l'on retrouvera investis dans des sociétés qui peuvent être très différentes.

Deux citations de Margaret Mead résument crûment les principes auxquels obéit la socialisation de l'enfant Mundugumor : « On entre en naissant dans un monde hostile où pour faire son chemin il faudra être violent » ; « Ils sont habitués à lutter pour tout depuis l'enfance, même pour leurs premières gouttes de lait. Seuls les enfants les plus vigoureux survivent. » Si l'on entend comparer les deux sociétés que nous avons en vue, il faut tenir compte du fait que le nazisme n'a duré que douze ans (1933-1945). Compte tenu de l'imprégnation des adultes allemands par la culture différente qui avait précédé le nazisme, la socialisation des enfants ne pouvait viser immédiatement à la sorte de perfection atteinte dans la violence sadique chez les Mundugumor. C'est aussi la raison pour laquelle très vite l'obligation fut faite aux familles allemandes de la participation de leurs enfants à la « Hitlerjugend », dans laquelle étaient valorisées les prouesses corporelles, la compétition brutale, l'obéissance inconditionnelle, comme forme de préparation militaire. On y apprenait qu'envers l'ennemi tout était permis et qu'aucune pitié ou sentiment humain ne seraient tolérés. Certains documents filmés de l'époque surprennent par le degré d'agressivité

+atteint et par la brutalité des épreuves physiques ; un membre cassé chez un enfant ou un adolescent n'était pas chose exceptionnelle. De même, chez les Mundugumor, l'initiation était marquée par la cruauté et le sadisme. Au temps du cannibalisme, chaque adolescent devait, à lui seul et en public, mettre à mort un prisonnier, destiné à être ensuite mangé.

La tribu des Mundugumor avait été contrainte par le colonisateur de renoncer au cannibalisme depuis trois ans seulement lorsque Margaret Mead l'étudia au début des années trente : « Chez les hommes comme chez les femmes, la norme est la violence, une sexualité agressive, la jalousie, la susceptibilité à l'insulte et la hâte à se venger, l'ostentation, l'énergie, la lutte. » Cette tribu féroce inspirait la terreur à ses voisins. À l'intérieur de la tribu règnent la suspicion et la méfiance : « Les Mundugumor ne respectent aucune de leurs propres règles. » La violence est à ce point générale que Margaret Mead s'interroge : comment une telle société peut-elle survivre ? Nous retrouvons là un des fils conducteurs de notre réflexion : une société dans laquelle l'archaïsme « flottant » des individus ne serait pas institutionnellement canalisé ne pourrait en effet durer.

La réponse que donne Margaret Mead se situe à plusieurs niveaux. C'est d'abord, écrit-elle, une société économiquement riche et qui n'a donc pas besoin d'utiliser pour survivre toute son énergie agressive. Mais, surtout, la plus grande partie de la violence est tournée vers la « chasse aux têtes » dans les tribus voisines, c'est-à-dire la capture des prisonniers destinés à être mangés. Un tel déplacement de la violence vers l'extérieur de la tribu est à ce point nécessaire que, écrit-elle, « lorsque furent proscrits la guerre, la chasse aux têtes et le cannibalisme, la vie Mundugumor s'arrêta net, comme une montre dont le ressort vient de casser ».

Une même culture de la violence

On peut sans doute considérer comme une loi générale des sociétés qu'il devient nécessaire d'offrir une issue guerrière à cette violence. La « guerre fleurie » des Aztèques fut, dans un autre continent, l'équivalent de la « chasse aux têtes » des Mundugumor. Karen Blixen écrit, parlant d'un autre continent encore, l'Afrique : « Je pouvais, de ma ferme, suivre année par année le destin de ces Massaï condamnés à disparaître. Cette tribu de guerriers, à qui la guerre était interdite, ressemblait à un vieux lion dont on aurait rogné les griffes. C'était une nation châtrée[5]. » La société nazie se nourrissait elle aussi d'une culture de la violence dont elle représentait l'expression à l'état pur. La lecture de la presse de l'époque est significative sur ce point[6]. L'idéologie nazie a sélectionné la violence brutale, l'arbitraire, la démesure, le déchaînement des pulsions, l'agressivité destructrice comme mode de régulation des problèmes sociaux et internationaux ; elle obéit à une logique du tout ou rien (la « solution finale »). La source de cette violence, elle ne peut la trouver que dans l'archaïsme 3. Pourtant, il lui faut protéger sa propre société. D'où la nécessité de décharger cette violence en permanence, continuellement. La société nazie n'aurait pas duré, compte tenu de l'intensité de la violence qu'elle développait chez les individus, sans la persécution des Juifs et la préparation à la guerre. De même fallut-il trouver aux bolcheviks des ennemis à désigner, l'« origine de classe » jouant alors le rôle de l'« origine de race », ce à propos de quoi Freud s'interrogeait en 1929 : « Seulement, on se demande avec anxiété ce qu'entreprendront les Soviets une fois tous leurs bourgeois exterminés[7]. »

En raison de sa double allégeance idéologique au culturalisme et au fonctionnalisme, Margaret Mead n'accorde aucune place aux matériaux anthropologiques que la société sélectionne, travaille, développe. C'est pour elle sur une table rase que s'édifie la culture comme simple produit direct de la société. Tout paraît se passer — du moins présente-t-elle ainsi les choses — comme si l'éducation donnée depuis la naissance pouvait à elle seule, à vide (sans s'appuyer sur rien de présent déjà), fabriquer la violence de cette tribu. Pour nous, l'agressivité de l'enfant Mundugumor représente une réaction psychologique qui se développe très précocement comme réponse à de graves frustrations et à des stimulations agressives intenses, et non la simple intériorisation de la violence sociale, sorte d'inclusion de violence qui n'aurait plus ensuite qu'à s'extérioriser.

Le formalisme hiérarchique extrême des nazis trouve son écho dans cette tribu de Nouvelle-Guinée : « Chez les Mundugumor,

5. Karen BLIXEN, *La Ferme africaine*, Gallimard, coll. « Folio », Paris, 1942, p. 169.
6. *Cf.* Victor KLEMPERER, *LTI, la langue du IIIe Reich*, Albin Michel, Paris, 1996.
7. Sigmund FREUD, *Malaise dans la civilisation*, *op. cit.*, p. 69.

chacun est sur le qui-vive et prêt à adopter l'attitude appropriée. » Dans les deux cas, le contrôle intrasocial de la violence est en partie assuré par une codification très stricte de l'agressivité permise selon le rang, le rôle, le statut, l'âge.

Certains des éléments de l'archaïsme présent en tout enfant peuvent donc être majorés à un degré extrême dans le sens de la violence par celles des sociétés qui useront envers lui de violence et intensifieront des frustrations développant l'agressivité réactionnelle. Il n'est pas agi ainsi intentionnellement dans une connaissance exacte et précise des conséquences, encore pourtant que les parents savent bien que ce sont là des manières qui, comme on dit chez les Mundugumor, « apprennent à vivre ». La violence qui représente la valeur privilégiée est utilisée dans tous les moments de la vie et donc aussi dans l'élevage des enfants. Ainsi peuvent se créer des sociétés de culture « archaïque », dans lesquelles l'autorité reposera exclusivement sur la pression sociale ambiante, relayée, s'il le faut, par l'usage de la force punitive et répressive. Ceux qui détiennent le pouvoir ne seront limités dans leur arbitraire par aucune règle sinon celles tenant à leur place dans l'échelle hiérarchique. « Les hommes importants, les notables, écrit Margaret Mead, [sont] des individus arrogants qui ne craignent personne et sont assez sûrs de leur puissance pour trahir qui bon leur semble en toute impunité. » Les mêmes mots pourraient tout autant servir à décrire les dignitaires nazis.

On peut, ainsi, en prenant en compte les contenus œdipiens ou archaïques de l'autorité, tels que valorisés par un certain type d'éducation et donnant leur style à une société, évoquer une anthropologie de l'autorité. On devra tenir compte pour son étude du matériau humain organique et psychologique disponible comme des ressources lors de la première phase du développement de l'enfant, mais tout autant il faudra avoir en vue les formes sociohistoriques, qui, travaillant sur des ressources seulement ébauchées, vont favoriser le développement de certaines d'entre elles au détriment d'autres.

Il ne faudrait pourtant pas amalgamer l'étude de ces deux sources différentes — les matériaux propres à notre espèce et la société. Si le produit observé est toujours un mixte, son origine procède de deux sources différentes et spécifiques. Le problème est alors que si l'une de ces sources est immédiatement apparente (la société avec sa logique propre), l'autre source, celle qui a trait aux ressources anthropologiques, ne prend forme matérielle que dans le travail sur elles du social. Bref, on peut à la limite, aujourd'hui, voir fonctionner la logique actuelle du social dans une usine informatisée. Mais on ne peut jamais observer des ressources anthropologiques isolées à l'état pur.

7

Autorité et démocratie, la contradiction refusée aujourd'hui

> « L'école n'est plus un sanctuaire. Mais comment alors en faire un lieu d'éducation civique qui enseigne le respect d'une autorité consentie. De la réponse dépend largement l'avenir de l'autorité dans nos sociétés et la survie d'une communauté de citoyens. »
>
> René RÉMOND

Je voudrais commencer à introduire ce qui constitue le véritable contrepoids aux éléments d'irréalité et d'inactualité que comporte l'autorité s'exerçant dans la vie sociale. Ce contrepoids, c'est la démocratie. Les contresens actuels concernant l'autorité, et qui s'ajoutent au mystère traditionnel qui l'entoure, se reflètent, nous allons le voir, dans la confusion aujourd'hui de son rapport à la démocratie.

Pour André Siegfried, évoquant la France, « deux conceptions de la société, à travers un duel séculaire et passionné, se disputent le pays depuis la Révolution [1] ». L'une a l'autorité pour fondement, c'est-à-dire la hiérarchie et une essentielle inégalité ; l'autre, fondée sur « l'égalité et la liberté, restitue à chaque citoyen sa part de souveraineté ». Ainsi, dans les années vingt, la

1. André SIEGFRIED, *Tableau politique de la France de l'Ouest sous la IIIe République*, *op. cit.*

contradiction entre autorité et démocratie est affirmée sans ambages : il s'agit d'un « duel passionné ». Or, il se passe aujourd'hui un phénomène curieux que nous avions déjà observé dans le propos de Laurent Joffrin quand il évoque une « définition démocratique de l'autorité ». Certes, l'autorité et la démocratie continuent le plus souvent de s'opposer dans le discours contemporain. Pourtant, dans les développements, cette contradiction s'effiloche et finit souvent, sinon toujours, par disparaître. Il semble qu'il s'agisse là d'un évitement non conscient plutôt que d'un refus volontaire. Tout se passe comme si les auteurs, ne sachant comment gérer cette contradiction, ne pouvaient alors la « tenir », l'assumer, la faire durer. Nous allons montrer cet évitement à l'œuvre dans plusieurs cas de figure.

Le dialogue des philosophes

Un dialogue sur l'autorité entre les deux philosophes Pierre Manent et Alain Renaut, qui s'est déroulé en 1999 [2], mérite d'être suivi pas à pas. Les différentes pièces du problème y apparaissent à peu près au complet.

Pierre Manent : « Si l'on s'en tient strictement à la notion [d'autorité], il est clair que notre société exclut l'autorité, parce que le principe de légitimité de notre société, c'est la persuasion rationnelle, c'est le débat sur la place publique. »

Alain Renaut : « Dès qu'on argumente, on se place à égalité avec l'autre, dans un espace démocratique qui abolit la différence de valeur, la reconnaissance de supériorité qui correspond à l'autorité. Et, donc, plus la logique de l'argumentation progresse, parallèlement à la dynamique des sociétés démocratiques, plus l'espace de l'autorité est fragilisé. [...] La dynamique démocratique ira très loin : la famille est en train de devenir un espace de discussion, l'école est en train de devenir un espace de discussion. »

Ainsi, d'emblée, les valeurs démocratiques (égalité, espace public de discussion, argumentation rationnelle, refus de poser une supériorité *a priori*) se voient opposées point par point à

2. À l'occasion de la publication d'un riche dossier sur « L'autorité » dans la nouvelle formule du *Monde des débats*, dossier que nous allons largement citer dans ce chapitre (*Le Monde des débats*, n° 1, avril 1999).

l'autorité. Ces valeurs seraient prévalentes dans notre société, au moins (ajouterions-nous) au plan formel et des déclarations publiques.

Cette belle unanimité se délite quand Alain Renaut, reprenant la thèse d'Hannah Arendt, se demande s'il peut encore « y avoir des relations d'autorité dans un monde qui n'est plus régi de façon religieuse et traditionnelle ». Les deux philosophes s'accordent pour situer la position d'Arendt comme, écrivent-ils, appartenant à l'« école réactionnaire » nostalgique du passé. Pierre Manent s'oppose à la thèse de celle-ci sur le caractère limité de l'autorité à une certaine époque historique et il nie qu'il ait jamais existé un « âge de l'autorité » auquel aurait succédé l'« âge de la démocratie ». À toutes les époques, même les plus autoritaires, « la raison et l'argumentation se déployaient » (ce sont, là aussi pour nous, en effet, des composantes d'un « processus démocratique »). Il se produit certes actuellement une « lente érosion, inévitable, problématique, de l'autorité comme telle », mais celle-ci se perpétue sous d'autres formes. Il cite pour exemple « l'autorité de l'idée d'humanité, cette sorte d'évidence impérieuse et opaque de "We are the world" ». Ce que d'autres auteurs situent dans le respect de l'individu, sans nécessité d'une justification quelconque.

Jusqu'à cet instant, les valeurs de l'autorité et celles de la démocratie s'opposent point par point dans les deux discours. Or, à ce moment précis, l'opposition tout à coup perd sa netteté, avant de s'effacer complètement. C'est seulement à la fin du dialogue que, dans une nouvelle oscillation, les deux systèmes de valeurs vont réapparaître dans leur distinction, mais l'opposition aura alors disparu. Aucun auteur ne semble pouvoir tenir la durée ni la distance quant à cette opposition.

Alain Renaut commence par lier autorité et légitimité : « L'autorité, c'est le pouvoir, plus la reconnaissance de la légitimité de ce pouvoir. » La légitimité, continue-t-il, peut connaître deux assises différentes : ou bien la fondation « sur la tradition, sur la religion ou sur une supériorité enracinée dans un ordre du monde différencié » ; ou bien la « fondation argumentative propre à l'espace démocratique ». C'est là que se situe la rupture entre Alain Renaut et nous. En effet, la légitimité attribuée à ce qui n'est pas l'autorité — la démocratie en l'occurrence —, et qui se situe même dans un rapport d'opposition à elle, ne peut que lui ôter ce qui vient d'être posé comme formant sa spécificité. Ce point nous paraît suffisamment important pour que nous lui ayons consacré un chapitre. À notre sens, la légitimité participe exclusivement de la dimension de l'autorité. Le terme adéquat quant au pouvoir démocratique est celui de légalité.

Essayons d'observer où mène le décentrage du discours philosophique lorsqu'il cesse de se focaliser sur l'autorité pour se déplacer sur la légitimité. Les effets sont assez stupéfiants. Car Alain Renaut tire alors de sa manche une nouvelle autorité qui serait démocratique, fondée sur une légitimité spécifique, celle propre à l'argumentation. On croit rêver. Tout ce que le même auteur venait d'affirmer comme définissant l'autorité a disparu : l'absence d'espace public de discussion et d'argumentation, la fondation sur la religion ou la tradition, l'inégalité et la supériorité élitistes d'un ordre hiérarchique quasi de nature. L'autorité qui se spécifiait par le non-recours à l'argumentation intègre maintenant l'argumentation. L'autorité, soluble ainsi dans une légitimité qui la vide de son contenu antérieur, est devenue maintenant grosse ce qui s'opposait à elle : l'argumentation. La chose est, en effet, tellement étonnante qu'il ne faut pas craindre d'insister : le même mot à l'intérieur du même discours tenu en continu se met tout à coup à prendre le sens exactement opposé à celui affirmé la minute d'avant. Et cela comme s'il s'agissait d'une chose à ce point naturelle qu'elle ne mérite pas d'explication. Telle est, évidemment exécutée à l'insu du locuteur, la pirouette qu'autorise le terme de légitimité lorsque, détaché de l'autorité (entendue dans son sens traditionnel), son usage permet de faire pivoter un mot sur lui-même et lui fait dire l'exact contraire de ce qu'il exprimait auparavant. On a vu et on verra constamment qu'il est propre à l'autorité d'affaiblir ou d'éliminer complètement l'esprit critique chez le commentateur.

La gêne finit pourtant par gagner Alain Renaut qui, en conclusion, s'interroge : « Comment recomposer des formes non traditionnelles d'autorité, aux limites de l'argumentation démocratique ? » L'argumentation à faire advenir ne pénètre plus à l'intérieur de l'autorité, elle se cantonne maintenant à ses limites. Quoi qu'il en soit, le changement du contenu du mot autorité a fait passer à la trappe l'opposition, affirmée haut et clair au début du dialogue des philosophes, entre autorité et démocratie. Voici donc une première illustration de ce qui nous apparaît comme l'évitement constamment rencontré de la contradiction

« autorité-démocratie ». Nous allons maintenant essayer d'observer les formes d'évitement dans la réflexion sur l'école et sur la famille.

L'école : comment « justifier » l'autorité ?

Jusqu'aux années soixante, écrit le sociologue François Dubet dans le même dossier du *Monde des débats*, l'autorité du maître d'école prolongeait celle du père de famille, et le « dressage autoritaire », complété le cas échéant par le « châtiment physique », apparaissait « légitime » aux enseignants et aux élèves [3]. Soulignons au passage la sorte d'aimantation par laquelle chez tous les auteurs le mot autorité appelle immédiatement celui de légitimité. La sélection des « héritiers » éliminait les éléments rétifs. Tzvetan Todorov développe ailleurs la même analyse : « Les élèves ne sont plus les mêmes [...]. Dans le temps, l'autorité des professeurs allait de pair avec leur prestige social ; aujourd'hui, l'autorité est en crise tant dans les familles qu'à l'école [4]. »

Aujourd'hui, donc, les temps ont changé : on n'obéit plus « parce que c'est comme ça », et la massification scolaire a remplacé la sélection. Inutile d'en appeler à un retour au passé : même les intellectuels qui le préconisent s'abstiennent de mettre leur discours en pratique avec leurs propres enfants (F.D.). Prétendre restaurer l'autorité à l'école, c'est s'engager « dans une spirale au terme de laquelle le maître fera la classe sous surveillance policière ». Que faire, alors ?

Comme dans le cas de figure précédent, on peut repérer le point précis à partir duquel se manifeste le processus d'évitement de la contradiction que vient d'évoquer Dubet entre autorité et démocratie. Il se produit à la faveur d'un déplacement des termes du problème qui s'opère en jouant sur les mots, le mot clé étant ici non plus celui de légitimité comme chez Alain Renaut, mais la « nature » : François Dubet nomme « naturelle » la forme d'autorité dont il dit qu'elle a disparu. On aurait cru, pourtant, que l'autorité n'avait rien de « naturel » puisque, par exemple,

---

3. *Ibid.*

4. Tzvetan TODOROV, « Éducation, la mauvaise foi de la contre-réforme », *Le Monde*, 31 mars 2000.

son déclin actuel paraît d'évidence lié à des causes sociologiques et psychologiques et non à une mutation intéressant l'ordre de la nature.

Donc, l'autorité « naturelle » a disparu. Pourtant elle reste « nécessaire ». Que faire alors ? Eh bien, il faut mobiliser d'autres ressources pour emplir d'un contenu nouveau l'enveloppe devenue vide du mot. On a l'impression, je l'ai dit, que le mot « autorité » possède une puissance magnétique telle que, à lui seul, il pèse davantage que son contenu éventuel. Chez Renaut, l'autorité « traditionnelle » pirouettait sur elle-même pour devenir démocratique, c'est-à-dire son propre contraire. Chez Dubet, le nouveau contenu de l'autorité — ici aussi aux antipodes du précédent — se constitue sur la base d'un accord qu'on voudrait contractuel voire consensuel. Dubet s'interroge : « Quelle peut donc être la nature d'une loi scolaire générale à la fois juste, légitime, et capable de former les sujets autonomes des sociétés démocratiques ? » Nous revoilà donc à la recherche de la quadrature du cercle : une autorité qui serait démocratique, c'est-à-dire la fusion des contraires, l'alliance de l'eau et de la flamme. Cela est dit sans ambages : « Le problème qui se pose à l'école est celui de toutes les démocraties. Elle doit fonder une autorité [...] sur le sentiment que la loi est juste et sur le respect des individus. » L'autorité « naturelle » n'avait pas à donner ses justifications, c'était même cela qui faisait d'elle l'autorité. La nouvelle autorité, écrit Dubet, « devra être justifiée ». Le même mot qui disait une chose — non-argumentation chez Renaut, non-justification chez Dubet — dit à présent son contraire : argumentation, justification.

On remarquera que, du coup, et là encore, a disparu la contradiction « autorité-démocratie ».

La famille : l'« épanouissement » contre l'autorité

L'analyse de l'observateur éprouvé de la famille qu'est le sociologue François de Singly porte sur le père et son autorité dans le cours d'une histoire qui s'est jouée en trois actes [5].

Premier acte : la Révolution française. Elle casse le pouvoir du père de transmettre autoritairement — c'est-à-dire de manière

5. *Le Monde des débats*, *op. cit.*

arbitrairement inégale (et on retrouve ici les deux caractères d'arbitraire et d'inégalité) — le patrimoine rural. Dans le même temps, l'État s'introduit pour la première fois à l'intérieur de la famille pour sanctionner un nouveau délit : l'« abus d'autorité ».

Le deuxième acte débute à la jointure du XIXe et du XXe siècle. Avec l'apparition du salariat de masse, le père ne transmet plus un patrimoine rural, mais des valeurs morales. Ce « père-la-morale » force l'enfant à incorporer les règles de la « bonne éducation ». Les années 1920-1960 marquent l'apogée du modèle.

Survient alors la révolte anti-autoritaire de Mai 68, qui ouvre le troisième acte. L'enfant aura à épanouir une personnalité qui existe déjà en germe chez lui ; le père devient l'accompagnateur de ce processus, mais l'enfant en sera l'auteur et l'acteur. (Parallèlement, sinon causalement, le marché du travail impose à chacun de se définir non plus par ses origines sociales ou sa lignée, mais par sa compétence personnelle.) Une nouvelle source de tension apparaît alors : la famille voudrait se consacrer à l'épanouissement de l'enfant et que l'autorité disciplinaire soit prise en charge par l'école. Les enseignants, eux, considérant que leur rôle se borne à instruire et non à éduquer ou à socialiser, demandent à la famille d'assumer l'autorité éducative et qu'on leur envoie des enfants ayant déjà appris à obéir. En réalité, personne ne sachant plus très bien ce qu'est l'autorité, chacun des camps essaie de repasser à l'autre le marron chaud.

L'analyse de François de Singly se présente comme descriptive, non normative. Pourtant, l'acidité du trait paraît témoigner d'une forte ironie critique. En tout cas, l'auteur indique clairement, comme Dubet, qu'il ne croit pas au retour possible à l'autorité d'antan. Le nouveau modèle éducatif qui se met en place serait « psychologique ». Ici, encore, marquons notre différence. Que l'enfant devienne à soi seul le constructeur d'une personnalité déjà quasi préformée, cette idée nous paraît, disons-le, parfaitement absurde. Durant les premières années, les parents restent les modèles d'identification incontournables, quitte à devenir ultérieurement les antimodèles auxquels on s'opposera. D'où, mais sous des formes inédites qu'il nous faudra dégager, la pérennisation de l'autorité psychologique.

Seconde remarque : la contradiction entre autorité et valeurs démocratiques n'apparaît pas en clair comme dans les exemples précédents. Et pour cause, puisque l'autorité est censée avoir disparu et que les valeurs démocratiques ne sont pas évoquées. On se situe ici en deçà de la contradiction, ce qui pourrait bien être une manière élégante d'éviter d'avoir à la gérer. En lieu et place est proposé un modèle psychologique que de Singly englobe sous le terme de « révélation de l'autre » — une « sorte de généralisation du mythe de Pygmalion ». On a l'impression très nette que l'auteur estime le moment non encore advenu où il pourra abattre ses cartes.

Jacques Julliard défend la thèse exactement opposée à celle de de Singly : il préconise le retour énergique à l'autorité traditionnelle [6]. Pour cela, il convient de revenir à l'« essence de l'école », qui est, écrit-il, de représenter un « lieu clos (coupé de la vie), [...] alors qu'on l'a ouvert sur les valeurs de la télé [...] ». Il défend une position extrême lorsqu'il ne craint pas d'écrire que l'école est par essence un « lieu de non-droit et de non-démocratie ». Alors, « l'autorité librement acceptée du maître permet cette chose un peu mystérieuse [...] que l'on nomme éducation », laquelle « n'est pas prioritairement affaire de connaissances, mais d'influence ».

Limitons-nous à une remarque et à une question. La remarque : ce n'est certainement pas l'école qui s'est écartée du principe d'autorité (le récit de la journée passée à l'IUFM montre combien, malgré l'évidence, les enseignants continuent de rêver aux neiges d'antan). Ce sont les mutations de l'économie, les transformations du genre de vie et du rapport entre les générations, les bouleversements introduits dans la culture qui ont affaibli les valeurs traditionnelles, dont l'autorité. Il est impossible d'imaginer sérieusement une école coupée complètement de la société. Soyons logique : l'école autoritaire à laquelle aspire le républicain Julliard, seul un régime politique autoritaire pourrait par la force tenter de la faire revivre.

Quant à la question, elle est celle-ci : comment, à la sortie de cette école de « non-droit et de non-démocratie », Julliard imagine-t-il la métamorphose en un adulte autonome et en un citoyen responsable de l'enfant et de l'adolescent jusque-là formés à la dépendance psychologique et à la soumission au principe d'autorité ? Dans notre monde incertain, la seule certitude, c'est que l'avenir sera fait d'une succession de problèmes inédits et graves qu'il faudra résoudre avec la participation de

6. Jacques JULLIARD, « L'école de la tyrannie », *Le Nouvel Observateur*, 1er février 1996.

chacun et de tous. À la première crise un peu sérieuse qui adviendrait, l'adulte formé dans son enfance à obéir à l'autorité se jetterait, par conditionnement psychologique, dans les bras du premier personnage d'autorité sachant taper fort du poing sur la table.

René Rémond, tout nostalgique qu'il soit de l'autorité et déchiré de contradictions, apparaît plus ouvert sur l'avenir quand, paraissant dialoguer avec Julliard qui voulait fermer l'école sur elle-même, il écrit : « L'école n'est plus un sanctuaire. Mais comment alors en faire un lieu d'éducation civique qui enseigne le respect d'une autorité consentie [7] ? » La contradiction « autorité-démocratie » s'inscrit ici en filigrane dans le hiatus béant entre « éducation civique » et « autorité consentie ». Très lucidement, Rémond comme Julliard ont bien compris que tout commence (et tout peut finir) à l'école. « Cette question, poursuit René Rémond, ne concerne pas seulement les enseignants : elle est posée à tous. De la réponse qui lui sera faite dépend largement l'avenir de l'autorité dans notre société et la survie d'une communauté de citoyens. »

L'évitement de la contradiction « autorité-démocratie »

Récapitulons les formes de l'évitement. Chez Alain Renaut, comme chez Laurent Joffrin : le phagocytage (verbal) de l'autorité par la démocratie, le détournement de sens consistant, dans un virage à 180 degrés, à redéfinir l'autorité par l'exact contraire de ce qu'on vient de dire qu'elle est. L'autorité est maintenant à base de discussion publique, d'égalité des partenaires, d'argumentation, de justification, de contrat, de consensus. Chez Dubet, également, l'autorité prend un nouveau sens, là aussi le contraire du précédent : d'arbitraire et imposée, elle devient consensuelle et négociée. Dans les trois cas, on pourra alors parler d'autorité démocratique et marier (verbalement) les contraires. Pour de Singly, l'autorité est morte, il subsiste des personnalités psychologiques qui possèdent en elles-mêmes les clefs de leur développement. Pour Julliard, l'autorité, tout au contraire d'être morte, représente la vie même, la valeur suprême toujours à disposition, à la condition de bien former le futur

7. René RÉMOND, *Le Monde de l'éducation*, dossier « L'autorité », n° 259, mai 1998.

citoyen à l'intérieur d'une école transformée en espace de « non-droit » et de « non-démocratie ». Ici, avec la démocratie qui disparaît, la contradiction s'évanouit une nouvelle fois.

On pourrait multiplier les exemples. Les frères Cohn-Bendit (nous avions relevé leur dénonciation des équivoques du mot autorité) n'échappent pas à la chausse-trape : « Refuser de se soumettre à l'autorité, ici au sens de pouvoir de l'État, du parti, de l'Église, de l'administration, ce qui ne signifie nullement ne pas en reconnaître l'existence, voire la nécessité, nous paraît [un postulat de l'exigence démocratique] [8]. » Nous leur poserions volontiers la question du mode de régulation entre le « nécessaire » et le « refusé ». Autrement dit, dans ce dernier cas, quand la contradiction « autorité-démocratie » ne passe pas à l'as, le résultat peut alarmer, avec l'apparition d'une sorte d'implosion sur place dans une logique de non-sens où « nécessaire » et « refusé » auraient à faire bon ménage.

L'évitement de la contradiction « autorité-démocratie » apparaît donc constant chez ces auteurs contemporains. Mais quelles en sont les raisons ? Le propre de l'autorité consiste à occulter les contradictions, les injustices, les inégalités. Les dominations deviennent, dans les différences qu'elles inscrivent, des fatalités décidées de toute éternité par Dieu ou par la nature. Attenter à ces fatalités, c'est remettre en cause l'ordre du monde. Le gouverné obéit au gouvernant, la femme à l'homme, l'enfant à ses parents, l'ouvrier à son patron, le prisonnier à ses gardiens, etc. — sans réfléchir, sans discuter, sans demander d'explication. Il s'agit d'une soumission quasi réflexe, inscrite dans le corps, le langage, les institutions, et sans que le sujet soumis dispose même de la représentation qu'il s'agit là de soumission : se représente-t-on, répétons-le, la gravitation qui vous attache à la Terre ? Au-delà de l'idéologie anesthésiante, on voit aussi combien nombreux sont les bénéficiaires du système : tous ceux, et ils sont légion, qui détiennent une parcelle d'autorité. Dans l'ordre traditionnel, rien ne peut bouger. Ceux qui ont (de) l'autorité entre les mains se sentent justifiés par la religion, l'idéologie, la force des habitudes ; et ils en tirent de sérieux avantages dans la vie quotidienne (les gouvernants, les mâles, etc.). Et ceux qui subissent l'autorité ne se rendent pas

---

8. *Le Monde de l'éducation*, dossier « L'autorité », *ibid.*

compte de leur soumission, la vivant comme un fait de nature. Comme on respire, on obéit à l'autorité.

La puissance du système est donc considérable pour assurer le lien social. On a vu que l'autorité s'enracine de deux côtés : chez l'individu dans la blessure anthropologique que représente le sentiment abandonnique de l'espèce ; dans la société, où elle occulte contradiction et conflits. Chaque fois qu'on prononce le mot autorité, on tire sur les deux bouts de la ficelle et on réassure le nœud qui fait tenir la société en contenant les individus.

L'absence de justification à fournir quant aux ordres donnés présente cet avantage que les deux termes de la contradiction occultée restent hors la vue. *A contrario*, dès qu'on cherche à comprendre un problème social ou interpersonnel, on a quitté la dimension de l'autorité.

Aujourd'hui, à l'heure où la régulation par l'autorité a perdu une grande partie de sa force, un phénomène massif apparaît : la contradiction s'est étendue à peu près partout dans notre monde en transformation permanente. Ce n'est pas seulement que la contradiction soit devenue plus apparente, elle se multiplie à l'infini. Or, la réflexion peine, piétine — et la pratique plus encore — à imaginer, à expérimenter, des modes nouveaux de régulation des conflits qui seraient non autoritaires. On a vu la scandaleuse non-connaissance par les enseignants des méthodes de groupe. Malgré la faible efficacité de l'autorité aujourd'hui à l'école, c'est encore et toujours elle qu'on invoque : « Quand on sait cela, écrit un universitaire, on ne sait pas pour autant agir en classe [autrement] que comme affirmer son pouvoir, retirer l'amour ou punir [9]. » D'où l'intuition assez répandue qu'il serait fort imprudent de soulever plus que de l'ongle le couvercle de la boîte de Pandore. Cette inquiétude se marque par la recherche éperdue du consensus, du « politiquement correct ». Les émissions de télévision ou de radio dans lesquelles des points de vue contradictoires s'opposaient ont disparu : *Droit de réponse* (Michel Polac), *Staccato* (Antoine Spire). Le terme bien venu de « pensée unique » exprime tout autant l'aspiration au consensus que le sentiment général d'impuissance politique devant la marée montante de la mondialisation économique. Par ailleurs, après les ravages des utopies idéologiques du XXe siècle, le temps est celui du profil bas en politique.

9. Cité par Olivier TIERSEN, *Le Monde de l'éducation*, dossier « L'autorité », *ibid.*

Sous cette lumière, on comprend mieux les invraisemblances rencontrées, les mutations opportunes de sens, les contradictions qui s'évanouissent dans le discours. Par ailleurs, on a vu que les définitions de l'autorité parlaient moins de son contenu qu'elles ne disaient ce que l'autorité n'est pas. Pourtant, quand on dit de quelqu'un : « Il a fait montre d'autorité », chacun — adversaire ou défenseur de l'autorité — sait pertinemment, au tréfonds de lui-même, comment s'est comporté le « Il », et aussi que ce « Il » avait généralement à sa disposition des moyens de pression forts si l'autorité ne lui avait pas suffi. La force, *ultima ratio* de l'autorité. D'où se comprend, l'autorité s'affaiblissant, que la force, nous l'avons dit à propos de l'école, passe souvent aujourd'hui au premier plan.

Résumons-nous : la contradiction multipliée partout ; le conflit à fleur de peau dans la société, attaquant directement l'individu dans sa personnalité maintenant que le voile de l'autorité est devenu transparent ; l'absence de modes nouveaux de régulation des conflits qui réclameraient une extension (qui ne se produit pas) de la pratique démocratique dans la cité ; l'impression générale d'impuissance politique face aux contraintes économiques. Pour dépasser ce constat, ce que nous tenterons dans la troisième partie, il nous faut d'abord faire un détour par l'histoire, dont les enseignements nous seront des plus utiles.

II

Les figures passées de l'autorité

8

Autorité et transcendance, ou le temps d'un avant la naissance

« Maintenant, j'entends la France me répondre. Ah ! Mère, tels que nous sommes, nous voici pour vous servir. »

Charles DE GAULLE

Dans le face à face avec l'agent de police, nous avons vu que le représentant de l'autorité civile ou religieuse — policier, juge, prêtre, etc. — participe imaginairement d'une double transcendance qui dépasse sa simple personne : l'une de l'ordre de la synchronie (l'ordre social existant, la religion dans ses manifestations actuelles) et l'autre de l'ordre de la diachronie (il est le point d'émergence temporel des histoires de l'État, de la justice, de la religion). Il nous faut creuser ce thème.

Toujours, l'autorité procède d'une transcendance, laquelle, dans sa définition même, « suppose l'intervention d'un principe extérieur et supérieur » à la sphère où elle se manifeste [1]. Ce principe extérieur se situe hors du monde des sens et la preuve de sa réalité ne peut être démontrée par le raisonnement. Pourquoi, pour ce qui concerne l'autorité, la nécessité de cette échappée hors du quotidien, du consensuel, du rationnel ? Il faut qu'existe une raison très forte pour introduire ainsi un facteur d'incertitude

1. André LALANDE, *Vocabulaire de la philosophie*, PUF, Paris, 1968.

qui la fragilise, alors qu'elle est censée s'imposer comme un impératif catégorique et avec le caractère d'une évidence. Cette raison existe.

L'autorité ne peut, en effet, se réduire à ses seules manifestations. Elle ne se limite pas à l'expression double d'une autorité « naturelle », charismatique, interpersonnelle, et d'une autorité sociale procédant de l'identification d'un homme à une cause générale. Rappelons-nous André Siegfried : « Avec le prêtre, le noble, le roi, représentants non discutés d'un ordre d'essence supérieure, elle construit une cité où la suprématie des dirigeants l'emporte sur l'indépendance des subordonnés[2]. » L'autorité suppose en effet un « ordre d'essence supérieure », elle implique un monde à deux niveaux. Celui du haut est constitué d'une autre « essence » que celle de notre bas monde, mais comporte le caractère contradictoire de devoir s'imposer comme une évidence objective (sinon l'autorité perd sa force), de reposer sur la croyance qui est de l'ordre de la subjectivité. Par ailleurs, cette « essence supérieure » possède des propriétés différentes de celles de notre bas monde : en elle s'expriment la perfection, la globalité, l'incontestable.

Les modalités de passage du niveau inférieur au niveau supérieur sont différentes pour l'autorité « naturelle » et pour celle sociale. Dans le premier cas, le passage n'est tout simplement pas possible. Le charisme, on le possède ou non ; il ne s'acquiert pas. Il en va différemment de l'autorité sociale, pour laquelle il est même parfois possible de donner une date de naissance : ainsi du 18 juin 1940 pour le général de Gaulle. Le plus souvent, elle procède d'une délégation officielle en provenance de l'autorité légitimante, et la marque traditionnelle de qui s'en trouve investi en est, ou en était, le port d'un costume ou d'un insigne distinctif et apparent : la toge du juge et celle du professeur d'université, la soutane du prêtre, les galons de l'officier, le « La Loi » en sautoir du garde champêtre, la chaîne d'argent de l'huissier, l'uniforme de l'agent de police, les décorations attribuées par l'État…

C'est du niveau supérieur et transcendant que les représentants de l'autorité tirent leur légitimité. Il ne suffit pas, en effet, que l'individu charismatique identifie sa personne à une cause d'intérêt général pour qu'il acquière de ce seul fait l'autorité

2. André Siegfried, *Tableau politique de la France de l'Ouest sous la IIIe République*, *op. cit.*

sociale ; il faut au surplus que cette cause se rattache à un niveau supérieur et transcendant dont le contenu peut du reste, nous allons le voir, être très varié. Auparavant, nous allons illustrer nos propositions avec un exemple.

Charles de Gaulle et une « certaine idée de la France »

Le changement de statut est donc survenu en juin 1940 pour le général de Gaulle. L'autorité jusque-là personnelle de l'homme devient, à ce moment-là, sociale, par le recours légitimant à « la France ». Il s'agit là de l'appel à une transcendance, mais aussi, comme c'est souvent le cas, celle-ci est tellement mêlée d'éléments immanents qu'il n'est pas évident de la percevoir immédiatement comme telle. Or, dans le cas de l'autorité, les éléments affectifs, voire passionnels, sont si puissants qu'ils affaiblissent ou abolissent le sens critique et, de toute manière, culpabilisent son exercice. D'où, par exemple, dans ce cas précis, l'amalgame habituel entre les éléments qui sont du ressort de la transcendance et ceux relevant de l'immanence.

La transcendance, c'est « la France » ; les Français, eux, représentent l'immanence : ils existent ou ont existé dans la réalité. Parmi eux, il y a d'abord les vivants, ceux que de Gaulle « appelle » à venir à lui — *L'Appel*, titre du premier volume des *Mémoires de guerre* — et à se rassembler autour de lui. Mais participent de la même immanence l'ensemble des Français morts qui, depuis les origines, ont contribué, ne serait-ce que par leur existence, à construire la réalité française. Cette réalité-là, elle est visible, concrète, palpable, même si nous n'avons pas l'habitude de la relier à ses sources. Elle existe, bien entendu, dans les manuels d'histoire de l'école avec le « Nos ancêtres, les Gaulois », les grandes dates, les batailles importantes, les noms illustres, les anecdotes fameuses. Mais, plus encore, il y a le passé que nos prédécesseurs ont édifié et dans lequel nous continuons de vivre, marcher, penser, aimer. Il y a les rues des villes et leurs monuments, les cathédrales et les petits cafés, le paysage des campagnes humanisé au long des siècles, le quotidien de nos mœurs, une cuisine bien à nous et les vins les meilleurs du monde, une manière unique, qui mêle bizarrement l'intellectualisme et le sensible, de penser la vie et de voir le monde, le souci de la clarté dans l'expression et l'horreur du pathos, un intérêt presque exclusif pour la psychologie de nos semblables dans les relations compliquées qu'ils entretiennent. Surtout, il y a la langue, précise, nuancée, ductile et souple, aérienne, née presque avec Turoldus écrivant *La Chanson de Roland* (1100). Au long des générations, les écrivains ont patiemment tissé sur leurs métiers la pelote de fils nouveaux que la langue populaire créait. Si, d'un coup de baguette, la totalité de l'héritage culturel nous était ôtée, sans doute ne mourrions-nous pas comme le « primitif » chassé de la tribu, mais nous serions touchés au vif de notre identité. Les exilés de toutes les époques le savent, notamment ceux qui, sous Vichy, exilés de l'intérieur, furent exclus de la communauté française.

Ainsi, l'immanence française existe : ce sont les Français d'hier et d'aujourd'hui. Tout différemment « la France », telle que de Gaulle l'évoque, de manière autre que dans sa géographie, est une entité transcendantale, ce que les philosophes nomment un être de raison, c'est-à-dire sans réalité matérielle ; elle est le produit de l'imagination bâti tout entier autour d'un fantasme, comme le reconnaît de Gaulle lorsqu'il évoque une « certaine idée de la France ».

Élargissons le débat. Au Moyen Âge, la « querelle des universaux » a illustré l'éternel pouvoir mystifiant des représentations mentales. Aucun intellectuel n'échappe à la malédiction du « réalisme », ayant tendance, de par son commerce privilégié avec le langage, à prendre les « idées » pour des objets qui existeraient dans la nature ; et, à la suite, à considérer les mots eux-mêmes pour plus réels que la réalité matérielle elle-même. Il n'y eut jamais, avec le grand boom universitaire, autant d'intellectuels qu'aujourd'hui, qui ont ainsi fait du langage notre nouvelle métaphysique. Pourtant, il n'est nulle part un ciel des idées où siégerait une France platonicienne transcendant l'expérience sensible. La France gaullienne : un coup d'accélérateur donné à un vieux mythe. Les Français en droit et en âge de voter assurent la légalité du pouvoir lors des élections ; le recours à « la France » transcendantale confère la légitimité. Nous retrouvons ici la problématique déjà examinée (voir *supra*, chapitre 2) entre légalité et légitimité. Une problématique fondamentale car, avec elle, s'exprime une partie de la contradiction autorité-démocratie qui commande à notre avenir. L'examen de la mythologie gaullienne va nous permettre de conforter l'analyse que nous avons proposée de la légitimité comme reposant toujours sur une assise familialiste inconsciente.

Pourquoi, en effet, le recours à « la France » parfaitement imaginaire et irréelle provoque-t-il des effets psychologiques si forts, qu'il transfigure la figure gaullienne censée l'« incarner » en ce personnage mythique de l'Histoire de France qui donne la main à Vercingétorix et à Jeanne d'Arc ? Mais aussi, pourquoi des hommes et des femmes sont-ils prêts, à diverses époques, à risquer leur vie pour ce « la France » fantôme (s'ils meurent, on inscrira au-dessus de leur nom : « Morts pour "la France" ») ? Telle est la question posée par le patriotisme, l'étymologie du mot (*patria*, de *pater* : père) suffisant pour la réponse, à la condition que celle-ci, sous peine de se cantonner à l'anecdote, s'inscrive dans un cadre théorique. Quelle explication, alors, du patriotisme et du nationalisme ?

Quand Charles de Gaulle se présente comme incarnant « la France », il pousse une porte à deux battants — l'autorité et la légitimité — qui ouvre sur une dimension exceptionnellement riche en fantasmes et en affects, la dimension de l'inconscient. Car il existe, à l'origine de l'amalgame, une analogie presque parfaite entre notre propre famille et « la France ». Toutes deux se perdent dans la succession des générations et dans un passé si lointain qu'il nous reste définitivement invisible. Toutes les deux participent de la même transcendance — notre souche ne possède pour nous ni matérialité ni visages — et de la même immanence puisque, comme les études historiques pour « la France », la recherche généalogique pourrait nous fournir jusqu'à un certain point la liste de nos ascendants. C'est le mot clé de « Français » — commun et à nos ancêtres et à « la France » — qui permet la soudure, l'amalgame entre notre famille et « la France ». Évoquer « la France », c'est mettre en activité, comme on le dit d'un volcan, les images inconscientes de nos parents immédiats, les fantasmes de notre enfance vécue. Nous avons vu précédemment l'assimilation gaullienne de la France à la figure de la mère : « Maintenant, j'entends la France me répondre [...]. Ah ! Mère, tels que nous sommes, nous voici pour vous servir[3]. » Je me souviens, habitant alors près de Rambouillet, d'un vieux cultivateur me disant, à la mort du général de Gaulle : « Je ne sais pas pourquoi, mais il faut que j'aille à

3. Charles DE GAULLE, *Mémoires de guerre*, tome 1 : *L'Appel*, *op. cit.*, p. 261.

Colombey, à son enterrement. » À son insu, l'amalgame s'était fait entre de Gaulle et son père : et comment ne pas accompagner la mise en terre du père ?

Deux religions laïques au XXe siècle

Multiples ont été et demeurent les autres mondes d'« essence supérieure », à partir desquels l'autorité tire une légitimité. Rappelons-nous René Rémond estimant que « l'autorité a une réalité dans toutes les sociétés. Elle répond à la conviction qu'aucun groupement humain ne peut s'en passer [...] pour imposer aux volontés individuelles le respect d'un intérêt présumé supérieur ». Là encore, comme chez André Siegfried, le monde se clive selon la hiérarchie du supérieur (l'« intérêt présumé supérieur ») et de l'inférieur. Admirons la modestie d'un « présumé » qui contraste avec les termes forts de « conviction » et d'« imposer ».

Nous allons étudier dans cette deuxième partie certains des différents moments de l'Histoire. Restons pour l'instant aux grandes généralités. Bien évidemment, la première transcendance de légitimation de l'autorité sociale a d'abord été celle des mythologies et des religions. Encore dans la France du Moyen Âge et de l'Ancien Régime, l'adage *Omnis potestas a deo* signifiait que, en plus de l'autorité transmise au long de la chaîne hiérarchique, quiconque détenait une parcelle d'autorité la recevait de Dieu directement. La Révolution française trouve l'une de ses sources d'inspiration chez Rousseau, pour substituer à la divinité comme fondement de l'autorité le principe de « volonté générale », de « peuple souverain ». Désormais, l'autorité politique va s'incarner dans une figure double, celle de l'État et celle de la représentation du « peuple » ayant reçu l'onction électorale à ses différents niveaux. On comprend mieux l'aura exceptionnelle de légitimité que donne l'élection directe en France du président de la République, si on la réfère à l'ancien sacre des rois. Max Weber avait insisté sur une opposition au sein de cette figure double de l'autorité politique : il attendait d'un élu charismatique qu'il représente le contre-pouvoir à la domination bureaucratique ; il n'avait pas perçu la symbiose qui s'est lentement opérée entre les deux figures.

Au XXe siècle, le déclin des religions traditionnelles aura ouvert un large espace à ce que l'ethnologue Arnold Van Gennep avait nommé dès la fin des années vingt les « religions laïques ». Deux d'entre elles ont connu un destin particulier : le communisme stalinien et le fascisme/nazisme. Elles auront été, en particulier chez les intellectuels, de grandes autorités légitimantes. À les examiner d'un peu près, on trouve chez elles tous les éléments constitutifs des religions révélées auxquelles elles ont succédé, et plus particulièrement du catholicisme. Au sommet du pouvoir, une figure d'autorité est censée posséder l'infaillibilité (Lénine, Staline, Mussolini, Hitler). Le dogme d'une parole ouvre à la vérité absolue qui s'inscrit dans une bible (*Le Capital, Mein Kampf*). On simplifie cette parole dans la vulgate d'un catéchisme inculqué dès l'enfance (Komsomols, Hitlerjugend). La voie du Salut se trouve étroitement balisée selon le prescrit de la lutte des classes ou de la défense de la race. Un clergé laïque se distribue selon un ordre hiérarchique très formalisé : le Parti. Il y a les « martyrs » tombés dans les luttes et le rituel du calendrier sacré : les processions-défilés lors des dates commémoratives, les Grandes Messes du Parti. Les excommunications ne sont pas rares. Il n'est pas jusqu'au Goulag et aux camps nazis, au Guepeou et à la Gestapo qui ne répétaient mot pour mot, avec en plus l'appoint des techniques de la modernité, les dits et les pratiques de l'Inquisition au Moyen Âge, ses prisons, ses aveux sous la torture, ses bûchers.

Au-delà des différences, c'est le même ressort psychologique et la même fonction idéologique qui conduisent à la diabolisation des « sorcières » — 50 000 brûlées vives entre 1570 et 1630 sur les terres catholiques —, à l'extermination programmée des paysans en Ukraine — cinq millions de morts en 1933 —, au génocide des Juifs — six millions. Ou également au massacre des Arméniens par les Turcs, des Cambodgiens sous Pol Pot… Ces grands meurtres collectifs s'égalisent dans l'horreur, même si rien n'est pareil pour nous, Français, quand ils s'accomplissent chez le voisin de toujours, au cœur même de notre culture européenne, dans la patrie de Bach, de Kant, de Humboldt, au pays des philosophes et des musiciens.

J'insiste sur les deux « religions laïques » du XXe siècle européen, car, avec elles, s'est posée non seulement la question du pouvoir (total), mais celle aussi, d'un ordre différent, de l'autorité sur les âmes, sur les cœurs, et aussi sur les corps instrumentalisés comme les points d'un grand dessin d'ensemble au cours des manifestations de masse, à Moscou ou à Nuremberg, à l'instar de la figure du Léviathan de Hobbes. Ces deux religions ne voulaient pas seulement l'exercice du pouvoir social : elles tenaient par tous les moyens, y compris la terreur (et c'était bien là aussi la raison d'être des bûchers sur la terre et des supplices de l'enfer au Moyen Âge), à obtenir l'adhésion intérieure sans réserve de l'individu.

Au-delà de l'imposition du pouvoir absolu, il fallait que se manifeste aux sens et aux corps l'autorité sous sa forme la plus extrême, sans partage, sans limite, sans mesure, dissolvant le sentiment abandonnique de l'espèce dans la grande marmite de la communauté. Dans la jouissance fusionnelle, serré bien au chaud contre ses semblables, l'individu avec son angoisse disparaît et devient l'infinitésimale cellule du corps social. Telle est aujourd'hui encore la fonction anti-individu du « stade à 100 000 places », de la *Love Parade*, du million de pèlerins réunis à Rome pour la fin de l'année sainte 2000[4].

Même averti par l'expérience, on reste surpris de la facilité avec laquelle un fantasme, une abstraction, un corps de doctrine, la parole d'un auteur peuvent effectuer le saut de l'immanence à la transcendance et deviennent un principe de légitimation ; dès lors, fantasme, abstraction, doctrine, parole se situent au-delà de toute argumentation ou critique, de toute contestation possible. Ces changements de registre, qui s'apparentent parfois aux changements de mode vestimentaire, paraissent fréquents dans une France longtemps « fille aînée de l'Église », vieux pays de tradition monarchique et qui vient encore de s'adonner pendant presque un demi-siècle, avec quelques entractes, à la continuité autoritaire « Pétain-de Gaulle-Mitterrand ».

Dans le grand casting de la légitimité, la famille, la société, l'humanité, la nation, le progrès, la nature, la science elle-même (le scientisme) et aujourd'hui Internet[5] ont pu acquérir certains des caractères du sacré pour un groupe ou une collectivité et devenir ainsi l'autorité de référence. La psychanalyse, qui pourtant a pour objet d'étude l'approche rationnelle de l'irrationnel, n'a pas échappé à ce processus. Il est intéressant

---

4. Gérard MENDEL, *De Faust à Ubu*, L'Aube, La Tour-d'Aigues, 1996 (chapitre 7 : « La religion du roi Ubu »).

5. Philippe BRETON, *Le Culte d'Internet*, La Découverte, Paris, 2000.

d'observer comment, au long des décennies et pour la majorité des psychanalystes, elle a pu devenir une religion. Les pensées les plus spéculatives de Freud, celles sur Éros et Thanatos qui gouverneraient le cosmos, sont devenues articles de foi (on dit couramment : « Je crois aux instincts de vie et de mort »). Malgré l'évidence, les dogmes freudiens de l'hérédité des caractères acquis et du pansexualisme corporel (toutes les cellules du corps sécréteraient les hormones sexuelles) n'ont jamais été remis explicitement en cause. Mais, à s'écarter du réel, la théorisation psychanalytique s'est vue contrainte de ne plus tenir la balance à égalité entre l'explication et l'interprétation et à s'enfermer alors dans une herméneutique. Avec la « fonction symbolique » comme nouvel *a priori* transcendantal, on est ainsi passé de l'argumenté à l'affirmé [6].

Le schéma familialiste, source de légitimité de l'autorité

Une compréhension en profondeur du saut, du passage de l'immanent au transcendant, du profane au sacré, du laïque au religieux — et à un religieux certes courageusement assumé chez un Pierre Legendre — nécessiterait le recours à une anthropologie de la croyance. L'autorité, parce qu'elle ne saurait s'exercer sans prendre appui sur une transcendance, est partie intégrante de la croyance. Celle-ci se nourrit, elle aussi, aux racines mêmes de l'humain mais, à la différence de l'autorité, elle représente une formation complexe dans la production de laquelle plusicurs composants participent de manière nécessaire.

Dès le début de ce livre, il nous était apparu que, à l'arrière-plan de la légitimité, on retrouvait constamment le thème du familialisme. Nous venons de voir dans ce chapitre que l'autorité tenait toujours sa légitimité d'un principe transcendant. Comment alors relier ces deux constats qui apparemment concernent des dimensions différentes, celle du familialisme qui appartient au monde de l'immanence et celle de la transcendance ? Comment articuler le bas monde et l'autre monde ?

Revenons aux deux citations d'André Siegfried (l'autorité, un « ordre d'essence supérieure ») et de René Rémond (l'autorité, le

6. Michel TORT, « Quelques conséquences de la différence "psychanalytique" des sexes », *loc. cit.*

« respect d'un intérêt présumé supérieur »). Le mot important et qui se retrouve chez ces deux auteurs est celui de « supérieur ». L'essence de l'autre monde à partir de laquelle l'autorité se légitime n'est pas d'une nature autre que celle du bas monde dans lequel vit le subordonné : il s'agit bien du même univers, mais hiérarchisé avec deux niveaux. Univers trop exactement semblable à celui de la famille pour n'être pas sa simple expression, mais les deux niveaux des parents et des enfants empruntent ici une formulation abstraite. Au plan d'une génération, ces niveaux ne sont pas interchangeables : il ne peut se faire que les enfants aient précédé les parents et leur aient donné la vie. Il existe là cette « inégalité structurale » sur laquelle Pierre Legendre insiste à juste titre mais qui, si elle peut suffire en effet à bâtir une anthropologie « dogmatique », pour reprendre les termes de cet auteur, reste à notre sens très insuffisante pour construire l'anthropologie générale de nos souhaits. L'autre monde de l'autorité, c'est toujours celui de la génération — ou des générations — d'avant nous, alors que nous n'étions pas encore nés. À la différence de l'au-delà des religions révélées, il s'agit non pas du monde après notre mort, mais de celui d'avant notre naissance. *L'autorité procède toujours d'un temps antérieur*, qu'il s'agisse d'une autorité à forme communautaire ou d'une autorité endopsychique. Par là, c'est une dimension à jamais inaccessible à nos sens : c'est l'autre monde d'avant notre naissance.

La dimension de l'autorité comporte deux niveaux qui sont ceux de toute famille, et l'on ne peut pas, dans un temps synchronique — c'est-à-dire dans le même ensemble au même moment — passer de l'un à l'autre en inversant les rôles. Le charisme ne s'approprie pas, qui aurait pour sens l'acquisition de l'autorité sur ses propres géniteurs. En revanche, l'autorité sociale se gagne chez un individu, car elle fait appel à une souche familiale entendue dans la diachronie. Même si, en effet, pour le général de Gaulle comme individu, l'image de la France se réfère à sa propre mère (à son père également), le recours à la nation française, à « la France », inscrit le schéma familial dans un espace-temps suffisamment ample — plus d'un millénaire — pour permettre à tous les Français de se reconnaître comme frères et sœurs de la même mère patrie (« Liberté, égalité, *fraternité* »).

Dieu, la grande figure paradigmatique de l'autorité, s'inscrit lui-même à l'intérieur de ce cadre théorique. Le dieu chrétien ne possède pas en effet une essence autre que celle de l'homme :

pour la théologie, l'âme de l'homme est faite « à l'image de Dieu ». Pour la religion catholique, nous appartenons à la même famille, Dieu étant le père et nous ses enfants : « Notre Père qui êtes aux cieux », ainsi débute la prière quotidienne du croyant. Le fait de toujours situer Dieu « là-haut » dans le ciel ou bien de parler d'un niveau « supérieur » — chez A. Siegfried et R. Rémond — figure à notre sens la différence de taille entre l'enfant et l'adulte, considérée au moment où elle commence à lui apparaître dans sa première fraîcheur, chez le tout petit enfant.

Allons plus loin, à la limite de notre scénario. Le saut dans la transcendance d'une notion abstraite et concernant le monde de l'immanence s'inscrit, nous semble-t-il, dans le même schéma familialiste. Prenons le cas du scientisme. Quand Einstein s'oppose à Niels Bohr et considère que tout dans l'univers est connaissable en droit par le chercheur, il témoigne, nous semble-t-il, de l'arrière-plan familialiste dans lequel se développe sa pensée : la nature et le cosmos sont censés être homogènes à l'esprit humain, il existe une unidimensionnalité de la totalité du réel, nous appartenons à la même « famille ». De la même manière, on peut mieux comprendre l'incroyable dérive spéculative de Freud. De par sa profession, le psychanalyste vit en permanence dans un univers mental et inconscient familialiste. Au long des années et des décennies, l'influence de ce mode régressif (au plan psychologique) de vécu et de pensée a développé chez Freud une représentation du monde unidimensionnelle : les mêmes instincts de vie et de mort régiraient la vie psychique et le fonctionnement du cosmos.

On peut aussi estimer que la réalité physique appartient à une dimension pour la connaissance de laquelle l'outil de l'esprit humain se révélera toujours insuffisant — non certes impuissant, mais frappé de limitation. L'homme, par nécessité, devra sans doute en rabattre et considérer son rapport à la nature non plus en termes de « maître et possesseur » mais d'alliance et de coopération. Le domaine de la connaissance par l'esprit humain et celui de la réalité appartiennent à des dimensions étrangères. Nous n'appartenons pas complètement à la même famille que le cosmos. C'est là une autre histoire [7].

7. Gérard MENDEL, *La Chasse structurale*, Payot, Paris, 1967.

9

Une modernité ou des modernités ?

> « C'est pourquoi la socialisation universelle dans l'histoire d'Ulysse, navigateur solitaire autour du monde, et de Robinson artisan solitaire, implique dès l'origine cette solitude absolue qui se manifeste à la fin de l'ère bourgeoise. Tous deux ne réalisent la totalité qu'en étant totalement séparés des autres hommes. »
>
> Max HORKHEIMER et Theodor ARDONO

Qu'est-ce que la modernité ? Pour Jean Baudrillard, la modernité est une « notion confuse », un « mode de civilisation caractéristique, irradiant à partir de l'Occident, qui s'oppose au mode de la tradition, c'est-à-dire à toutes les autres cultures antérieures ou traditionnelles [1] ». Si le mot lui-même est récent (Théophile Gautier, Baudelaire, vers 1850), le processus remonterait à la fin du XVe siècle et au début du XVIe, avec la découverte de l'Amérique (1492), l'imprimerie, Galilée, la Renaissance, la Réforme. Georg Simmel fait également débuter la modernité à la Renaissance et, par exemple, l'absence à Florence d'une mode vestimentaire masculine à cette époque lui paraît témoigner de l'individualité déjà établie : « Chacun ne désirait porter de vêtements

1. Jean BAUDRILLARD, article « Modernité », *Encyclopaedia Universalis.*

que selon sa façon particulière, propre à lui-même[2]. » Plus récemment, Hans Blumenberg situe lui aussi (nous pourrions multiplier les exemples) la naissance de la modernité à la Renaissance ; il voit dans la rationalité instrumentale et l'esprit de curiosité les outils mentaux qui ont permis, à cette époque, les avancées de la science et la mainmise sur la nature[3].

La logique de ce livre nous conduit à élargir ce cadre. La notion de modernité y gagnera une homogénéité nouvelle. La rupture avec la tradition, trait consensuel le plus général de la modernité, nous la reportons loin en arrière dans le temps, au Ve siècle avant J.-C., au moment où naît la démocratie politique. La tradition elle-même, le concept de tradition, nous allons lui donner un contenu précis, celui du familialisme — qu'il soit politique, religieux, idéologique, psychologique. Il nous faudra, alors, montrer que le rapport de la modernité à la tradition s'est toujours marqué par une opposition à ce familialisme : ce serait même là son caractère principal. Mais l'on ne se débarrasse pas si aisément de l'autorité, forme sous laquelle le familialisme se manifeste le plus clairement. Dans la perspective où nous nous plaçons, on ne s'en débarrasse même jamais, puisque la première forme de socialité dans toutes les sociétés humaines serait une variante obligée du familialisme. Les chapitres traitant de la modernité seront donc l'étude des modalités du rapport problématique de la culture occidentale, depuis ses origines, avec l'autorité. Je suis conscient que l'extension temporelle ainsi donnée au concept de modernité expose à une critique forte. Le fait éventuel de refuser cette extension n'ôte, je crois, rien à la thèse principale de ce livre, qui concerne la pluralité des figures de l'autorité et leur source unique.

Les cinq moments de la modernité

Reportant très en arrière dans le temps les débuts de la modernité, cinq moments, alors, se succèdent qui, selon les cas, demeurent séparés ou bien se suivent immédiatement.

---

2. Georg SIMMEL, « L'individualisme moderne » (1917), *in Philosophie de la modernité*, tome 1, p. 281-325, Payot, Paris, 1989.

3. Hans BLUMBENBERG, *La Légitimité des Temps modernes* (1966), Gallimard, Paris, 1999.

Le premier moment, économico-politique, réfère à la naissance de la démocratie dans l'Athènes du début du Vᵉ siècle avant J.-C.

Le deuxième moment est celui, politico-idéologique, de la laïcisation politique de l'autorité dans la Rome classique.

Le troisième moment se présente sous un double visage, religieux et psychologique. Les *Confessions* de saint Augustin, au IVᵉ siècle après J.-C., témoignent de l'organisation déjà complexe d'une vie intérieure, d'un endopsychisme.

Dès la fin du Moyen Âge, les développements économiques et sociaux du capitalisme définissent un quatrième moment, celui communément appelé les Temps modernes. Ils sont marqués par le déchirement de la communauté traditionnelle, la montée de la classe bourgeoise, l'esprit des Lumières et sa foi dans la raison et le progrès humain ; et enfin, au long des siècles, par l'intériorisation psychique de l'image du père. Aux communautés phallocratiques vont succéder des sociétés véritablement patriarcales.

Le cinquième moment est le nôtre, quand se lève la revendication d'une autonomie de l'individu et que le déclin du principe patriarcal devient manifeste en tous domaines.

Quels sont les arguments qui nous paraissent aller dans le sens d'un tel report en arrière dans le temps ? Notons, déjà, que plus on se rapproche de la période contemporaine et plus nombreux deviennent les auteurs qui identifient la modernité à une direction particulière et unique prise par notre culture dès ses origines, et qui donnerait ainsi son unité à la modernité. Adorno et Horkheimer voient en Ulysse le premier héros de la modernité « quand l'homme se sépare de la conscience qu'il a d'être lui-même nature [4] ». Karl Popper fait débuter la « société ouverte » à la démocratie grecque et il voit en Platon le grand ancêtre de tous les totalitarismes [5]. Heidegger voit dans le dualisme de Descartes l'événement décisif de la modernité, mais un tel dualisme n'est pas indépendant pour lui de l'« oubli de l'être » qui serait apparu dès après les présocratiques.

Les arguments sur lesquels nous nous appuyons sont autres, et viennent s'ajouter à l'interprétation qui rassemble les cinq

4. Max HORKHEIMER et Theodor W. ADORNO, *La Dialectique de la raison* (1944), Gallimard, Paris, 1974, p. 68.

5. Karl POPPER, *La Société ouverte et ses ennemis*, tome 1 : *L'Ascendant de Platon* (1962), Seuil, Paris, 1979.

moments dans une opposition à la tradition et à ce que nous nommons le familialisme. Le premier argument est très général : chacun de ces cinq moments introduit, en effet, des éléments qui ne sont apparus dans aucune autre civilisation. Il serait bien étonnant que l'exception se répète cinq fois de manière complètement indépendante. Ce qui ne signifie pas qu'une nécessité ou une causalité articulerait chaque moment au suivant. La question se pose, également, de savoir si ces éléments différents ne se retrouveraient pas au complet, mais avec une importance variable dans chacun de ces moments, pris alors dans des rapports qui varient. La pièce de la modernité se jouerait avec trois acteurs principaux : des formes d'économie particulières, la démocratie, l'individuation psychique. Donnons à chacune de ces catégories un nom générique : *ploutos, demos, ego*. Et appelons *genos* la tradition familialiste.

Ainsi envisagée, la modernité trouve une unité à la fois dans son opposition au *genos* et dans le fait que les éléments majeurs de ce contenu se retrouvent toujours là présents, dans un rapport soit d'association, soit d'opposition.

Chacun des cinq moments de la modernité serait ainsi autonome, même si des liens, des ponts existent entre eux. Nul évolutionnisme dans ce tableau, mais la succession d'« accidents » contingents. Un parcours toujours largement imprévisible, rien de jamais assuré. À chaque époque, la contre-modernité aurait pu l'emporter. Dans les Temps modernes, la contre-modernité, c'est ce que nous avons nommé ailleurs les « maladies infantiles » de l'individuation, toutes portées par la nostalgie de la communauté familialiste perdue. Au XXe siècle, nous aurons ainsi connu les fascismes et le nazisme, le communisme stalinien ; aujourd'hui, nous assistons à la montée des intégrismes religieux. Totalitarismes et intégrismes représentent par définition des holismes [6]. Il est vrai aussi que chacun des moments successifs laisse des traces profondes dans la culture et les mœurs, auxquelles, aux époques suivantes, certains courants pourront se référer activement. Ainsi, les retours en arrière seraient, en principe, rendus progressivement plus difficiles. En principe seulement, car la forme du blocage ou du retour en arrière est toujours nouvelle.

6. « Holisme : on désigne comme holiste une idéologie qui valorise la totalité sociale et néglige ou subordonne l'individu humain ; voir l'opposé, Individualisme » (Louis DUMONT, *Essais sur l'individualisme*, Seuil, Paris, 1983, p. 263).

Chaque moment de la modernité possède un contenu qui, n'étant lui-même pas homogène, reste toujours difficile à lire en temps réel ; par ailleurs, les formes du rejet par la contre-modernité sont chaque fois neuves et avec des contenus eux-mêmes non homogènes, puisque dirigés électivement vers une certaine des composantes de la modernité.

Il nous faudra donc pour chacun des cinq moments montrer le jeu interactif des « acteurs » en insistant bien davantage qu'il n'est fait habituellement sur l'indépendance relative de chacun. Dans le cadre de ce livre, nous voudrions seulement donner à voir une grille de lecture très générale. Il nous faudra donc procéder par affirmations et en grossissant les traits, alors que le plus souvent les nuances et les demi-teintes devraient s'imposer.

10

L'autorité hors la modernité : la communauté autoritaire

> « Toute tentative ou tout désir font surgir la plus grave des angoisses qu'un Hindou puisse supporter : la peur de l'isolement, de l'éloignement qui punit les êtres totalement indépendants. »
>
> Sadhir KAKAR

Dans le chapitre traitant des cultures collectives et de l'autorité sociale (voir *supra*, chapitre 6), nous avons pu observer comment, dans les sociétés hors la modernité (presque toute l'humanité passée et une grande partie du présent), l'autorité contrôle l'individu *depuis le dehors*. L'individu physique n'est pas encore nettement séparé psychologiquement de la communauté ; l'individuation psychique reste peu marquée, et elle n'est pas valorisée. On peut dire du sujet ce que Jean-Pierre Vernant écrit de l'extraversion psychologique dans la Grèce ancienne : « Le sujet ne constitue pas un monde intérieur clos, dans lequel il doit pénétrer pour se retrouver ou plutôt se découvrir. Le sujet est extraverti. De même que l'œil ne se voit pas lui-même, l'individu pour s'appréhender regarde vers l'ailleurs, au-dehors. Sa conscience de soi n'est pas réflexive, repli sur soi, enfermement intérieur, face à face avec sa propre personne : elle est existentielle. […] Comme on l'a souvent noté, le *cogito ergo sum*, "je pense donc je suis", n'a aucun sens pour un Grec [1]. » Il est impensable qu'un tel sujet puisse, par exemple, écrire des confessions ou un journal intime.

D'où une première question : comment concilier le thème d'une blessure anthropologique individuelle, qui, à partir d'un sentiment abandonnique propre à l'espèce, fonde l'autorité, et le fait de la prévalence d'une communauté exerçant l'autorité ? Comment comprendre le passage d'une source strictement individuelle de l'autorité à sa prise en charge, à sa mainmise par la société dominant ainsi l'individu ? La réponse est simple. Avec les socialisations de l'enfance s'opère le report de la blessure anthropologique ; un report vers les parents et la famille, puis vers la société : ce que l'*infans* attend d'abord de ceux qui s'occupent de lui, il l'attendra ensuite de la communauté. Au moment des socialisations, l'environnement social, en travaillant les ressources anthropologiques potentielles et en leur donnant une forme réelle, crée un lien insécable entre, pourrait-on dire, l'œil physiologique et le regard social. Et l'identité du sujet procède de ce lien. Par exemple, nous avons vu que chez les Mundugumor étudiés par Margaret Mead, les descriptions de l'aire intermédiaire (Winnicott) devaient être pondérées en fonction de l'environnement social. Avec la mère Mundugumor « pas assez bonne », les processus transitionnels restent peu développés.

Nous allons maintenant observer la mère « trop » bonne de la culture hindoue qui, elle non plus, ne favorise pas les processus transitionnels. Nous pourrons ainsi, avec ces deux cas, étudier la Grande Séparation non plus comme phénomène individuel, mais dans les formes sociales sous lesquelles elle s'exprime hors la modernité. Nous élargirons ensuite l'observation à certaines cultures africaines, afin d'en venir à des perspectives plus générales. Gardons à l'esprit que, dans toutes les sociétés, hors modernité ou modernes, les socialisations de l'enfance mettront en forme, dans leurs diversités culturelles, le sentiment abandonnique, et qu'elles imprimeront ainsi ses traits historiques à l'autorité en faisant varier le ou les représentants dont on craindra l'abandon, et qui assure ainsi la fonction d'autorité.

1. Jean-Pierre VERNANT, « L'individu dans la cité », *in L'Individu, l'Amour, la Mort. Soi-même et l'autre en Grèce ancienne*, Gallimard, Paris, 1989, p. 211-232.

Enfance et société en Inde et en Russie

Nous avons la chance de disposer d'un livre très précis, écrit par un psychanalyste indien, Sadhir Kakar, décrivant l'éducation traditionnelle dans son pays [2].

Durant les quatre ou cinq premières années de sa vie, l'enfant hindou, dans la culture traditionnelle, tend à fusionner psychologiquement avec sa mère, c'est-à-dire que se prolonge ce que nous nommons l'archaïsme très au-delà de l'époque où est sevré l'enfant occidental. « La mère a tendance à satisfaire totalement les demandes de son enfant. » L'intimité physique est quasi constante. Le sevrage a lieu tardivement, à deux ou trois ans, et n'est ni total ni définitif : « Il arrive assez souvent qu'un enfant de cinq, six ans, relève de façon autoritaire le chemisier de sa mère pour boire tandis que celle-ci est en train de discuter avec des amis, et personne alors n'y trouve rien à redire. » Ainsi va naître chez l'enfant un fond d'« assurance vitale » qui est dû non seulement à la confiance en soi-même, mais à l'assurance qu'il sera en toutes circonstances assisté par les autres : « Une caractéristique des Indiens est de compter sur le soutien des autres pour l'aider à vivre et pour faire face aux exigences du monde extérieur. » L'idée est absente qu'il faille s'assurer par soi-même une maîtrise individuelle du rapport au monde extérieur. Le sentiment de sécurité est donné par les autres, non par soi.

Un événement décisif survient alors chez le garçon au cours de la quatrième ou cinquième année, qui va détruire ce climat fusionnel et paradisiaque. L'auteur parle de la « seconde naissance » — traumatique — lors de l'entrée du garçon dans un « monde masculin relativement sévère et inflexible où abondent règles et formalités ». Un proverbe dit : « Traite ton fils comme un rajah pendant les cinq premières années, comme un esclave pendant les dix suivantes, et comme un ami par la suite. » Le père se montre décevant : « Au moment de la perte de l'intimité symbiotique avec la mère », il se montre « plus un spectateur qu'un allié ». Le garçon ne peut s'identifier à lui, et il ne sera traité comme un pair par le groupe familial que plus tard. Le bilan est simple : « La mère lui sert de moi jusqu'à l'âge de quatre ans » — d'où un fond massif d'archaïsme 1 (fusionnel). L'idéal du moi, très loin de viser à la créativité personnelle

2. Sadhir Kakar, *Mokhsa, enfance et société en Inde*, Les Belles Lettres, Paris, 1985.

(archaïsme 2), à l'autonomie individuelle, va tendre à la fusion cosmique.

La personnalité de base de l'adulte se met en forme durant l'enfance : le scénario hindou illustre cette constante universelle de manière spectaculaire. La tradition culturelle et l'idéologie sociale s'opposent frontalement à l'individuation psychique. L'univers adulte n'est qu'un « monde de l'enfance en expansion où sera glorifiée l'appartenance à la famille élargie puis, au-delà de celle-ci, à la caste ». Après la phase de sevrage brutal, les relations à l'intérieur de ces deux ensembles successifs (famille élargie, caste) se font sur un mode hiérarchique très formalisé, que pondèrent seulement les « soins quasi maternels prodigués par le supérieur et le respect filial du subordonné ». « Pour la plupart des Indiens, la communauté est la seule assurance vie possible. Le conformisme est considéré comme une qualité. »

Ainsi l'autorité en Inde réfère basiquement à une mère qui se montre toute-puissante et complètement bonne, mais à la condition que le sujet ne s'autonomise pas. « L'angoisse déclenchée par la simple crainte de perdre le bénéfice des soins protecteurs de figures puissantes empêche généralement toute déviation d'une attitude obéissante et sécurisante. » Probablement parce qu'il ne peut lui-même imaginer un monde où l'autorité n'occuperait pas toute la scène, Kakar écrit : « Dans une analyse d'un contenu des manuels [...], j'ai montré que sur un contenu de trente et une histoires décrivant des situations d'autorité, il n'y a pas un seul exemple de relation d'autorité projetée sur un mode égalitaire fraternel démocratique. » Un monde sans autorité, une démocratie sans autorité, une égalité sans familialisme (non « fraternelle ») restent de l'ordre de l'impensable pour cet Hindou pourtant formé à la psychanalyse en Occident.

Dans d'autres cultures, il existe des procédés d'élevage de l'enfant qui, tout en étant différents, induisent les mêmes effets d'inhibition sur l'autonomie du sujet. Erik Erikson consacre l'avant-dernier chapitre de son livre *Enfance et société* à l'étude du « schéma d'identification masochiste avec l'autorité, qui a été apparemment une puissante force collective dans l'histoire de la Russie [3] ». Pour expliquer la formation de ce schéma, Erikson met l'accent sur l'emmaillotage des nourrissons en Russie : « La

3. Erik ERIKSON, *Enfance et société*, Delachaux et Niestlé, Neuchâtel, 1966.

coutume de bander les enfants nouveau-nés est très répandue. Mais l'ancienne coutume russe, poussée à l'extrême, exige que le bébé soit emmailloté jusqu'au cou et assez serré pour faire de l'ensemble une "bûche de bois" facile à manier, et que cet emmaillotage soit continué pendant neuf mois, pendant la grande partie du jour et pendant toute la nuit [...]. Ce procédé se classe parmi les détails de l'éducation de l'enfant qui doivent avoir une relative signification avec l'image du monde dans l'ensemble de la culture. » Avec cette dernière phrase s'exprime ce « principe de cohérence anthropologique » que nous avions évoqué à propos des Mundugumor et qui, en dehors même de la volonté et de la conscience de ses membres, assure l'unité culturelle d'une société. L'interaction historique entre culture collective et élevage des enfants s'est développée progressivement ; il serait donc peu raisonnable de rechercher une antériorité de l'un ou de l'autre de ces éléments.

Erikson, après avoir étudié les différents éléments qui fondent ainsi la cohérence de l'élevage traditionnel de l'enfant russe, conclut : « L'endoctrinement de base proverbal est celui selon lequel les gens doivent être tenus rigidement, pour leur bien, tandis qu'on leur offre de temps en temps des moyens de décharger leurs émotions comprimées. Vu du point de vue économique et politique, par conséquent, l'emmaillotage fait partie d'un système d'institutions têtues qui soutiennent et prolongent la combinaison russe de servitude et d'âme[4]. »

Nous avions signalé la même pratique d'emmaillotage chez l'enfant breton[5]. Ce qu'Erikson écrit à propos de l'enfant russe pourrait sans doute s'appliquer à certains traits psychoculturels en Bretagne : la richesse fantasmatique, les décharges émotionnelles festives, la tentation de la régression fusionnelle[6]. Du Breton traditionnel, on pourrait sans doute dire comme pour le Russe : « Il ne peut que se laisser couler, abandonner, être patient, rêver et se concentrer sur ses réactions vasomotrices [...] jusqu'aux riches échanges d'affection joyeuse aux moments de démaillotage. » Mais des éléments différents et très importants viennent chez le Breton modifier le tableau d'ensemble.

---

4. *Ibid.*, p. 245.
5. Gérard MENDEL, préface à Philippe CARRER et *al.*, *L'Enfant breton et ses images parentales*, Institut culturel de Bretagne, Rennes, 1986.
6. Philippe CARRER, *Le Matriarcat psychologique des Bretons*, Payot, Paris, 1983.

La Grande Séparation comme phénomène social

Certaines formes d'élevage du petit enfant provoquent ainsi l'investissement particulier de l'archaïsme 1 et induiront chez l'adulte une sujétion intense à l'autorité. Celle-ci revêt elle-même un contenu archaïque : mise en avant d'une toute-puissance bénéfique dans le cas hindou, rapports sociaux d'une extrême agressivité chez les Mundugumors. La dépendance psychoaffective à l'autorité et la « servitude », dans le cas russe, représentent les conséquences directes de l'élevage du petit enfant, telles que la société les pérennise. Bien entendu, nous ne voulons pas dire que ce soit l'unique facteur, mais il est le premier d'une longue série.

Une logique de la carotte et du bâton s'est mise en place dans les sociétés traditionnelles avec, selon les cultures, la prédominance de l'une ou de l'autre. Le bâton, c'est toujours la manipulation sociale de l'angoisse abandonnique : « Toute tentative ou tout désir font surgir la plus grave des angoisses qu'un Hindou puisse supporter : la peur de l'isolement, de l'éloignement qui punit les êtres totalement indépendants [7]. »

Ce n'est pas ici d'une personne particulière dont le sujet craint l'abandon d'amour, mais de la communauté perçue comme le grand être dont procèdent l'identité et parfois même la simple survie. Ainsi les ethnologues ont pu décrire la mort psychosomatique chez les individus frappés d'un tabou et chassés de la tribu [8]. L'ostracisme en Grèce séparait le condamné de sa cité à laquelle le reliait l'essentiel de ses liens identitaires. L'excommunication par l'Église condamne pour l'éternité le croyant à la séparation d'avec l'objet d'amour absolu, Dieu. Les États totalitaires condamnent leurs opposants à l'exil ; l'intensité de la douleur morale qui en résulte a été fréquemment décrite. Les partis politiques pratiquent l'exclusion, et l'on sait ce qu'il en coûtait psychologiquement aux communistes exclus, même dans les pays où leur parti n'était pas au pouvoir. Certains mots, particulièrement lourds de sens, réfèrent au même phénomène de

7. Sadhir KAKAR, *Mokhsa, enfance et société en Inde*, *op. cit.*, p. 248.

8. Marcel MAUSS, « Effets physique chez l'individu de l'idée de mort suggérée par la collectivité (Australie, Nouvelle-Zélande) », *in Sociologie et anthropologie*, PUF, Paris, 1968, p. 313-333.

séparation traumatique : destitution, dégradation (que l'on pense à Dreyfus), révocation, radiation, anathème, malédiction…

Il est intéressant de rapprocher la dépendance psychoaffective à l'autorité sociale dans les sociétés traditionnelles et le processus de deuil intrapsychique dans les sociétés modernes, lors de la perte d'un proche. Freud avait décrit les mouvements psychiques qui se produisent dans ce dernier cas [9]. Le sujet reproche inconsciemment au disparu de l'avoir abandonné. Dans les cas les plus graves, le lien au mort n'est pas rompu : le sujet s'identifie à lui, l'inclut dans son moi. Mais, dès lors, les critiques envers celui qui l'a abandonné sont, elles aussi, intériorisées et reprises par le surmoi contre le moi : « L'ombre de l'objet tomba ainsi sur le moi. » On peut saisir ici clairement ce que nous entendons par « appareil psychique extérieur » dans les sociétés traditionnelles ; l'instance surmoïque y est exercée du dehors : « La conscience communautaire, écrit S. Kakar, est une formation plus sociale qu'individuelle. Dans l'Inde traditionnelle, le surmoi ne se situe pas à l'extérieur de la psyché. Au lieu de posséder une sentinelle interne, l'Indien s'appuie sur de nombreux vigiles externes [10]. »

Corrélativement, dans cette culture, le processus de deuil met en scène des processus émotionnels qui impliquent la participation du groupe tout entier. Il a été maintes fois rappelé par les ethnologues que dans les sociétés traditionnelles les rapports sociaux étaient construits à partir des rapports de parenté — autrement dit, selon le schéma familialiste. Il faudrait alors ajouter que l'organisation *psychologique* individuelle y est en très grande part bâtie *à l'extérieur de l'individu*, dans le lien avec ces rapports sociaux familialistes, c'est-à-dire établis sur la base d'une société structurée et vécue comme famille élargie, comme grande famille, avec des parents, des enfants, des frères, etc. Cette description correspond très exactement au « caractère traditionnel » décrit par David Riesman [11]. La culture n'y est pas seulement stable et cohérente, elle peut aussi être considérée comme totalitaire : c'est bien la totalité d'un mode d'être qui est imposée à l'individu : statut social, travail, vie privée, croyances, représentations imaginaires.

---

9. Sigmund FREUD, « Deuil et mélancolie » (1915), *in Métapsychologie*, Paris, 1968.
10. Sadhir KAKAR, *Mokhsa, enfance et société en Inde*, *op. cit.*, p. 189.
11. David RIESMAN, *La Foule solitaire* (1950), Arthaud, Paris, 1964.

En parallèle à la lente progression de l'individuation psychique dans les classes populaires, le contrôle de l'autorité communautaire persistera très longtemps : encore aujourd'hui dans les petites villes et les villages, l'opinion publique exerce un pouvoir puissant et distribue des sanctions non négligeables. Arlette Farge décrit, dans le Paris du XVIIIe siècle, l'emprise autoritaire de l'opinion publique sur les habitants de chaque quartier (il existe vingt quartiers dans Paris). « Le quartier est un référent, une sorte d'être vivant [...]. Il soupèse les réputations et les transmet ; il dirige un jeu complexe où il ne faut point se perdre car les conséquences ne sont jamais légères. C'est un acteur au pouvoir exemplaire, en même temps il n'a pas de visage, ou tout du moins il en a mille [...]. La prégnance du quartier sur ses habitants produit un effet double : elle oblige le for privé à très peu d'existence et à bien peu de secret, tout en le contraignant fortement à ne pas être entaché de mauvaise réputation [12]. » L'une des conséquences de ce surmoi extériorisé est que, comme l'écrit encore Kakar, « les violations des lois morales deviennent possibles au moment où personne ne regarde. Ces genres de situation surgissent quand l'individu est éloigné de la discipline vigilante de sa famille, de son village ». Notons la référence au regard, que nous allons retrouver et qui joue en effet un rôle considérable.

Ces deux cas de figure — l'Inde traditionnelle, le Paris du XVIIIe siècle — appartiennent à la dimension que l'historien de la Grèce antique Eric R. Dodds, dans un livre classique sur lequel nous aurons l'occasion de revenir, a nommée celle des « civilisations de honte [13] ». Peu de différence, en effet, entre les descriptions de Kakar, de Riesman, d'Arlette Farge, et ce que décrit Dodds pour la Grèce d'Homère : « Le plus grand bien de l'homme homérique n'est pas qu'il jouisse d'une conscience tranquille, c'est la jouissance de la *timé*, l'estime publique. Et la plus grande force morale que connaisse l'homme homérique n'est pas la crainte de Dieu, mais l'estime de l'opinion publique [14]. » Dodds oppose la civilisation de honte des temps

12. Arlette FARGE, *La Vie fragile. Violence, pouvoirs et solidarité à Paris au XVIIIe siècle*, Hachette, Paris, 1986, p. 20 et 27.

13. Eric R. DODDS, *Les Grecs et l'Irrationnel* (1959), Montaigne, Paris, 1965.

14. *Ibid.*, p. 29.

homériques aux civilisations de culpabilité de l'époque archaïque et de l'époque classique [15].

La honte et la culpabilité

Il devient alors nécessaire de préciser exactement la signification des mots « honte » et « culpabilité ». L'extrême diversité de sens que ces deux termes recouvrent, tient, pour nous, à ce qu'ils se situent à un niveau variable sur l'échelle de l'intériorisation des images parentales.

Pour Dodds, la transition de la honte à la culpabilité reste « progressive et incomplète » dans la Grèce antique, pour plusieurs raisons. Tout d'abord, de nombreux traits antérieurs persistent dans les civilisations de culpabilité (y compris, peut-on ajouter, dans la nôtre). Mais, surtout, « le sens archaïque de la culpabilité ne devient sens du péché que grâce à *l'intériorisation de la conscience* [je souligne, G.M.], un phénomène qui n'apparaît que plus tard et de façon incertaine dans le monde hellénique [16] ». Nous rejoignons ici les précieuses notations de Jean-Pierre Vernant sur l'extraversion du sujet dans la Grèce archaïque et classique : « Jamais je ne pense mon existence à travers la conscience que j'en ai. Ma conscience est toujours accrochée à l'extérieur [17]. » Pour notre part, nous doutons fort que le sens du péché ait complètement existé avant l'époque augustinienne, même si, nous le verrons dans le chapitre suivant, certains indices témoignent d'un début de formation de l'endopsychisme dans la Grèce du Vᵉ siècle avant J.-C.

Dodds définit les civilisations de honte par la tension entre l'impulsion individuelle et les pressions du conformisme social. Pourtant, le cas qu'il donne en exemple — Agamemnon enlevant par force la maîtresse d'Achille — ne provoque chez le Grand Roi ni honte ni culpabilité : « Ce n'est pas moi qui suis coupable, mais Zeus et le Destin, et l'Erynis qui marche dans l'obscurité. [...] Qu'y pouvais-je faire ? La divinité fera toujours ce qu'elle

15. L'opposition entre ces deux formes de civilisation avait été introduite dès 1946 par Ruth McBrunwick dans *Le Chrysanthème et le Sabre* (tr. fr. Philippe Picquier, Arles, 1987), consacré à la culture japonaise.

16. Eric R. DODDS, *Les Grecs et l'Irrationnel*, *op. cit.*, p. 46.

17. Jean-Pierre VERNANT, *L'Individu, l'Amour, la Mort*, *op. cit.*, p. 224-227.

voudra [18]. » Pour sa communauté, Agamemnon est tenu pour responsable juridiquement de son délit et il offre, en effet, des compensations à la victime. Nous dirions qu'il est l'acteur de son acte, mais non l'auteur. S'agit-il d'ailleurs à proprement parler d'un acte tel que nous le définissons comme « interaction d'un sujet et de la réalité [19] » ? Pas d'acte sans un projet, sans l'action préalable « dans la tête » ; or, ici, l'intention ne vient pas d'Agamemnon, elle est censée appartenir à des puissances surnaturelles qui provoquent une « folie passagère et partielle ». Il n'existe, alors, ni honte ni culpabilité au sens où notre culture l'entend. Dodds est obligé de créer un nouveau concept causal, l'« intervention psychique » : il faudrait, là encore, être plus précis et ajouter nommément que cette intervention dans le psychisme est d'origine surnaturelle ou supranaturelle. Pourquoi, se demande alors Dodds — qui élimine l'explication facile par la recherche d'un alibi —, « un peuple aussi civilisé, lucide et rationnel que les Ioniens attribue comme à Bornéo ou en Afrique centrale » tout écart de la conduite normale à un agent surnaturel ? La raison principale en est, pour lui, que « l'homme homérique n'a aucune conception unifiée de ce que nous appelons l'âme ou la personnalité ». Ce qui, pour nous, est ressenti comme faisant partie du moi se révèle pour l'homme grec « comme une voix intérieure indépendante ».

Pour le Grec de l'Antiquité, ce n'est pas soi-même que le sujet ne peut affronter dans le miroir, mais l'œil de l'opinion publique. La honte consiste à « perdre la face » sous le regard de la communauté ou de celui qui la représente. Mais est-ce le cas lorsque l'action est causée par une folie passagère d'origine supranaturelle ? De même, le sentiment d'être coupable réfère-t-il vraiment à ce que nous nommons la culpabilité, dans les deux cas où Dodds l'attribue à l'homme grec : quand la responsabilité est héréditaire, reportée de génération en génération ; quand la culpabilité intervient par punition en raison d'une jalousie divine, dans le cas où l'homme s'élève trop haut au-dessus de sa condition de mortel ? Nous éprouvons de la difficulté à concilier deux faits : le plus grand bien de l'homme homérique est l'estime de l'opinion publique ; tout accroc sérieux à la réputation tient non pas à une action librement décidée par le sujet,

18. Eric R. Dodds, *Les Grecs et l'Irrationnel*, *op. cit.*, p. 15.
19. Gérard Mendel, *L'acte est une aventure*, *op. cit.*

mais à l'intervention d'une puissance surnaturelle — pourquoi le sujet devrait-il alors perdre la face devant la communauté ?

Deux points seulement restent certains dans les descriptions de Dodds. *Primo*, la transgression des normes de la communauté entraîne une responsabilité juridique, n'importe l'agent causal, qui devra se payer d'un certain prix. *Secundo*, tout comportement inhabituel survenant chez un individu est dû à l'intervention en lui d'une puissance surnaturelle. Ainsi l'autorité paraît se situer tout entière *à l'extérieur* de l'individu. Au plan social, elle est exercée par la communauté qui dispose du pouvoir moral de l'opinion publique et du pouvoir légal d'obtenir réparation. Au plan religieux, elle procède de puissances surnaturelles. À vrai dire, il nous est impossible de nous mettre dans la peau d'un Grec, dont la personnalité n'est pas plus unifiée que ne l'est la divinité et qui, ne pouvant regarder en lui-même par l'introspection, faute de l'œil intérieur qui s'est créé en nous, a appris à lire ce qui le concerne exclusivement dans le regard des autres.

Le Grec de l'Antiquité et l'Hindou traditionnel

Chez l'homme grec que nous venons d'observer, pas vraiment de honte, mais le regard réel et actuel de la communauté qui exprime l'exigence de réparation, afin que soit évité à la société le désordre des vengeances privées. Et pas non plus de culpabilité ni de sens du péché, puisque n'existe pas de mise en cause personnelle de soi.

Jetons alors un coup d'œil comparatif sur l'Hindou traditionnel et le Grec de l'Antiquité. Chez le premier, nous avons pu observer, grâce à l'observation d'un psychanalyste, le chemin suivi par l'angoisse d'abandon d'amour : l'objet réassurant — l'objet d'autorité — se déplace de la mère à la famille élargie et à la caste. Plus largement, c'est de l'ordre cosmique (dont la famille fait partie) que procède l'autorité. Le sujet s'abandonne à cette toute-puissance, au point d'aspirer à la fusion finale avec le cosmos. L'Olympe grec est certes plus différencié et plus anthropomorphique, chaque divinité exprimant une certaine force, un désir singulier, une pulsion particulière. Dans l'extraversion de soi, l'individu ne peut vivre heureux s'il est condamné par le regard de la communauté ou persécuté par un dieu.

Dans les deux cas, hindou et grec, la définition de l'autorité est double. En positif : elle commande à la stabilité bienfaisante de la personnalité et à la cohérence du sentiment d'identité de l'individu. En négatif : elle est ce qui, si transgressé, provoque le malheur de ce même individu — non de par l'angoisse vécue, mais dans une suite d'accidents extérieurs provoqués par les dieux. Répétons-le : hors le cadre de la modernité la plus récente, c'est-à-dire avant la mise en forme d'un psychisme contraignant au face à face avec soi-même, à la conscience réflexive de soi, à la mise en cause personnelle de soi par intériorisation des instances psychiques (surmoi et idéal du moi), il est impossible d'appréhender l'autorité sans prendre en compte l'extériorisation du psychisme de l'individu.

L'Afrique

Un livre écrit par deux psychanalystes peut nous permettre d'avancer quelque peu sur les thèmes conjoints de la culpabilité et de l'autorité sur un autre continent[20]. À vingt siècles d'écart et dans une aire géographique très éloignée, celle de la région de Dakar, nous retrouvons les mêmes phénomènes que Dodds avait décrits. Pour ces auteurs, en effet, le terme de culpabilité connote aussi bien l'intervention d'un agent extérieur que celle d'une force intérieure, mais sans que la responsabilité personnelle du sujet soit en cause : tel est le cas de figure si répandu en Afrique du sort jeté par un sorcier.

Cette causalité répond très exactement au concept d'« intervention psychique » de provenance supranaturelle : « Le mal est une agression par une force extérieure et demeure toujours l'affaire de la communauté[21]. » À propos du cas d'un garçon de quatorze ans, Samba, qu'ils traitent par une psychothérapie d'inspiration psychanalytique, ils soulèvent la question : « Est-il pensable qu'il parvienne (sous psychothérapie) à intérioriser sa culpabilité ? » À une telle interrogation qui pose rien moins que le problème des modalités du passage d'un hors-modernité à la modernité, leur réponse est dubitative : la chose « paraît bien difficile à imaginer », et serait-ce même « souhaitable » ?

20. Marie-Cécile et Edmond Ortigues, *Œdipe africain*, Plon/10-18, Paris, 1973.
21. *Ibid.*, p. 292.

L'approche clinique des Ortigues permet de mieux délimiter le champ que nous avons en vue. Il existe dans le discours de Samba une agressivité explicite dirigée contre les parents : « C'est comme si quelque chose m'a attrapé de ne pas aimer mes parents ou c'est quelque chose qui attrape mon cœur d'être fâché. » « Autrement dit, commentent les Ortigues, il est l'objet de cette persécution qui colore toute la psychiatrie africaine. » C'est l'absence d'un moi unifié, d'un Je, qui interdit à Samba l'affrontement de l'image paternelle : « Chaque fois que le passage est sur le point de s'opérer, que Samba est au bord de parler du diable à la première personne, il s'arrête et le mécanisme de la projection reprend le dessus. » C'est-à-dire qu'il devient persécuté par l'objet extérieur. Les Ortigues n'insistent peut-être pas assez sur le fait que c'est l'ensemble de la personnalité qui s'est construite différemment de la nôtre. Nous dirions que le sujet est insuffisamment engagé sur les chemins de l'individuation psychique et de l'intériorisation des instances pour pouvoir se considérer avec une certaine distance : « Arrivé au seuil d'un affrontement assumé personnellement, Samba situe l'image paternelle et la castration dans le rapport aux ancêtres. »

Nous voici de retour au scénario récurrent de l'hors-modernité. L'indifférenciation relative entre l'individu psychologique et sa communauté fait que celle-ci fonctionne comme psychisme extra-individuel, comme surmoi et idéal du moi : *la communauté assure la fonction d'autorité*. Il est intéressant que des psychanalystes d'inspiration lacanienne comme les Ortigues ou freudiens orthodoxes comme les Parin et Morgenthaler travaillant avec les Dogons [22] usent des mêmes mots pour désigner la butée semblable sur laquelle ils achoppent. Les Ortigues : dépasser cette butée « supposerait [...] qu'il [Samba] aurait accédé à un niveau de conscience personnelle qui le situerait bien en avant de ses pères ». Parin et Morgenthaler : « Si le transfert s'accentuait et si l'analyste obtenait un nouvel investissement, l'analysé rappelait ses amis, car c'est en les faisant partager au groupe que l'on se débarrasse des principaux objets de l'enfance et non en refoulant les pulsions » ; ils ajoutent : « La forme de

22. Paul PARIN, Fritz MORGENTAHLER et Goldy PARIN-MATHEY, *Les Blancs pensent trop. Treize entretiens avec les Dogons*, Payot, Paris, 1966. À propos de la relation à la mère, ils notent : « La mère qui porte l'enfant continuellement sur le dos est bienveillante de façon inconditionnelle » (p. 438).

résistance la plus fréquente est celle d'appeler d'autres personnes. »

Et à propos de ce que nous appelions plus haut l'externalisation du surmoi : « Nous avons appelé "conscience de clan" l'instance qui, chez les Africains, correspond au surmoi. » Kakar évoquait les nombreux « vigiles externes » qui veillent chez l'Hindou au lieu de notre « sentinelle intérieure ». Parin et Morgenthaler écrivent : « Nos analysés ne sont pas sous la dépendance d'un seul gardien intérieur, mais de nombreux gardiens extérieurs [23]. » Et encore : « La principale différence avec le développement européen normal tient au fait qu'un objet n'a pas été intériorisé auquel restent attachés des interdits comminatoires. » Quant à l'opinion publique, ce n'est pas tant en provoquant la honte qu'elle intervient, mais par un savant usage de la carotte et du bâton : « Les graves frustrations infligées à l'individu qui ne s'adapte pas à elle [...]. La menace de honte joue un rôle beaucoup moins important que les récompenses alléchantes qu'offre la société à ceux qui satisfont ses aspirations. »

L'étude comparative permet d'aboutir à deux conclusions. La première est qu'il convient de manier avec prudence des concepts tels que honte et culpabilité. La seconde est que les liens identificatoires du sujet à sa communauté, quelles que soient leurs formes, provoquent la même peur de coupure. La peur de castration, ici, c'est d'abord, sans nul doute, l'angoisse d'être coupé de sa communauté.

Signalons que dans les sociétés hors modernité le statut particulier reconnu par la communauté à un enfant à la naissance peut, par la singularité d'une enfance qui se déroule dès lors dans une certaine mesure à l'écart des autres enfants, organiser la personnalité sur un mode plus autonome [24]. On pense ici à ce qu'on a nommé, dans nos sociétés, le « drame du surdoué » qui singularise très tôt un enfant, construisant une sorte de chimère à partir d'une hyperautonomie cognitive et d'une immaturité psychoaffective.

---

23. *Ibid.*, p. 437.

24. Don C. TALAYESVA, *Soleil Hopi*, Plon, Paris, 1959, préface de Claude Lévi-Strauss (rééd. : Pocket, Paris, 2002).

Petite enfance et politique

Le temps viendra où l'on comprendra mieux que les cultures et, par elles, les formes de la politique elle-même s'enracinent dans la petite enfance, laquelle est vécue de façon différente selon les pays.

Les rapports à l'autorité dans les cultures hors modernité ne sont pas univoques. Le sujet adulte est d'autant plus soumis à l'autorité de sa communauté qu'il s'est trouvé brutalement isolé, séparé d'elle, aux moments cruciaux de son enfance. Tel est le cas de l'enfant hindou traditionnel. Par contre, le jeune Dogon qui a vécu toute son enfance à l'intérieur d'une communauté de classe d'âge reste suffisamment indépendant de l'autorité sociale pour que celle-ci soit contrainte de dévoiler ce qu'elle permet habituellement de cacher. À savoir que, derrière elle, se dissimulent des rapports sociaux de pouvoir, avec sanctions et récompenses. Mais cette relative indépendance de l'individu par rapport à l'autorité ne signifie nullement l'engagement dans la voie de l'individuation psychique : en cas de tension intérieure, le Dogon appelle à lui ses pairs et se réfugie dans l'identité d'une fusion partagée avec eux.

Par ailleurs, ce qui a été demeure à jamais, au moins en partie. L'enfant occidental passe, lui aussi, par la phase de l'archaïsme 1 (fusion). Que cherchent les milliers de participants en transe d'une *rave party* et les dizaines de milliers de spectateurs d'un match de football — et sur un versant plus agressif les hooligans —, sinon à se décharger, un moment, d'une identité individuelle trop lourde à porter avec ses conflits et ses contradictions ? La fusion collective de l'immense et étourdissant cri poussé en commun, à chaque fois qu'un but est marqué, les libère de la modernité, dans un temps qui se situe hors le temps puisqu'il rejoint, à notre sens, la chasse collective des premiers temps de l'humanité [25].

L'individuation psychique et l'intériorisation des liens sociaux et des instances parentales — laquelle réclame une famille « réduite » qui intensifie les affects — sont des phénomènes sociologiquement récents en Occident. L'historien Alain Lottin a retracé l'existence de l'ouvrier Pierre-Ignace Chavatte, qui vivait à Lille dans la seconde moitié du XVIIe siècle. Son identité

25. Gérard MENDEL, *La Chasse structurale*, *op. cit.*

psychologique procédait moins de lui-même que de l'atelier, la rue, le cabaret, l'église paroissiale ; il voyait le surnaturel intervenir à chaque instant autour de lui, au point de s'écrier « Dieu a bien travaillé » quand la récolte était bonne [26]. Ce n'était certes pas l'amour de ses images parentales faiblement intériorisées qu'il craignait de perdre. Où se situait l'autorité pour lui, sinon dans les liens sociaux qui avaient fabriqué son identité et qui constituaient en permanence un psychisme extérieur à sa personne ?

En définitive, il ressort des chapitres concernant les rapports de la société et de l'autorité, que la commande de cette dernière se situe de manière différente à l'intérieur de la modernité et hors modernité. Dans le premier cas, et d'autant plus quand on se rapproche de la période contemporaine, la société agit indirectement sur l'individu par l'entremise des instances endopsychiques auxquelles elle a contribué à donner forme. Plus nous sommes proches de notre époque, et plus l'autorité agit du dedans, depuis l'intérieur du psychisme de chacun. Pour les sociétés hors modernité, le scénario général et quasi universel est celui où le principe communautaire fonctionne comme schéma politique. Les rapports communautaires familialistes non seulement fonctionnent, comme il est dit habituellement, comme rapports sociaux, mais ils représentent également une part importante de l'appareil psychique de l'individu, située à l'extérieur de l'individu. De plus, et corrélativement, il n'existe pas d'images parentales inconscientes, refoulées, ou celles-ci sont réduites au minimum.

L'une des difficultés de l'anthropologie générale est que, par définition, travailler dans cette dimension, c'est se refuser à isoler les éléments qui la composent ou à esquiver les questions embarrassantes qui peuvent naître. Or, en filigrane derrière les thèmes abordés dans ce chapitre, un problème majeur se dessine. La perspective d'un endopsychisme qui apparaîtrait seulement avec la modernité oblige à affronter une interrogation théorique de fond : le refoulement et l'inconscient qui en est le produit sont-ils universels comme Freud, ainsi que les psychanalystes actuels, le pensent ? La thèse selon laquelle les fonctions du psychisme seraient assurées dans leur majeure partie par les

26. Alain Lottin, *Chavatte, ouvrier lillois, un contemporain de Louis XIV*, Perrin, Paris, 1983.

liens sociaux communautaires dans les sociétés hors modernité oblige absolument à donner une réponse négative à cette interrogation. C'est là une éventuelle révision significative de la théorie psychanalytique, puisque, pour Freud, le refoulement (l'inconscient) représente l'un des piliers de la psychanalyse.

11

L'autorité et la première modernité : Athènes, Vᵉ siècle avant J.-C.

« L'univers entier est la patrie d'une âme honnête. »

DÉMOCRITE

« La famille (*genos*), telle que l'ont connue d'abord les Grecs, est un groupe étendu. Il garde son autonomie ; il a son chef, son culte, son administration, sa justice. Cette indépendance politique a pour condition l'indépendance économique. L'économie familiale est presque exclusivement pastorale et agricole [1]. »

Gustave GLOTZ

Périclès exerce le pouvoir suprême à Athènes de 450 à 429. Son nom et sa gloire sont bien connus, mais il n'est que les historiens spécialisés pour connaître le nom de Clisthène, pourtant, selon Aristote, le vrai fondateur de la démocratie. Périclès, qui

1. Gustave GLOTZ, *Le Travail dans la Grèce ancienne*, Alcan, Paris, 1920. Dans ce livre, l'auteur étudie, sous l'angle du travail et de l'économie, la sortie de l'individu de l'orbite familiale. Trois ans plus tôt, Louis Gernet avait approfondi le même thème, mais dans la perspective de l'évolution du droit grec antique (*Recherches sur le développement de la pensée juridique et morale en Grèce*, rééd. Albin Michel, Paris, 2001).

est son petit-neveu, gouvernera dans le cadre de la constitution clisthénienne.

L'opposition au familialisme politique fait naître la démocratie

À Athènes en 507-506, Clisthène met en place une réforme politique de grande ampleur. Cet événement qui, à notre sens, est le coup d'envoi de la modernité, se marque par une rupture explicite avec la tradition du familialisme politique. L'important, alors, n'est pas tant, avec les historiens, de considérer cette rupture comme une composante parmi d'autres d'un ensemble ou seulement l'élément déclenchant, mais de voir en elle le vrai facteur matriciel qui commande à tous les autres. Eric Dodds rappelle que Gustave Glotz, dans son livre *La Solidarité de la famille en Grèce*, avait montré que « la libération de l'individu des liens du clan et de la famille est une des principales réalisations du rationalisme grec, et une réalisation dont le mérite revient à la démocratie athénienne [2] ». Pierre Levêque et Pierre Vidal-Naquet, dans un livre de fond sur la réforme clisthénienne [3], usent à plusieurs reprises du terme de « révolution » pour en marquer l'importance décisive. Mais si, pour eux, la rupture avec le pouvoir des grandes familles va modifier la base électorale sur laquelle s'appuie Clisthène, il n'apparaît pas que, plus fondamentalement encore, elle porte atteinte à une matrice anthropologique — le familialisme comme forme universelle de socialité —, dont seule la prise en compte permet de considérer cet événement de première grandeur dans son unité, malgré le polymorphisme de ses manifestations.

À ce moment, et sans doute pour la première fois dans l'histoire humaine, se voit contré structurellement le schéma autoritaire de type familialiste qui avait jusque-là toujours prévalu, celui d'une communauté ordonnée selon la généalogie et un ordre hiérarchisé de rapports interpersonnels. Tel est pour nous le lien à base anthropologique qui unit les sociétés sans écriture

---

2. Eric R. Dodds, *Les Grecs et l'Irrationnel*, *op. cit.*, p. 44.

3. Pierre Levêque et Pierre Vidal-Naquet, *Clisthène l'Athénien. Sur la représentation de l'espace et du temps en Grèce de la fin du vɪᵉ siècle à la mort de Platon*, Annales littéraires de l'université de Besançon, 1964 (rééd. : Macula, Paris, 1992).

et structurées par les rapports de parenté avec les grands empires dynastiques de l'Antiquité. Avec Clisthène, pour la première fois, la communauté devient société. Une telle affirmation nécessite d'être argumentée. Rappelons que, pour nous, les termes et leur référent — le *genos* — de familialisme, de communauté, de tradition sont largement équivalents. L'entité polymorphe que représente la communauté impose sa puissance aux individus sous la forme de l'autorité.

Commençons par indiquer les aspects les plus manifestes de la révolution clisthénienne, ceux de l'entrée dans la démocratie politique. Clisthène a pris le pouvoir en s'appuyant sur le *demos* (qui a donné le mot « démocratie »), le peuple. Athènes bénéficie alors d'une remarquable expansion économique dont le peuple (constitué d'artisans, de petits industriels, de commerçants, de petits propriétaires, de tenanciers), ainsi limité au *demos*, est l'acteur. Clisthène grossira cette clientèle politique en introduisant dans le corps civique un certain nombre d'étrangers et d'esclaves domiciliés en Attique.

Il est nécessaire, ici, d'entrer dans le détail si l'on veut qu'apparaisse comment un nouveau dispositif politique, qui exprime, à ce moment, la vérité de rapports économiques eux-mêmes nouveaux, va modifier, de proche en proche, les systèmes culturels de représentation de la réalité sociale et même naturelle. Clisthène détruit l'espace civique qui était jusque-là fondé sur l'ordre généalogique et la transmission familiale des possessions agricoles ; un ordre qui commande également à l'obtention des sacerdoces. Et il le reconstruit selon un nouvel ordre, qui répond à l'économie urbaine, à l'industrie et au commerce, à la laïcisation d'un espace politique jamais encore apparu comme tel.

La carte politique de l'Attique se voit redessinée. Elle est maintenant composée de cent *dèmes*, qui constituent des unités de base. Les unités ne correspondent plus aux grandes familles aristocratiques, mais sont chacune composées de trente *trittyes* homogènes, dix de la ville, dix de la côte, dix de l'intérieur. Ces *trittyes* sont regroupés en *tribus* : « Chaque tribu est formée de trois *trittyes* appartenant aux trois secteurs [4]. » Dèmes, trittyes, tribus. Mais la côte ou l'intérieur ne constituent pas des ensembles d'un seul tenant. Dès lors, c'est « la ville qui forme le cœur homogène de l'Attique ». Une prime politique décisive est

4. *Ibid.*, p. 15.

ainsi accordée aux forces économiques en expansion, au détriment du *genos* aristocratique. « Il n'y a plus désormais de place pour les vieux partis régionalistes du milieu du VIe siècle. Une telle réforme tire logiquement les conséquences de deux siècles au moins d'évolution de la *polis*. » Durant les deux siècles suivants, cette nouvelle géographie politique va constituer le cadre politique de l'Attique. Un demi-siècle après Clisthène et dans le cadre mis en place par celui-ci, Périclès conduira la grande période créatrice de la civilisation grecque.

Dans la période préclisthénienne, « l'équilibre entre les grandes familles est l'équilibre de la cité ». L'aristocratie gouverne. Sa base sociale est constituée des propriétaires des grands domaines agricoles — le *genos* —, dont le pouvoir politique se transmet non certes par des élections, mais selon l'ordre généalogique. Ainsi, de manière explicite, le familialisme était pour l'oligarchie des grands propriétaires terriens au cœur même du fonctionnement politique de la cité. Aristote écrit de Clisthène : « Il rendit concitoyens de dème (démotes) ceux qui habitaient dans chaque commune (dème), cela pour les empêcher de s'interpeller par le nom de leur père et de dénoncer ainsi les nouveaux citoyens [5]. » Levêque et Vidal-Naquet notent, pour ce qui demeure du passé au sein de la révolution clisthénienne, la « persistance de l'esprit aristocratique et des traditions familiales ». Le thème de la famille est donc partout présent dans les textes, mais sans qu'il soit creusé jusqu'à ses couches profondes. Bien évidemment, nous ne nommons pas ici « familialisme » ce qui serait le simple attachement affectif à sa famille, mais bien l'organisation de la société selon l'ordre familial.

Avec Clisthène, tout a changé. Les conflits sociaux, les contradictions économiques, les oppositions politiques : tout est mis à nu au cours des discussions publiques sur l'agora, auxquelles l'ensemble des citoyens peut participer. La régulation des dissensions est assurée par la publicité des débats : elle permet la présentation de plusieurs scénarios de réponse aux problèmes, suivie d'un vote majoritaire pour la prise des décisions et de la désignation, pour une durée limitée, de responsables nommés, selon les postes, ou bien par le vote ou par le tirage au sort. Telle est la démocratie politique directe introduite par Clisthène.

5. ARISTOTE, *Constitution d'Athènes*, XXI, 4.

Un bouleversement de fond : mais où est le fond ?

Le fond de ce bouleversement se situe pour nous très au-dessous de la dimension politique. Nous nous éloignons ici de Levêque et Vidal-Naquet pour qui « l'essentiel de la révolution clisthénienne se trouve dans une participation de type nouveau du *demos* au fonctionnement des institutions [6] ». Pour nous, s'attaquer à l'organisation familialiste de la *polis*, c'est, à l'insu des acteurs, intervenir sur une structure anthropologique de base, celle du schéma psychofamilial.

Ici, comme dans toutes les formes de communautés, ce schéma commandait aux rapports sociaux. Un même système patriarcal régissait hiérarchiquement l'Olympe — avec Zeus comme père —, la famille — avec le pouvoir du père et des fils aînés — et, plus à l'extérieur, la société. Cet ordre traditionnel commençait certes à s'affaiblir, mais l'autorité — c'est-à-dire l'incontesté, ce à quoi l'on obéit sans explication, sans justification, sans discussion — continuait de fonder le lien social. Avec Clisthène, quand, au plus haut niveau de la société, tout devient publiquement contesté, discuté, quand le politique, pour être décidé et accepté, demande justification, explication, argumentation, alors c'est l'entier système des représentations issues du schéma psychofamilial qui est atteint.

La trame de l'exopsychisme social des individus se tisse alors avec des fils dont la nature est devenue différente, car procédant d'autres ressources, d'autres fondements anthropologiques que le schéma psychofamilial. Ces ressources sont, à notre sens, celles déjà en usage à Athènes, avant Clisthène, dans les rapports touchant à la dimension économique et qui vont pouvoir maintenant être travaillées et exploitées « en grand » dans le cadre de la nouvelle organisation politique. Sans qu'il soit possible de développer ce point dans un livre centré sur l'autorité et non sur la démocratie, les deux ressources anthropologiques qui, pour nous, vont fonder les nouvelles valeurs sociales sont l'actepouvoir et le vouloir de création. Rappelons brièvement le contenu que nous mettons dans ces deux concepts, en nous limitant à la situation créée par Clisthène.

Actepouvoir : la loi ouvre maintenant le droit pour les acteurs du changement économique de s'approprier le pouvoir de leurs

6. Pierre Levêque et Pierre Vidal-Naquet, *Clisthène l'Athénien*, *op. cit.*, p. 45.

actes non plus seulement au plan économique, mais dans la dimension politique et sociale. *Vouloir de création* : à présent que le changement se voit reconnu pour l'élément moteur de l'économie de la cité — à la place de la production agricole se répétant semblablement selon les cycles saisonniers immuables —, la capacité de création des individus se trouve sollicitée en permanence. Perfectionnement des techniques, floraison artistique, réflexion de nature scientifique : c'est dans le cadre de la constitution clisthénienne qu'Athènes verra naître et se développer son « siècle d'or ».

Sur ces deux ressources anthropologiques, citons Périclès. *Actepouvoir* : « Nous intervenons tous personnellement dans le gouvernement de la cité au moins par notre vote. » *Vouloir de création* : « Un homme de chez nous sait trouver en lui suffisamment de ressources pour s'adapter aux formes d'activité les plus variées, et cela avec une puissance de séduction et une aisance sans égales. » La « tradition du nouveau [7] » est née il y a deux mille six cents ans, et non à la fin du XIXe siècle.

Je voudrais insister ici sur le fait que, avec une rapidité stupéfiante, en quelques années, le travail conjoint des forces politiques et économiques sur ces deux ressources anthropologiques va faire bien plus que modifier l'ancien système des représentations : il lui substitue un autre système. Bien entendu, il faut prendre en compte les effets en retour sur les forces sociales et économiques des ressources anthropologiques ainsi appelées, travaillées, mobilisées, modelées. Avec un moteur nouveau, la dynamique mise en œuvre est devenue d'une nature différente. C'est seulement dans le cadre d'une explication unitaire — la transformation d'une partie du schéma anthropologique — qu'il est possible de rendre compte du constat des historiens : la mutation survenue est « d'une importance tellement capitale qu'elle formait en quelque sorte écran entre les Athéniens et leur passé lointain qui leur était difficilement compréhensible [8] ».

En effet, beaucoup a changé. L'espace et le temps connaissent de nouvelles représentations. La politique et la religion, jusqu'alors intriquées dans la représentation de l'espace, se voient, au sens littéral, dissociées dans une figuration extérieure

---

7. Harold ROSENBERG, *La Tradition du nouveau* (1959), Minuit, Paris, 1962.
8. Pierre LEVÊQUE et Pierre VIDAL-NAQUET, *Clisthène l'Athénien*, *op. cit.*, p. 27.

matérielle, visible. Un espace politique laïque est créé, délimité, entouré de bornes, circonscrit : c'est l'agora. De plus, « toute la zone civique de la ville est remodelée tant par des constructions neuves sur l'agora que par la création d'une aire de réunion sur le Pnyx ». Cette laïcisation va si loin que des lieux de culte religieux sont maintenant utilisés à des fins profanes comme salles de séances.

Cette laïcisation concerne également la représentation du temps, qui cesse d'être organisé selon le calendrier religieux (lunaire) pour devenir le support des manifestations civiques, dans le cadre d'une année de 360 jours. La numération elle-même se trouve modifiée. Douze était le nombre des dieux principaux du panthéon hellénique et le chiffre des mois du calendrier religieux. « Choisir le nombre dix, c'était incontestablement rompre avec une tradition sacrée, à la fois ethnique et religieuse [9]. » Le système décimal était déjà celui employé dans la vie courante, profane, commerçante, et dans l'écriture. Plus prosaïquement encore, c'est privilégier la réalité la plus matérielle, immédiate, sensible, celle des dix doigts de la main sur lesquels on compte.

Ainsi, le temps, l'espace, l'urbanisme, la numérotation n'expriment plus l'immatérialité métaphysique de la dimension religieuse, mais la matérialité la plus concrète des réalités quotidiennes. Ou dit autrement : une vision plus objective des réalités se substitue au système que la subjectivité familialiste formalisait, celui d'un même système patriarcal régnant hiérarchiquement dans l'Olympe, dans la société et dans la famille. Le pouvoir social se transmettait par succession comme le patrimoine, le fils aîné succédant au père.

9. *Ibid.*, p. 98.

L'interjeu des acteurs de la modernité

> « Parce que notre régime sert les intérêts de la masse des citoyens, et pas seulement d'une minorité, on lui donne le nom de démocrate. Nous sommes en effet les seuls à penser qu'un homme ne se mêlant pas de politique mérite de passer non pour un citoyen paisible, mais pour un citoyen inutile. »
>
> PÉRICLÈS

Rappelons quels sont, pour nous, les trois acteurs génériques de la modernité : *demos, ego, ploutos*. Voyons ce qu'il en est d'eux ici, et de leurs rapports. Puis nous examinerons les formes sous lesquelles la contre-modernité du *genos* va se manifester. Répétons qu'il s'agit d'une simple grille de lecture pour un domaine qui appartient *de facto* aux historiens spécialisés.

Tout d'abord, quel est l'ordre des préséances entre les trois acteurs ? Manifestement, *ploutos* — entendu au sens large de la production de biens économiques — a ici prévalu. À l'origine, au VIe siècle, à Athènes, des producteurs privés — cette « foule de charpentiers, de cordonniers et de foulons » dont Xénophon parle avec mépris — développent une économie urbaine. La construction des bateaux, la céramique exportée en grande quantité, l'artisanat, le commerce devenu méditerranéen deviennent une source de richesse en expansion rapide. Récemment, la question du statut de cette production a été reprise par Albert Bresson insistant, contre Karl Polanyi, qu'avait relayé Moses Finley, sur le rôle du marché de l'offre et de la demande dans la Grèce du Ve siècle [10]. Mais le marché ne fait pas à lui seul le capitalisme et la phrase de Pierre Vidal-Naquet ne laisse guère place à l'équivoque : « Non, l'Antiquité n'a pas connu le capitalisme [11]. »

Le problème, ici, est de reconnaître que la forme particulière prise par l'économie nouvelle à Athènes, et son importance rapidement croissante, a été le moteur du changement. Peut-on aller plus loin ? D'où peut venir cette incroyable nouveauté au cœur de l'esprit du *demos* et de toute démocratie politique, à savoir l'égalité entre les citoyens, ceux-ci fussent-ils une minorité à

---

10. Albert BRESSON, *La Cité marchande*, Ausanius, Paris, 2000.

11. Pierre VIDAL-NAQUET, préface à Moses FINLEY, *Démocratie antique et démocratie moderne*, Payot, Paris, 1976, p. 13.

Athènes devant le nombre des femmes et des esclaves ? Trois facteurs peuvent avoir concouru, dont l'un au moins appartient à la dimension économique. En effet, si l'offre et la demande jouent ce rôle important qu'Albert Bresson souligne, une telle régulation des échanges signifie fondamentalement que, sur un marché devenu concurrentiel, l'acheteur acquiert la liberté de son achat. On est sorti de la redistribution discrétionnaire des sociétés orientales et des conventions traditionnelles des latifundaires. Le premier homme libre le fut sur un marché.

Les deux autres facteurs qui introduisent à l'égalité politique furent la nécessité de créer du lien social sur un autre mode que celui contre lequel on s'opposait. Clisthène ne pouvait à la fois s'appuyer sur les classes économiques montantes et reprendre le principe de base qui faisait lien pour la classe adversaire : la hiérarchie inégalitaire [12]. Or, c'est là notre thèse, ce principe formait un tout insécable à partir du noyau familialiste : intrication du politique et du religieux, défense de l'immuabilité de la tradition, autorité communautaire, ordre hiérarchique des générations. Il ne s'agissait pas seulement d'asseoir une base électorale : il fallait créer du lien social à l'intérieur de cette nouvelle base.

Un ordre censitaire avec une différenciation selon la richesse n'était guère envisageable, car il aurait introduit un facteur de discorde à l'intérieur de la base même où il fallait, en ce moment plus qu'en tout autre, développer cohésion, coopération, solidarité, face à l'adversaire conservateur et face, aussi, à l'immense foule des exclus (les esclaves trois fois plus nombreux que les 30 000 citoyens qu'évoque Aristote, et les femmes). Il fallait compter aussi avec l'élément d'instabilité dû au trouble intérieur des participants, des membres du *demos* lui-même, devant des changements aussi radicaux : un trouble dont la tragédie grecque porte témoignage, on y reviendra (voir *infra*, chapitre 18).

Cette « excellence du droit égalitaire », qu'Hérodote place à l'origine de la « pleine prospérité » d'Athènes à l'époque dont nous parlons, représente le troisième des facteurs poussant au

12. La nouvelle géographique politique et l'adaptation des institutions ne doivent pas être confondues (*cf.* Pierre Levêque et Pierre Vidal-Naquet, *Clisthène l'Athénien*, *op. cit.*, p. 47). Les secondes sont venues, comme disent les deux historiens, « à la suite logique de la grande réforme ». Mais celle-ci n'est pas tombée du ciel : Clisthène vécut longtemps en exil ; or, les colonies grecques en Méditerranée constituaient à l'époque un riche laboratoire d'expérimentations politiques.

choix de l'égalité politique. Son efficacité avait été prouvée aussi bien dans la régulation des échanges marchands qu'à la guerre : « Dans la cité aristocratique, elle est en germe à partir du moment où la phalange des hoplites — où chaque soldat en vaut un autre — a succédé au combattant homérique [13]. » La nouvelle armée des citoyens allait être très souvent victorieuse : « Gouvernés par des tyrans, les Athéniens n'étaient supérieurs à la guerre à aucun des peuples qui habitaient autour d'eux ; affranchis des tyrans, ils passèrent de beaucoup au premier rang », continue Hérodote, pour conclure : « Une fois libéré, chacun trouvait son propre intérêt à accomplir sa tâche avec zèle [14]. » Mais, et ici nous entrons dans la dimension d'une anthropologie générale, il n'aurait pas suffi d'inverser le principe familialiste pour construire *ex nihilo* un autre principe d'ordre. Encore fallait-il pouvoir nourrir celui-ci à partir de ressources anthropologiques, développables socialement, celles que nous situons au niveau de l'actepouvoir et du vouloir de création.

Nous venons de voir les développements concernant *ploutos* et *demos*. Quant à *ego*, qu'en est-il ? Il paraît concevable qu'au vᵉ siècle ait débuté un processus de formation d'un endopsychisme, avec une première forme qui aurait ultérieurement tourné court. Les thèmes de la tragédie grecque ne reflètent pas seulement le conflit entre la *philia* et l'agora, entre deux systèmes de valeur, familialisme ancien et esprit civique nouveau, conflit dont Antigone est l'héroïne exemplaire. Ils concernent chaque spectateur en son for intérieur. La relation qui sera celle de Socrate à son *daimon* concerne manifestement une intériorité. Socrate se tient à l'écoute de celle-ci tout autant qu'il poursuit un raisonnement dans sa tête lorsque, immobile dans la rue pendant de longs moments, ainsi que le montre le début du *Banquet*, il s'absente en esprit du monde.

D'une manière plus générale, et touchant alors tout un chacun, il n'est guère pensable que ne soit pas construite une certaine forme de vie intérieure par le dialogue obligé avec soi, par la scrutation des émotions ressenties, par la recherche sur les causes profondes du trouble éprouvé — chez les individus de cette époque mouvementée que conduisent maintenant l'intérêt propre, le sentiment d'une responsabilité personnelle, et dont les

13. Pierre LEVÊQUE et Pierre VIDAL-NAQUET, *Clisthène l'Athénien*, *op. cit.*, p. 31.
14. HÉRODOTE, *Histoires*, Éditions P. E. Legrand, Paris, rééd. 1956-1965, V, 66.

choix, du plus simple à ceux décisifs portant sur la guerre ou la paix, ne sont plus dictés seulement par la tradition. Quand le système des représentations individuelles change aussi radicalement que nous venons de le rappeler, croit-on que l'individu ne commence pas à devenir attentif à ce qui, en lui, bouge, se transforme, entre en conflit ?

Concluons sur deux points ce bref tableau de ce qui peut apparaître comme la première modernité. Le premier porte sur la modification du rapport entre objectivité et subjectivité ; l'autre, lié au précédent, concerne les formes prises par la contre-modernité.

Quant au premier point, tous les traits de la révolution du ve siècle sont marqués d'une plus grande objectivité. Le nouveau système de valeurs ne se fonde ni sur une transcendance religieuse, ni sur un temps cyclique, ni sur une autorité qui, face à une Histoire maintenant en mouvement, reproduirait immuablement la hiérarchie des générations. Quand la communauté se divise en catégories sociales dont les intérêts s'opposent de manière évidente, le clanisme et le clientélisme liés au familialisme politique ne parviennent plus à occulter la vision de ce que serait l'intérêt général. Plus les intérêts divergent, et plus le pouvoir social serait contraint pour se maintenir de nier des pans entiers de la réalité.

La démocratie politique, telle qu'elle est apparue il y a vingt-six siècles, permet, au contraire, la mise en lumière des problèmes de la cité. Ses procédures vont toutes dans le sens d'une meilleure connaissance de ceux-ci : le droit à la parole pour toutes les catégories sociales ; l'expression des conflits et la publicité qui lui est donnée ; la mise en commun de la réflexion par la discussion contradictoire ; la reconnaissance du pluralisme des opinions ; la régulation collective avec des règles strictes et reconnues : égalité politique, vote majoritaire, tirage au sort, rétribution de certaines charges civiques afin que les individus de condition modeste ne se trouvent pas exclus. Tous ces éléments vont manifestement dans le sens d'une plus grande objectivation du réel.

La première contre-modernité

> « Ces aspirations [de Platon] sont à la fois le fruit et le symptôme de l'esprit tribal disparu. On y trouve comme un appel à tous ceux que les tensions de la civilisation font souffrir. »
>
> Karl POPPER

Pour l'être humain, le réel se présente avec deux visages. L'un apparaît dans le cours du rapport objectif à la réalité, en particulier dans l'acte. L'autre est celui que la subjectivité prête au réel. Considérer le familialisme comme une matrice anthropologique implique que les illusions de la subjectivité nées ainsi devront nécessairement trouver à s'exprimer. La plus grande des illusions serait de croire à la possibilité d'une transparence possible du réel. Nous tenons si fort à nos illusions que ce n'est jamais pour s'en féliciter que l'on déclare « avoir perdu ses illusions », même quand notre intérêt objectif n'en est que mieux assuré. On peut comprendre qu'il n'est pas de mouvement historique contre la tradition, pas de poussée de la modernité, sans que la partie de la subjectivité nourrie par le familialisme ne se manifeste dans une réaction antimoderne.

En politique, dans l'Athènes du ve siècle, à la démocratie se sont opposées les forces de l'aristocratie. Mais c'est au plan culturel que les traces du combat contre la démocratie sont les plus aisément reconnaissables aujourd'hui. La *République* de Platon représente l'une des expressions doctrinales parmi les plus raides de l'autorité que l'on n'ait jamais connues, et Karl Popper a écrit des pages très argumentées sur le sujet [15]. Le chapitre 7 de *La Société ouverte* (intitulé « Le principe d'autorité ») est consacré à la mise en évidence de ce principe au cœur de la pensée platonicienne, principe dont Popper fait une critique serrée. Les pièces d'Aristophane, malgré un certain confusionnisme idéologique qui fait de Socrate, dans *Les Nuées*, un sophiste, sont elles aussi parfaitement explicites dans leur refus de la modernité politique. Popper caractérise ce qu'il nomme la « réaction antidémocratique » par la devise du « retour à l'État paternel », à l'origine du mot patriote, « un patriotisme exploité

15. Karl POPPER, *La Société ouverte et ses ennemis*, tome 1, *op. cit.*

pour mieux livrer leur ville à l'ennemi et obtenir son appui contre les démocrates » (p. 150).

La contre-modernité aura lutté sous la bannière de l'autorité traditionnelle. Les deux grands représentants idéologiques de la modernité que sont Anaxagore et Protagoras seront proscrits. La *République* de Platon prône le retour à la communauté ; plus fondamentalement encore, Platon récuse le monde concret, matériel, visible, le monde des sens et du corps, du travail, de la production, des échanges, de l'observation, le monde marchand et des pratiques de métier ; en définitive, il refuse l'épreuve de réalité avec des enjeux soumis à évaluation. Il met en avant un monde philosophique qui se définit comme en tous points le contraire du précédent : le monde des Idées. Sa démarche va à l'opposé du processus d'objectivation de la modernité.

Le procès de Socrate, en 369 avant J.-C., ne se situe pas complètement à l'intérieur de ce schéma. Sa condamnation n'est pas liée directement aux luttes politiques (il est condamné dans un régime redevenu démocratique après la tyrannie des Trente). Socrate revendique pour l'individu le droit au libre examen critique de tous les aspects de la vie humaine, y compris celle en société ; il croit au progrès moral par l'exercice de la raison, et non seulement par l'obéissance à la tradition. Il est accusé de pervertir la jeunesse au nom de ces divinités nouvelles que sont pour lui les droits de l'individu, et ainsi d'affaiblir la communauté, de ruiner la tradition, de détruire la famille.

On lui reproche en définitive de rendre impossible l'exercice de l'autorité puisque, avec lui, rien n'est assuré de ce que l'on croyait certain, tout doit faire objet de discussion, et de tout l'on doute. Socrate représente l'anti-autorité en personne ; il se situe à l'exact opposé du « On ne discute pas, c'est comme ça ». Il est celui qui interpelle les inconnus dans la rue et leur dit : « Arrête-toi, passant mon ami, et explique-moi donc ce qu'est beauté, bonté, justice, courage, amour. » Pour laisser aller finalement le pauvre homme, dépouillé de ce qu'il croyait le mieux assuré en lui. Cette mise en avant de la réflexion individuelle et, plus encore, l'écoute de sa propre intériorité par Socrate, dans cette sorte d'*insight* qui lui donne à percevoir, à l'intérieur de lui, l'action d'un *daimon*, nous paraissent de bons indices, au niveau alors d'*ego*, d'un début d'intériorisation des relations sociales, d'un commencement de l'individuation psychique.

Refuser de croire que puisse advenir la transparence du monde social ou naturel ne signifie pas que l'objectivation de notre rapport au réel ne saurait grandir et s'étendre. Bien mieux que l'allégorie platonicienne de la caverne, le mythe d'Épiméthée cher à ce contemporain de Périclès que fut celui pour qui « l'homme était la mesure de toutes choses », le sophiste Protagoras, mérite attention. L'homme y est représenté comme un animal désarmé et incomplet qui ne peut se réaliser que grâce à la culture et à la société. Quand Platon, son adversaire politique, fait dialoguer Protagoras avec Socrate, le sophiste défend énergiquement l'égalité politique : « Voilà donc, Socrate, comment et pourquoi principalement les Athéniens, quand ce qui est en question est un mérite de charpentier ou de tout autre professionnel, ne donnent qu'à un petit nombre de gens le droit de donner leur avis, et, s'il se trouve en dehors de ce petit nombre quelqu'un pour vouloir le donner, ils ne le supportent pas [...]. Mais qu'ils en viennent à une consultation relative au mérite dans l'ordre social, consultation roulant tout entière sur la justice et sur la sagesse pratique, alors c'est avec raison qu'ils le supportent de la part de tout homme sans exception, dans la pensée qu'à chacun il appartient d'avoir part à ce mérite-là au moins, faute de quoi il n'existe pas de cités [16]. »

16. PLATON, « Protagoras », *in Œuvres complètes*, tome 1, « La Pléiade », Gallimard, Paris, 1971, p. 91.

12

L'autorité et la deuxième modernité : la République romaine

> « En toutes circonstances, les ancêtres représentent l'exemple de la grandeur pour chaque génération successive ; ils sont les *majores*, les plus grands. »
>
> Hannah ARENDT

La modernité serait donc née à Athènes au Ve siècle avant J.-C. d'une attaque frontale contre le familialisme politique, alors représenté par les propriétaires fonciers des grands domaines agricoles de l'Attique, détenteurs d'un pouvoir qui associait le politique et le religieux. Probablement inspirée par l'expérience de certaines des colonies grecques de la Méditerranée, la réforme de Clisthène substitue l'expression politique des catégories socioéconomiques nouvelles à une idéologie communautariste et élitiste, soumise à la tradition, hiérarchisée selon les appartenances familiales et la succession des générations. L'élan est donné à ce qui va spécifier notre civilisation, à savoir, contre la tradition, une formidable libération collective des énergies (actepouvoir) et de l'invention individuelle (vouloir de création). La réforme de Clisthène ne crée pas seulement les conditions de la démocratie politique, elle ouvre le chantier de la modernité.

Dans une suite de réactions en chaîne, le système de l'autorité familialiste, touché jusqu'à sa matrice anthropologique, est mis de côté, remplacé. La démocratie directe s'invente des institutions, des procédures, des valeurs, à l'intérieur d'une logique antinomique du principe d'autorité. Il s'agit d'une révolution touchant la totalité de la dimension humaine à l'intérieur des conditions socioéconomiques de l'époque ; elle ne met pas en œuvre la terreur qui accompagnera plus tard d'autres changements révolutionnaires.

La démocratie athénienne mourra de ses succès. Son négatif, c'est, en effet, l'impérialisme conquérant, à l'origine de sa richesse économique, mais qui, en moins de deux siècles, avec des flux et surtout des reflux, la mènera à sa perte, au travers de guerres sans cesse reprises. D'abord, contre les Perses, puis contre Sparte, et enfin contre la Macédoine. Au IIe siècle avant J.-C., Athènes passe dans l'orbite de Rome. C'est dans cette dernière ville que le rideau s'est, à cette date, déjà levé pour le deuxième grand moment de la modernité, sous des formes nouvelles. Un moment qui va durer les presque cinq siècles de la République romaine (509-29 avant J.-C.).

Il est plusieurs lectures possibles de l'histoire de Rome. L'intérêt, pour nous, de celle d'Hannah Arendt tient à ce qu'elle place l'autorité au centre de son étude. Nous allons donc présenter cette approche, avant de montrer en quoi, tout en amenant des thèmes importants, elle diffère de la nôtre.

Hannah Arendt et l'autorité

Dans un essai de philosophie historique, Hannah Arendt situe les débuts de la réflexion théorique sur l'autorité dans la Grèce classique et place le lieu de son développement social dans la Rome antique. Après quoi adviennent son dépérissement puis sa mort : « L'autorité a disparu du monde moderne [1]. » Sa thèse ne manque ni de force ni d'arguments. Pourtant on ressent, à la lecture, l'impression curieuse de fouler certes un sol familier, mais si étroitement circonscrit à une seule discipline, l'histoire, que l'aventure de la réflexion s'épuise et finit par tourner en rond.

Hannah Arendt rappelle d'abord que le mot *auctoritas* — qui a donné *auctor* : auteur — dérive du verbe *augere* : « augmenter ». « Ce que l'autorité, ou ceux qui commandent augmentent

---

1. Hannah ARENDT, « Qu'est-ce que l'autorité ? », *in La Crise de la culture*, Gallimard, coll. « Idées », Paris, 1972, p. 121.

constamment : c'est la fondation. Les hommes dotés d'autorité étaient les anciens, le Sénat ou les *patres*, qui l'avaient obtenue par héritage et par transmission de ceux qui avaient posé les fondations pour toutes les choses à venir, les ancêtres [2]. » Elle insiste, elle souligne : « L'autorité des vivants était toujours dérivée [...] de l'autorité des fondateurs qui n'étaient plus parmi les vivants. L'autorité, au contraire du pouvoir (*potestas*), avait ses racines dans le passé. » Le point décisif est celui-ci : « Ce passé n'était pas moins présent dans la vie réelle de la cité que le pouvoir et la force des vivants. » La condition pour que l'autorité fonctionne, c'est que, « en toutes circonstances, les ancêtres représentent l'exemple de la grandeur pour chaque génération successive ; ils sont les *majores*, les plus grands ». Manifestement, nous ne sommes plus aujourd'hui dans un tel scénario.

Hannah Arendt entre dans le détail du processus et cite l'historien allemand Theodor Mommsen : « La volonté et les actions du peuple sont, comme celle des enfants, exposées à l'erreur [...] et demandent donc une "augmentation" de la part du conseil des Anciens. » Écartons l'erreur qui consisterait, à cause du mot « enfant », à poser une causalité psychologique à l'origine de l'événement historique. Il ne s'agit ici que de la métaphore familialiste de la naissance de la cité et du rappel des ancêtres morts, qui sont aux vivants comme les parents aux enfants. Nous suivons Hannah Arendt, quand elle estime que la force vive de l'autorité provenait chez les Romains non d'images parentales inconscientes (elle ne fait pas allusion à celles-ci), mais de l'omniprésence de Rome et du mythe de sa fondation dans les institutions sociales, la culture, la langue. Rome, c'est l'*Urbs*, la Ville avec la majuscule qui dit le sacré. Une fois encore, nous prenons appui sur Jean-Pierre Vernant et ce qu'il exprime du caractère extraverti de l'homme de l'Antiquité, avant l'individuation psychique : « L'individu pour s'appréhender regarde vers l'ailleurs, au-dehors [3]. » On peut estimer que l'intériorisation des images parentales reste faible, le rapport à la figure extérieure des parents se situant, pour l'essentiel, dans un lien étroit

2. *Ibid.*, p. 160. Nous avons vu (chapitre 1) que, pour Benveniste, « augmenter » est le sens secondaire et affaibli de *augere*. L'action originelle de *augere* est d'« origine divine ». Il n'y a pas, pour nous, contradiction entre ces deux auteurs dans la mesure où, en effet, Rome a introduit une certaine laïcisation de l'autorité.

3. Jean-Pierre VERNANT, *L'Individu, l'Amour, la Mort*, *op. cit.*, p. 225.

au statut et au rôle de ceux-ci à l'intérieur des rapports sociaux de la cité. Le sentiment d'identité naît et se développe ici, depuis l'extérieur de l'individu.

Il y a là dans le rapport à la Ville, au moins dans les classes privilégiées, une certaine laïcisation de l'autorité, même si Hannah Arendt ne s'engage pas sur cette voie : « Être religieux voulait dire être relié au passé [...]. Le pouvoir de la fondation elle-même était religieux. » La transcendance à prendre en compte dans la formule complète de l'autorité à Rome procède, certes, des dieux qui ont présidé à la fondation de la cité, mais ceux-ci sont maintenant intégrés à la Ville et dépendent d'elle : « Le pouvoir de la fondation elle-même était religieux, car la cité offrait aussi un foyer permanent aux dieux du peuple — autre différence avec la Grèce, dont les dieux protégeaient les cités des mortels et résidaient à l'occasion chez eux mais avaient leur propre séjour, loin des demeures des hommes, sur le mont Olympe [4]. » Les dieux à Rome, moins anthropomorphiques qu'en Grèce et plutôt des puissances impersonnelles, se rapprochent des hommes jusqu'à cohabiter avec eux. Une telle proximité explique sans doute, au long des siècles, la perte progressive de leur transcendance [5].

Hannah Arendt montre de manière convaincante comment, dans l'empire déclinant, une autre « forme » va prendre le relais des dieux dévalués et devenir la source nouvelle (et toujours exopsychique) de l'autorité : « L'héritage politique et spirituel de Rome passa à l'Église chrétienne. » L'interaction est réciproque. Constantin fait appel à l'Église pour assurer à Rome la « protection du dieu le plus puissant » et, de son côté, l'Église se romanise en reprenant à son compte le thème de la fondation, dont elle fait la base de son enseignement : « Elle fait de la mort et de la résurrection du Christ la pierre angulaire d'une nouvelle fondation. »

Le texte d'Hannah Arendt conduit à deux séries de commentaires : l'un sur la place accordée à Rome à l'autorité, et l'autre sur sa thèse générale selon laquelle l'autorité, limitée à cette période, aurait disparu du monde moderne.

Son analyse de l'autorité à Rome nous paraît éclairante, mais par trop exclusive. Elle est éclairante en ce sens que les éléments

---

4. Hannah ARENDT, *La Crise de la culture*, *op. cit.*, p. 160.
5. Gaston BOISSIER, *La Fin du paganisme*, 2 vol., Hachette, Paris, 1909.

qu'elle dégage vont tous dans le sens d'une laïcisation de l'autorité. On a vu que les dieux étaient mis au service de la cité, ils habitaient maintenant celle-ci et non plus l'Olympe. La transcendance sans laquelle il n'est pas d'autorité devient humaine et terrestre, presque immanente, pour se situer là d'où vient la source de tout familialisme, à savoir dans un « avant la naissance » (voir *supra*, chapitre 7) : que cette naissance soit rapportée comme ici à la famille souche fondatrice de la cité (les *patres*) ou que, plus tard, après la formation d'un endopsychisme, elle ait rapport avec les parents intériorisés. À Rome, et Hannah Arendt le décrit avec une grande précision, l'autorité exerce sa puissance sur les individus depuis l'extérieur : institutions, idéologie, etc.

Enfin, troisième élément de cette laïcisation, l'autorité est très peu personnalisée : elle devient cette « majoration » que la sagesse des grands anciens lègue aux générations actuelles. Là nous paraît se situer l'un des grands apports de la civilisation romaine : l'autorité a cessé d'être irrationnelle, elle s'est civilisée. La supériorité politique des Romains sur les Étrusques tenait, en partie, à ce que leur rapport aux dieux n'étaient pas marqués par le sentiment d'une impuissance, comme chez ces derniers. Les Étrusques espéraient seulement parvenir à prévoir la fatalité, d'où le développement des techniques de la divination. Les Romains, pragmatiques en tous domaines, même avec les dieux, leur adressaient des sacrifices selon des rites très formalisés, puis considéraient que la suite dépendait de leurs actes à eux. L'importance des lois et du droit à Rome (le « droit romain ») se comprend à l'intérieur d'une telle idéologie contractuelle : il convient de remplir le contrat avec les dieux, mais il engage les deux parties.

Cette autorité laïcisée, Hannah Arendt lui fait jouer un rôle manifestement trop exclusif dans ce qui a fait la grandeur romaine. Il est une autre lecture de Rome, moins unilinéaire. À Athènes, l'autorité traditionnelle et la démocratie s'étaient opposées dans des luttes frontales — l'oligarchie aristocratique contre le *demos*. Rome, elle, va gérer de manière dynamique la contradiction entre ces deux forces. La lutte entre les grandes familles et la plèbe occupera les cinq siècles de la République. Il est remarquable que, tout au long de ces luttes, les institutions aient été remaniées pour donner leur place aux forces montantes[6]. Qu'il s'agisse de *demos*, des *populares*, qui trouveront leur représentation dans les tribuns de la plèbe (471), ou de l'essai de réforme agraire des Gracques à la fin du IIe siècle avant J.-C. Ou que soit reconnu l'essor de *ploutos* par la création de l'ordre équestre des chevaliers, pour les citoyens enrichis dans les conquêtes militaires de l'impérialisme et regroupés en sociétés de finance[7].

Une autorité laïcisée

La nouveauté de la République romaine — celle qui fonde la spécificité de la deuxième modernité — nous paraît tenir dans cette volonté pragmatique d'intégrer politiquement l'autorité, une autorité laïcisée, dans le jeu institutionnel des grandes catégories socioéconomiques. Dès l'expulsion des Étrusques et de leur roi, dès la fondation de Rome, le sénat, qui représente les grandes familles, détient une partie de l'autorité. Deux consuls sont alors nommés, qui exercent le pouvoir pour un an seulement ; avec, à côté d'eux, un troisième magistrat, le préteur ; le sénat, très puissant, contrôle leur action. Avec cette division du pouvoir politique, nous ne sommes plus ici dans le schéma familialiste, ni non plus dans une opposition frontale à lui, comme avec Clisthène. À Athènes, entre *philia* et *agora*, « c'est le débat contradictoire, et par conséquent division possible, et je dirais même plus, guerre civile possible[8] ». À ces mêmes débuts, la *libertas*, ce concept fondamental pour un Romain de la République, se définit par l'égalité devant la loi des citoyens. On a pu dire que la Rome républicaine associait des formes d'un pouvoir monarchique (les consuls), d'un pouvoir aristocratique (le sénat) et d'un pouvoir populaire (les tribuns du peuple). Il faut y ajouter la reconnaissance institutionnelle de *ploutos*, avec la création de l'ordre équestre des chevaliers.

6. Deux livres complémentaires à ce sujet : Claude NICOLET, *Le Métier de citoyen dans la Rome républicaine*, Gallimard, Paris, 1976 ; et Jean GAGÉ, *Les Classes sociales dans l'Empire romain*, Payot, Paris, 1971.

7. Sur la montée en puissance de *ploutos* tout au long de la République romaine, voir : Jean ANDREAU, *Banque et Affaires dans le monde romain*, Seuil, Paris, 2001.

8. Jean-Pierre VERNANT, *La Volonté de comprendre*, L'Aube, La Tour-d'Aigues, 1999, p. 84.

Il faudra l'immensité des conquêtes, l'usure des pouvoirs, l'attribution élargie de la citoyenneté, le surpeuplement des affranchis et des esclaves à Rome même, l'affaiblissement de la vertu civique (la *virtus*), la pression des envahisseurs barbares aux frontières, pour que meure la République romaine, quand Octave, en 29 avant J.-C., vainqueur en Égypte d'Antoine et de Cléopâtre, revient à Rome. Un nom et un titre seront attribués au neveu de César : le nom d'Auguste qui témoigne d'un caractère sacré et presque divin, et, à la fin de son long règne de cinquante-six ans, le titre de Père de la patrie. Il devient le seul détenteur de l'*auctoritas*. Le deuxième moment de la modernité se trouve définitivement clos, avec l'ordre familialiste qui a ainsi triomphé. Tibère, qui succède à Auguste, puis Caligula et Néron, ses successeurs, marqueront cet ordre de leur pouvoir absolu, avec la perte complète de la *libertas* du citoyen, avant que les prétoriens hissent Claude — simplement parce que, symbole vivant du familialisme social, il est apparenté à Jules César — sur le trône de l'*imperator*.

Nous avons essayé de montrer les enjeux entre *genos, demos, ploutos*. Étant entendu que ce que nous nous nommons ici *demos* n'est pas le peuple, les *populares*, mais le jeu d'institutions politiques créées pour permettre l'expression de toutes les forces. Nous n'avons pas parlé d'*ego*. C'est que Rome, bien davantage qu'Athènes, a investi le monde extérieur, l'action. Les jeux du cirque et les combats de gladiateurs ont remplacé l'introspection du théâtre tragique. Le trouble intérieur des individus, sans doute faudrait-il en rechercher les traces dans les religions orientales qui s'introduisent tardivement à Rome : le culte de Dionysos avec ses cérémonies secrètes, et la religion chrétienne.

Quittons Rome et son histoire pour revenir à Hannah Arendt. Comment caractériser sa conception de l'autorité ? Nous abordons, alors, une seconde série de commentaires.

Pour Hannah Arendt, l'autorité n'aura jamais existé qu'en un moment particulier de l'Histoire. Conceptualisée en Grèce (« jamais d'aussi près que dans La *République* de Platon »), elle a ensuite « joué un rôle décisif dans la vie politique de la République romaine », puis dans le fonctionnement de l'Église — avec, dans les deux cas, la « conviction du caractère sacré de la tradition ». Mais, pour H. Arendt, aujourd'hui tout est changé. Depuis le début du XXe siècle a eu lieu « un effondrement plus ou moins général, plus ou moins dramatique, de toutes les autorités traditionnelles ». Il s'agit là d'une mort annoncée de longue date, puisque « partout où l'un des éléments de la trinité romaine, religion, autorité ou tradition, a été mis en doute ou éliminé, les deux qui restaient ont perdu leur solidité ».

Les conséquences de la « disparition moderne de l'autorité » ne sont pas minces, puisque « sa perte équivaut à la perte des assises du monde ». Pourtant, à la différence d'autres penseurs nostalgiques du passé, Hannah Arendt ne sombre pas dans le pessimisme absolu : « La perte de la permanence et de la solidité du monde — qui politiquement est identique à la perte de l'autorité — n'entraîne pas, du moins pas nécessairement, la perte de la capacité humaine de construire, préserver et prendre à cœur un monde qui puisse nous survivre et un lieu vivable pour ceux qui viennent après nous [9]. »

Cette philosophie tout empreinte de la nostalgie du passé sert aujourd'hui de caution à ceux qui prônent le « retour de l'autorité » à l'école. Ils peuvent se recommander de textes sans équivoque : « En particulier, en essayant d'instaurer un monde propre aux enfants, l'éducation moderne détruit les conditions nécessaires de leur développement et de leur croissance [...]. L'autorité a été abolie par les adultes et cela ne peut signifier qu'une chose : que les adultes refusent d'assumer la responsabilité du monde dans lequel ils ont placé les enfants [10]. » Le déclin de l'autorité traditionnelle ne serait pas dû aux évolutions économiques et sociales, mais à la « démission » des adultes.

Hannah Arendt n'a pas perçu le caractère multiforme (dans ses manifestations) et anthropologique (dans son fondement) de l'autorité. Certaines obscurités, ambiguïtés, voire des contradictions dans ses textes montrent pourtant qu'elle en aurait eu, en quelque sorte malgré elle, l'intuition : « L'autorité en tant que facteur premier, sinon décisif dans les communautés humaines, n'a pas toujours existé, bien qu'elle puisse renvoyer à une longue histoire [11]. » Une histoire pour nous si longue qu'elle concerne l'espèce humaine dans sa totalité passée et présente, pour ne rien dire du futur.

---

9. Hannah ARENDT, *La Crise de la culture*, *op. cit.*, p. 126.
10. *Ibid.*
11. *Ibid.*, p. 138.

Ego à Rome

Dans les trois — peut-être même quatre — premiers siècles de la République romaine, le compromis passé entre *genos* et *demos* renforça indéniablement le principe d'autorité, mais en le déportant vers une nouvelle expression, laïque et contractuelle. Il suffisait en effet au citoyen romain d'accomplir son devoir civique et de respecter les dieux — il n'est pas question d'adoration — pour qu'une part de sacralité retombe sur lui, individu, rendant inviolables pour la loi ses droits privés et politiques.

Mais il s'agit là d'un *ego* tout en extériorité, tel que le reflète la statuaire romaine mettant l'accent sur l'énergie des visages, la théâtralité des attitudes, l'affirmation du corps, le modelé des muscles, le relief des cuirasses. Indéniablement, par rapport aux grandes heures de la démocratie athénienne, il s'est produit une régression dans la reconnaissance intime du soi, dans l'autoperception des drames intérieurs, de l'affectivité, des passions. Élevé dans une culture de l'extériorité, avec pour valeur dominante le pragmatisme, le tout jeune praticien romain s'en va chercher sinon un supplément d'âme, du moins la capacité à une expression de soi moins *matter of fact*, au cours d'un stage à Athènes auprès des gourous intellectuels à la mode.

Il est significatif que les jeux sanglants du cirque, les combats à mort des gladiateurs, les entretueries à grande échelle d'animaux sauvages, aient pris la place que le théâtre occupait en Grèce. L'expression sadique des tensions individuelles se substitue à la « purgation des passions ». Il ne s'agit pas là d'un simple dérivatif, mais d'une drogue collective, d'une addiction, dont, au ve siècle après J.-C., le christianisme aura grand mal à sevrer les populations. Pour l'homme politique, la faveur populaire se gagne par la magnificence des jeux offerts, pour lesquels il dépense des fortunes qu'il lui faut emprunter, avec l'espoir de se rembourser lorsqu'il sera nommé proconsul dans des pays conquis.

À partir de la fin du IIIe siècle après J.-C., les éléments spécifiques ont presque disparu, dont l'assemblage avait permis à une maigre bourgade du Latium de conquérir le monde. Progressivement affaiblis au cours des siècles précédents, il ne reste plus grand-chose ni des compromis successifs entre *genos* et *demos*, ni de ce mixte de vertu civique (la *virtus*) et de droits personnels (la *libertas*). Depuis l'édit de Caracalla, tous les habitants de l'empire ont droit de cité et sont citoyens romains. Les *patres* du sénat ont perdu autorité et pouvoir depuis bien longtemps. L'aristocratie repliée dans ses *villae* ne voit pas la fin venir et elle ne s'intéresse plus qu'à ses plaisirs et à l'argent. Les coups de force militaires qui se succèdent font d'éphémères empereurs sans légitimité ; leur capitale n'est même plus Rome, mais des villes près des frontières, Trèves, Milan, Nicomédie.

Les invasions barbares se répètent, avançant chaque fois plus profondément à l'intérieur des terres de l'empire, pillant les campagnes, brûlant les villes. Les paysans étaient souvent d'anciens soldats à qui on avait donné des terres au long des siècles de la république et sous César et Auguste, loin des turbulences de l'*Urbs*, ils assuraient la stabilité de l'ordre civique romain. Maintenant, ils sont pressurés pour assurer la subsistance de villes surpeuplées. Car, entre deux invasions et deux massacres, dernier reste de la grandeur de Rome, l'administration fonctionne, fait rentrer les impôts. Quant à l'armée qui avait fait la gloire de Rome, elle est maintenant constituée de mercenaires, de tribus barbares que l'empereur paie pour lutter contre d'autres barbares, et qui assurent même sa garde rapprochée.

Qu'en était-il alors d'*ego*, dans ces temps de Bas-Empire ? Sans qu'il soit nécessaire d'entrer dans le détail, on conçoit aisément qu'*ego* subissait le contrecoup de l'événement. La communauté, *genos*, s'était désagrégée. De ce qui avait été *demos*, il substituait encore çà et là des restes, dans le fonctionnement des municipes, dans les jugements des tribunaux. Mais aucune unité ne reliait plus entre eux ces fragments dépareillés d'éléments démocratiques.

Les dieux romains étaient devenus aussi morts que leurs statues de marbre ou que les rites sans âme d'un clergé de fonctionnaires. Sans identité collective, en l'absence de perspectives d'avenir, désorienté, le peuple s'était mis à adorer des divinités orientales. Leur culte nourrissait non plus la raison mais l'affectivité, avec des cérémonies clandestines qui rapprochaient les individus face au danger, et dans lesquelles les pratiques magiques et l'effusion mystique soudaient de petites communautés très actives. Se faisaient ainsi concurrence le Mari babylonien, le Mithra indo-persan, le Jésus d'Israël. Les individus dans le trouble et le désordre, et en qui rien d'intérieur ne s'était encore construit, survivaient tant bien que mal comme les fragments de la grande communauté traditionnelle éclatée.

Rome et le capitalisme

Il nous faut, pour terminer, dire un mot d'une question qui reste ouverte pour les historiens et les économistes. Pourquoi, en effet, Rome n'a-t-elle pas emprunté la voie du capitalisme ? Nombre d'éléments de l'économie financière du haut Moyen Âge et de la Renaissance à ses débuts se trouvaient déjà présents. Pendant les six cents ans qui vont du IVe siècle avant J.-C. au IIIe siècle après J.-C., une importante économie à forme financière a existé à Rome : prêts à intérêt, banquiers professionnels, sociétés à commandite, transfert d'argent par lettre de change [12]. Mais l'essentiel de celle-ci était aux mains de l'oligarchie foncière. Une véritable bourgeoisie financière n'a pu se créer. Par ailleurs, au cours de la Renaissance, l'existence de plusieurs cités-États ou royaumes permet aux banquiers d'acquérir leur autonomie en multipliant des filiales (les banquiers romains étaient locaux ou régionaux). Nous connaissons le même processus aujourd'hui avec la mondialisation qui permet, en partie, au système financier d'échapper au contrôle des États. De plus, les prêts étaient presque tous à but consommatoire à Rome, avec très peu de prêts d'investissement productif. Enfin, l'esclavage rendait très exceptionnel le travail salarié et inutile le machinisme.

Ainsi, dès le haut Moyen Âge, la pluralité des pôles du pouvoir politique, l'autonomie sociale des banquiers, la disparition de l'esclavage ont créé une situation nouvelle par rapport au monde romain. Certes, il s'agira, plusieurs siècles encore, d'une économie préindustrielle, mais dans laquelle l'extension du salariat introduit la problématique capitaliste dans la production, avec le rapport contradictoire du capital et du travail.

---

12. Jean ANDREAU, *Banques et Affaires dans le monde romain*, *op. cit.* (nous appuyons nos interprétations sur la riche moisson de faits qu'offre ce livre). À propos de la naissance de la rationalité économique, voir le livre classique de Max WEBER, *Économie et Société dans l'Antiquité*, La Découverte, Paris, 1998.

13

Saint Augustin et l'autorité : le troisième moment de la modernité

> « Lorsqu'il parle de la Main de Dieu qui s'étend pour le saisir, c'est plus souvent qu'on ne croit en pensant à Monique. »
>
> Peter BROWN

Les deux premiers moments de la modernité intéressent des cités, Athènes, pendant à peine quelques dizaines d'années, Rome, pendant un demi-millénaire. Chose à peine croyable, un homme va, à lui seul, personnifier ce qui caractérise le troisième moment de la modernité : la naissance du sujet et de la subjectivité, le regard qui se porte vers la vie intérieure, le fonctionnement d'un endopsychisme complexe. On pourrait aisément défendre la thèse que les deux grands livres de la culture occidentale seraient l'*Odyssée* d'Homère (VIIIe siècle avant J.-C.), où le regard d'Ulysse est encore complètement tourné vers un monde extérieur, et les *Confessions* de saint Augustin (354-430), où le regard est maintenant dirigé vers l'intérieur de soi. Pourquoi ne pas ajouter le Livre à ces deux livres ? C'est que, au moins jusqu'à Thomas d'Aquin (1224-1274), la Bible sera lue avec l'œil d'Augustin [1].

1. Nous reprenons ici sous un angle différent, par rapport au thème de l'autorité, les analyses développées dans *L'acte est une aventure*, *op. cit.*, chapitres 15, 16, 17.

Saint Augustin a pour lui une double génialité. Le génie psychologique : même si les concepts théoriques manquent, bon nombre de découvertes freudiennes sont présentes dans les *Confessions*, dont celle, essentielle, de conflit intrapsychique [2]. Le génie littéraire : ce livre écrit il y a plus de sept siècles s'empare encore aujourd'hui du lecteur, malgré toutes les résistances qui peuvent être siennes. Peut-être sommes-nous poussé à lui prêter un peu plus que son dû, dans notre ignorance de la vie intérieure de ses prédécesseurs immédiats ou de ses contemporains, qui, eux n'ont pas écrit.

Pour comprendre comment un seul homme a pu infléchir de manière décisive notre culture, il faut se rappeler aussi que son œuvre a été lue et méditée dans les monastères du Moyen Âge pendant plusieurs siècles. La conquête idéologique des masses occidentales par la chrétienté, qui va intervenir ensuite entre le XIIIe et le XVIIIe siècle, va être inspirée de sa vision du rapport à Dieu. Le bon portraitiste de cette conquête qu'est Jean Delumeau a pu écrire : « À l'étage collectif naquit au XIVe siècle une maladie du scrupule qui s'amplifia par la suite. Une angoisse globale, qui se fragmentait en des peurs "nommées", découvrit un nouvel ennemi en chacun des habitants de la cité assiégée ; et une nouvelle peur : la peur de soi [3]. » Et le même auteur porte ce jugement : « Saint Augustin a servi de porte-étendard et de point de ralliement à tous ceux qui noircissaient le tableau de la condition humaine. [...] Il cautionne et encourage la dévaluation de l'homme pécheur. » Partout, après lui, règnera le péché qu'a charge de dépister la confession obligatoire, le péché qui mène à la damnation éternelle, à l'enfer et à d'affreux supplices décrits avec le plus grand détail dans les prêches, sur les chapiteaux des églises, sur les vitraux. Et, aussi, par milliers, les bûchers s'allumeront plus tard pour entretenir la peur, avec des troncs prévus dans les églises pour la délation [4]. Nous sommes tous les enfants

---

2. Dans sa biographie d'Augustin, Peter Brown, bien que se refusant à une approche psychologique, signale pourtant ce rapport à Freud. Et, par exemple, à propos d'un *lapsus linguae* interprété par Augustin : « Il se montre un précurseur de Freud en décelant dans ce phénomène, en apparence inoffensif, la manifestation sous-jacente de désirs inconscients » (*La Vie de saint Augustin* [1967], Seuil, Paris, 1971 et 2000, p. 483).

3. Jean DELUMEAU, *Le Péché et la Peur*, Fayard, Paris, 1983, p. 293.

4. L'historien Brian P. Levack chiffre les procès à 110 000 et les exécutions à 60 000. Il se fonde en particulier sur les recherches poursuivies par Himmler en Allemagne durant les années trente (*La Grande Chasse aux sorcières* [1987], Champ Vallon, Seyssel, 1991, p. 32-34).

de la terreur de masse qui fut le versant noir de la Renaissance, les descendants de l'inventeur du péché originel, les lointains fils et les filles de saint Augustin.

Si nous essayons d'appliquer notre grille de lecture aux quatre paramètres que nous avons choisis — *genos, demos, ploutos, ego* —, l'observation montre la grande diversité entre eux des moments de la modernité. Nous allons voir, en effet, que l'idéologie augustinienne comporte la négation de *demos* avec le thème de la grâce suffisante, de la prédestination. Cette négation s'accompagne dans la pratique de l'écrasement, avec l'aide du pouvoir séculier, des partisans de Pélage, défenseurs du libre arbitre. Le paramètre *ploutos* n'est pas ici pertinent. Ce qui fait la spécificité de ce troisième moment de la modernité, c'est la translation d'une grande partie de *genos* dans *ego*. L'autorité familialiste s'intériorise : sa puissance opère depuis l'intérieur de soi et non plus par l'action de la communauté ; la honte devient culpabilité.

La première description du sujet

Ouvrons *De l'âme* d'Aristote, puis les *Confessions*, relisons en particulier l'admirable livre X, « Examen de conscience ». Le changement intervenu apparaît des plus radical. Aristote ne se fournit jamais d'exemples dans une vie intérieure qui serait la sienne ; l'âme qu'il étudie reste impersonnelle, elle est venue du cosmos, d'un astre vers lequel elle aspire à retourner, elle participe de l'ordre cosmique. Ce qu'on peut appréhender de soi en soi est un « il » ; non pas un « Je ». Quand Socrate recommande le « Connais-toi toi-même », il entend signifier un « Connais l'âme en toi ». L'homme grec est « extraverti », écrit Vernant : « Jamais je ne pense mon existence à travers la conscience que j'en ai. Ma conscience est toujours accrochée à l'extérieur [5]. »

Pour saisir l'absolue nouveauté du rapport à soi augustinien, il faut se souvenir de la grande « manœuvre » théorique opérée par Aristote et qui concerne rien moins que la scission de l'être en être en puissance et être en acte. La vue est en puissance ce que la vision est en acte. Quand nous fermons les yeux, l'être en puissance de la vue n'en est pas moins présent, même si, à ce

5. Jean-Pierre VERNANT, *L'Individu, l'Amour, la Mort*, *op. cit.*

moment, l'être en acte de la vision est au repos. Entre les deux s'interpose le vouloir de l'individu, mais qui n'exprime jamais, en dernière analyse, que l'élan cosmique portant les deux parties de l'être divisé à se réunir dans une quête impossible ; un tel vouloir est certes univoque, mais il y manque la liberté de choix. Or, ce qu'Augustin introduit, c'est une autre scission, qui touche ici précisément ce vouloir, la volonté : « Une volonté taillée en deux [6]. » Mais, aussi et surtout, cette scission est conflictuelle : l'être, pour Augustin, c'est Dieu, mais l'âme humaine, si « pourrie » fût-elle, pour utiliser son vocabulaire, a été créée par Dieu à son image même et, donc, participe quand même de l'être. Que le péché d'Adam ait à jamais corrompu l'âme n'enlève rien à la relation privilégiée que Dieu a décidé d'entretenir avec de rares élus arbitrairement sélectionnés. Le conflit intra-volonté se situe ainsi entre « moi » (fils d'Adam) et « moi » (l'âme divine).

Le signe de l'impuissance du sujet à vouloir ce qu'il veut, le signe charnel d'une volonté qui lui échappe, c'est, pour Augustin, l'érection. Elle intervient hors la volonté du sujet, voire contre elle. Augustin introduit un thème nouveau, celui de l'impossibilité humaine à maîtriser le désir sexuel. Le rapport de moi à moi est conflictuel, puisque ma propre volonté ne peut commander à mon corps : « Je me trouvais aux prises avec moi, mon être même disloqué. » Il est une part saine du moi, celle qui essaie d'obéir aux commandements divins, et une part « gangrenée », celle héritée du péché d'Adam qui « a pourri à la souche ». « L'existence du désir sexuel est le châtiment du péché originel. » Un tel moi en conflit permanent avec lui-même ne peut être qu'un moi douloureux, souffrant. Et il est bon qu'il soit tel et malheureux foncièrement, car là réside le signe d'une lutte : « Malade à la torture, je m'accusais moi-même. » Tout plaisir est péché car il porte le témoignage d'une victoire du moi « pourri » ; tous les sens sont convoqués, chacun passe devant l'examen de conscience du tribunal inquisitorial : « Prendre les aliments que comme des médicaments » ; « Je résiste à la séduction des yeux ». Et la phrase sublimement horrible : « Pauvre et dénué, le progrès pour moi consiste, gémissant en secret, à me déplaire [7]. »

6. *Confessions*, p. 209.
7. *Ibid.*, p. 282.

Augustin et la topique freudienne

Tous les éléments de la topique freudienne peuvent être ici retrouvés. Nous venons d'observer la lutte des deux parties du moi, l'une porteuse des pulsions et l'autre identifiée au surmoi. Mais, outre cette identification d'un moi conscient au surmoi, il existe une « âme » intérieure dont la réalité échappe à la conscience, d'où procède la culpabilité. Cette âme, véritable surmoi inconscient, c'est Dieu en chacun. L'idéal du moi, quant à lui, s'exprime par le désir suprême d'appartenir aux rares élus dont Dieu a décidé qu'ils seraient, pour l'éternité, sauvés. Cette « souche pourrie » déjà à l'origine de l'humanité de par le péché d'Adam, c'est très exactement l'équivalent du meurtre du père dans le *Totem et Tabou* de Freud, péché originel dont chaque enfant qui naît porte en lui la malédiction.

De quelle manière le fonctionnement psychique s'est-il ainsi intériorisé, d'extérieur qu'il était auparavant dans le rapport de l'individu à sa communauté ? Nous développerons ce point plus avant (voir *infra*, chapitre 15). Disons déjà que, avant d'être intérieurs, le conflit, la contradiction se sont développés à l'extérieur d'Augustin lui-même, personnalité à la vitalité et à la puissance libidinale exceptionnelles, dans des rapports intensément conflictuels avec ses parents, au sein d'une famille nucléaire. Dans notre interprétation, le conflit à l'intérieur du moi réfère à celui entre le fils et un père païen qui, à la fin de l'enfance d'Augustin, finit, sur son lit de mort, par opérer sa soumission à la mère chrétienne, en se convertissant. Le surmoi, lui, c'est cette mère, Monique, dont Augustin trace un portrait très typé : femme à la forte personnalité comme la mère de Freud, et tout autant hystérique que celle-ci. Mais, de plus, elle représente l'archétype de la « sainte femme » éminemment culpabilisatrice.

Pour lui obéir, Augustin lui aussi se convertira, à l'âge de trente-deux ans, un an avant la mort de cette mère. Les moments forts qui touchent à la conversion, celle du père et la sienne, se situent sous l'ombre portée de la mort et (c'est là notre interprétation) d'un parricide et d'un matricide fantasmatiques. Ce qui reste mystérieux ne concerne pas tant les contenus représentatifs, qui se raccordent fidèlement à ce qui fut conflictuellement éprouvé par Augustin envers ses parents. L'énigme tient au processus lui-même. L'intensité exceptionnelle de l'éprouvé — presque chaque page des *Confessions* en témoigne — a créé des sentiments si fortement ressentis qu'ils sont devenus intérieurement permanents, et si intensément conflictuels qu'une partie de ceux-ci, la plus insupportable, a dû être refoulée ; symbolisée, elle est réapparue sous la forme de représentations imaginées (Dieu, Adam, le salut éternel).

Il faut aussi tenir compte de l'époque, elle-même hautement dramatique : le heurt entre religions qui opposait les parents d'Augustin eux-mêmes, la lutte interne au christianisme entre des tendances opposées, les invasions barbares avec l'immense événement qu'est, pour le monde méditerranéen progressivement soumis à Rome depuis presque un millénaire, la prise et le sac de la Ville éternelle en 410 par Alaric. Dans un monde ainsi déstabilisé, il devenait impossible de trouver, comme autrefois, un équilibre personnel et une identité stable à l'extérieur de soi, dans les liens communautaires.

Pourquoi la réussite sociale d'Augustin ?

Sous le Bas-Empire et ses communautés délitées, faut-il alors rapporter la réussite du christianisme dans sa version augustinienne à l'incapacité d'*ego* à s'autonomiser ? À l'impossibilité d'autoconstruire en soi une maîtrise et une unité suffisantes à fonder un nouveau sentiment d'identité ? Car, s'opposant à Augustin, c'est sur la croyance à la responsabilité personnelle sur ses actes que se fonde un autre courant chrétien, celui du moine Pélage, mais qui va perdre la partie. Quant à elle, la théologie augustinienne tient en une phrase : l'espèce humaine est incapable d'assurer son salut par elle-même, voire simplement de contrôler ses actes.

Avec Augustin, finis les temps du droit romain et du juste contrat mutuel entre la communauté et les dieux, et aboli l'exercice de la citoyenneté active sur l'agora. Maintenant, un dieu tout-puissant règne sans partage ; son bon plaisir décide arbitrairement des rares élus, indépendamment de toute espèce de justice compréhensible ou rationnelle. L'impuissance bien réelle des individus à modifier le cours des choses dans ces temps d'apocalypse trouve avec Augustin une idéologie explicative. L'impuissance humaine prend un sens : elle tient à la volonté d'un dieu qui continue de châtier ainsi le péché d'Adam. Par ailleurs, elle se fait plus supportable à être vécue ensemble dans les nouvelles communautés à l'ombre de l'Église. L'absence de prise sur l'événement trouve là ensemble son idéologie, une explication et une aide pour la vivre moins mal.

Mais si la théologie augustinienne s'était bornée à dire l'impuissance de l'homme et l'arbitraire d'un dieu, elle n'aurait fait que marquer le recul de la modernité sur tous les plans. Un recul dans la dimension de *demos*, car le pluralisme des opinions n'a plus cours : « Dès 405, il [Augustin] acceptait que l'État romain pesât de toute la force de ses lois afin de réunir les congrégations donatistes à l'Église catholique sous peine de châtiment [8]. » La répression policière se met en effet en place, sur demande expresse d'Augustin, contre les donatistes et les pélagiens — qui sont des chrétiens — et contre les manichéens. C'est la première fois dans l'histoire du christianisme qu'il est fait ainsi appel au bras séculier. Une régression également au plan de *ploutos* : pour Augustin, « les propriétaires terriens [devaient commander] leurs paysans (en leur donnant le fouet si nécessaire) [9] ». Il n'aura en revanche pas un mot contre les financiers et les banquiers. Et une régression même au plan de *genos* puisque, avec le nouveau maître dans le ciel, ce Grand Juge incompréhensible et sans amour pour ceux qu'il n'a pas élus, les actes méritoires, les contrats, le droit ne valent plus : on pourra être exclu de la vie éternelle même si, sur terre, on s'est comporté comme le meilleur homme du monde, pour peu que tel soit le bon plaisir de Dieu.

En quoi alors Augustin participe-t-il de la modernité, au point que nous avons fait de lui le héros éponyme d'un troisième moment de celle-ci ? C'est que, par sa voix, s'exprime pour la première fois dans la littérature universelle — et quel autre témoignage possible ? — la mutation qui intervient au niveau d'*ego*. Nous lui consacrerons un chapitre (voir *infra*, chapitre 15).

---

8. Peter Brown, *Le Renoncement à la chair* (1988), Gallimard, Paris, 1995, p. 477.
9. Peter Brown, *La Vie de saint Augustin*, *op. cit.*, p. 249-287.

Le sujet de la psychologie augustino-freudienne est un sujet métaphysique

Freud ne cite pas Augustin, ses lectures anciennes le portaient vers Platon et Empédocle. Pourtant, au-delà d'une semblable conception de l'architecture psychique, c'est la même vision pessimiste qu'ils partagent. Pour Freud, l'homme est entièrement déterminé par la phylogenèse, comme il l'est chez Augustin par le péché originel. Aussi rares deviennent, chez ce dernier, les élus sauvés par Dieu que, pour Freud, sont exceptionnels les grands héros culturels de l'humanité qui font l'Histoire, parmi lesquels le fondateur de la psychanalyse évidemment se range. Chez tous les deux, le péché qui rend coupable n'est pas le fait seulement de l'acte accompli, mais la conséquence, aussi, de l'intention sous-jacente à l'acte et qui concerne la dimension des désirs et la recherche du plaisir interdit. C'est une telle intention secrète, échappant au pécheur parce qu'il se la dissimule, qui sera débusquée dans l'ombre du confessionnal et dans la pénombre de la relation divan-fauteuil [10].

Dans les deux cas, une *autorité* supérieure préside, celle du confesseur et du psychanalyste ; elle développe sa puissance à la faveur d'une relation duelle, exclusive, celle du transfert. Dans les deux cas, l'angoisse abandonnique est présente « en première personne » : peur de ne plus être aimé par un Dieu qui vous rejetterait, peur de ne plus être accepté par celui vers qui vous porte l'amour transférentiel. Rien ne ressemble davantage à l'étude psychanalytique des cas cliniques que celle des cas du confessionnal par la casuistique médiévale. À l'examen de conscience répondra, plus approfondie encore, l'analyse de l'inconscient. Freud ne fera que pousser à la limite la chasse aux secrets d'une humanité détestablement coupable.

Ainsi, troisième moment de la modernité, la conscience intime de soi, particulière à notre culture et à elle seule, est née voici seize siècles d'un génie malade de culpabilité. La subjectivité a été payée d'un abandon majeur : celui du plaisir d'être innocemment soi, si en accord avec les mœurs, coutumes, valeurs de la communauté. Le prix d'une vie intérieure est la perte de

10. « Il y a pourtant quelque chose dans l'homme que ne connaît pas l'esprit de l'homme et qui est avec lui » (*Confessions*, X, 5).

l'innocence, de même que la rançon de la modernité se paie par la fin des évidences.

Pourquoi parler, et aussi bien chez Freud que chez Augustin, d'un sujet métaphysique ? C'est que, dans les deux cas, le sujet renvoie de part en part à une transcendance. Chez Augustin, les trois territoires psychiques de la topique réfèrent tous à une dimension extérieure à Augustin et qui dépasse sa personne dans l'espace et le temps. Le moi « sain » relève de la subordination aux commandements divins, et le moi « malade » procède du péché d'Adam ; le surmoi, juge et vengeur, c'est l'âme créée à l'image de Dieu ; l'idéal du moi est porté par le désir du salut éternel. Tout est joué à l'avance et sans possibilité d'intervention du sujet ; le salut par les œuvres se révèle impossible. Chez Freud, ce qui commande au sujet relève, là aussi, d'une transcendance par rapport à laquelle il ne peut rien : qu'il s'agisse du meurtre du Père aux origines de l'humanité et dont tout nouveau-né aura à porter sa vie durant la culpabilité, ou bien qu'il soit question du grand *space opera* où se déroule la lutte cosmique d'Éros et de Thanatos et qui déterminera le destin final de l'humanité, sans que celle-ci, là encore, n'y puisse rien changer.

Jusqu'à Augustin, l'autorité s'imposait à l'individu depuis la communauté ; elle était structurée par un fantasme et une idéologie familialistes, celle du *genos*, avec la sanction de la honte. Avec Augustin, l'autorité du *genos* s'intériorise, et la religion devient le lieu où va se jouer, à des millions d'exemplaires, le théâtre tout intérieur de la culpabilité d'*ego*.

Nous n'entendons pas, écrivant ceci, signifier que se serait créé alors un organe, semblable par exemple au poumon, et d'où procéderait la nouvelle vie intérieure. Ce qu'on a tendance à substantialiser sous le terme de *psyche* concerne pour nous un fonctionnement. Des personnages et des situations jusqu'alors extérieurs à l'individu deviennent des représentations intérieures ; des conflits extérieurs s'intériorisent ; des souvenirs sont placés hors conscience et réapparaissent sous des formes détournées.

Il est sans doute propre au trouble des époques de transition entre deux moments culturels que le sentiment abandonnique s'exprime avec une grande force et comme à nu : ce sont les heures où l'on parle ouvertement d'une crise de l'autorité. À l'époque d'Augustin, la communauté traditionnelle se rompt sous la poussée des grandes invasions. Le jeu interactif du *genos* et du *demos*, dans les dimensions parallèles de la société et du psychisme, n'a pas permis encore à une image du père de s'imposer comme tiers médiateur. Les Temps modernes, ceux du quatrième moment de la modernité, seront marqués par le renforcement progressif du caractère patriarcal de la société et, interactivement, de la structure intérieure d'*ego*. Le moment augustinien est, pour l'heure, celui d'un temps zéro du père comme instance spécifique médiatrice. Le dieu d'Augustin est une mère qui a soumis à elle le père, et qui manipule son monde en le culpabilisant à mort [11]. L'individu esseulé, sans communauté, et sans père encore, ne peut espérer de salut que par la grâce arbitraire d'un dieu-mère archaïque. Le même cas de figure réapparaîtra avec Luther, qui fera d'Augustin son référent théologique exclusif — et avec là encore l'idée d'une impuissance totale de l'homme à agir sur son destin —, quand le capitalisme aura pris un essor significatif dans l'Allemagne du Sud au XVe siècle, déstabilisant l'ordre social qui y régnait et provoquant une nouvelle crise de l'autorité [12].

11. Peter Brown note à plusieurs reprises ce rapport entre le dieu augustinien et une mère : « Dans les *Confessions*, il n'avait pas hésité à comparer ses rapports avec Dieu à ceux d'un bébé avec le sein de sa mère. » Une mère et un dieu qui ne sont autres que Monique : « Lorsqu'il parle de la Main de Dieu qui *s'étend* pour le *saisir*, c'est plus souvent qu'on ne croit en pensant à Monique » (*La Vie de saint Augustin*, *op. cit.*, p. 463 et 228).

12. Erik H. Erikson a insisté sur le même rapport à un dieu-mère que celui signalé plus haut chez Augustin : « À mon sens, Luther trouva enfin dans la Bible une mère qu'il put reconnaître, une générosité à laquelle il peut s'ouvrir […]. Il se sentit enfin le fils d'une mère » (*Luther avant Luther, psychanalyse et histoire* [1958], Flammarion, Paris, 1968, p. 245).

14

Les Temps modernes et l'autorité, la quatrième modernité

« La puissance la plus décisive de notre vie moderne : le capitalisme. »

Max WEBER

Plus nous approchons de la période actuelle, et plus les choses se compliquent. Pourtant il est un point incontestable qui peut aider à définir les Temps modernes : le combat contre la tradition et l'autorité — contre le familialisme psychosocial, le *genos*. *Ploutos* sera de bout en bout leur adversaire le plus acharné

Deux questions vont se poser à nous. *Genos* étant « indestructible » dans notre espèce, puisque constitué, chez tout enfant, de l'interaction entre les ressources anthropologiques et l'environnement humain, quelle forme va-t-il prendre dans la nouvelle donne des Temps modernes ? L'expérience historique permet de répondre que, sur les ruines de l'autorité communautaire, une société patriarcale va se construire, avec la valorisation de l'image paternelle à tous les niveaux : transcendance, société, famille, psychisme. Puis cette image sera attaquée, et connaîtra un déclin progressif. Les débuts de la période contemporaine, lors de la Première Guerre mondiale, auront été précédés, dès la fin du XIXe siècle, par la montée de l'irrationalisme, qu'illustrent, entre autres, les œuvres de Nietzsche, de Bergson, de Sorel. Dès lors, la cinquième modernité, la nôtre aujourd'hui, va correspondre à la progression d'une forme archaïque de l'autorité ; son étude fera l'objet de la dernière partie du livre.

La seconde question concerne cet irrationalisme montant. L'évoquer va nous obliger à introduire un cinquième paramètre dans notre grille de lecture, la raison. Le mot sert à désigner deux formes de rationalité différentes : la raison-*logos*, celle des philosophes, du raisonnement selon la logique formelle ; et la raison-*ratio*, la raison opératoire, comptable. Cette dernière, utilisée et manipulée par *ploutos*, va être à l'origine du développement de la rationalité instrumentale, dont l'hégémonie actuelle est généralement considérée comme un des traits marquants de notre époque. C'est au niveau de la raison que, pour notre part, nous situons l'« œil » du cyclone qui parcourt le monde occidental depuis la Renaissance, et c'est par rapport à ses dérives que nous avons choisi d'étudier les complexes Temps modernes.

Les Temps modernes sont derrière nous : problèmes de datation

Autour de la Renaissance, elle-même sans date précise de naissance, débute ce que l'on nomme les Temps modernes. Les marchands et banquiers Médicis étaient devenus des puissances au XIVe siècle, dès le haut Moyen Âge. L'invention de l'imprimerie par Gutenberg se situe vers 1436-1437 ; la découverte de l'Amérique a lieu en 1492 ; Machiavel écrit en 1513 *Le Prince*, ce manifeste des Temps modernes ; Luther affiche ses quatre-vingt-quinze thèses à la Toussaint 1517. Léonard de Vinci naît en 1452 et Michel-Ange en 1475. Le monde bouge, le monde a bougé.

Mais, aussi, chacune de ces dates est directement en rapport avec la forme économique nouvelle qui se développe, fondée sur le profit tiré du capital financier. L'imprimerie répond aux besoins de communication dans les grandes villes commerciales ; Christophe Colomb cherchait une route nouvelle vers la richesse des épices et de l'or, vers les Indes ; Machiavel naît et vit à Florence, la cité-État où une famille de banquiers, les Médicis, conquiert le pouvoir politique ; le discours de Luther reçoit un écho parce qu'il trouve son public dans les classes moyennes désorientées des villes d'Allemagne du Sud, détentrices du commerce traditionnel et ruinées par l'économie nouvelle. Et ce seront les excédents financiers dégagés par les grands banquiers qui vont leur permettre de devenir les mécènes de la Renaissance artistique et de sponsoriser les architectes, peintres, sculpteurs, musiciens, poètes.

Aujourd'hui, les Temps modernes sont derrière nous, affirment depuis plusieurs décennies déjà les théoriciens de la post-modernité. Oui et non, car la modernité n'est pas morte pour autant, elle qui renaît depuis vingt-cinq siècles en Europe sous des formes nouvelles et imprévisibles. Depuis la Première Guerre mondiale, nous sommes entrés dans une cinquième époque. 1914 marque la coupure. La Première Guerre mondiale a mis à mal deux croyances fondatrices des Temps modernes. La première était celle d'un progrès humain continu explicité par les Lumières : la raison et la science allaient, par paliers successifs, nécessairement mener l'humanité vers l'Âge d'or. Victor Hugo, dans *Les Misérables* (1862), prête ces mots définitifs à Enjolras qui va mourir sur les barricades : « Citoyens, [...] le XXe siècle sera heureux. Alors, plus rien de semblable à la vieille histoire ; on n'aura plus à craindre guerres, conquêtes, famine, exploitation, misère, chômage. On pourra presque dire : il n'y aura plus d'événements. On sera heureux. »

La seconde croyance découlait de la première : la culture occidentale incarnait la civilisation ; l'Occident avait pour mission d'apporter les lumières de la raison au monde tout entier, tel était l'alibi du colonialisme. Or, la guerre de 1914 s'est déroulée en Europe. Des chrétiens se sont entretués dans un climat d'horreur qui n'avait rien à envier au passé le plus sauvage, eux les héritiers de Platon et de saint Augustin, les fils spirituels de Descartes et de Kant, les enfants de Rabelais et de Mozart, les élèves de Galilée et de Newton.

L'échec de la raison des Lumières à construire le monde annoncé a conduit à 1914 ; il a ouvert l'époque contemporaine, marquée entre autres par la dérive, en droit fil des Lumières, qu'est le léninisme utopico-rationnel, et par l'irrationalisme fasciste et nazi. Les ravages actuels sont d'un autre ordre, mais non moins amers pour un esprit « raisonnable » ou « rationnel » : des guerres qui renaissent aux quatre coins du monde ; la résistance de plus en plus vive des communautés et des religions traditionnelles à la rationalité instrumentale qui veut leur mort ; des inégalités économiques démesurées nourrissant humiliations, désespoirs et fanatismes ; les famines, les atteintes aux équilibres naturels, et les dégâts climatiques ; des pandémies de plus en plus inquiétantes (le sida), les mutations virales, les épizooties liées au productivisme (ESB).

Notre thèse est celle-ci : l'échec des Lumières tient à une insuffisante réflexion sur la raison, et non, comme il est si souvent prétendu aujourd'hui, à un vice foncier qui lui serait intrinsèque. Le déficit de la réflexion serait dû à deux causes. Tout d'abord, à l'erreur de croire que l'irrationnel n'est pas, et sans doute plus encore que la rationalité, consubstantiel à l'espèce humaine ; d'où un orgueil démesuré — celui de Descartes — qui conduit à surestimer les pouvoirs de l'homme. La seconde cause, elle, serait « d'origine », née aux racines mêmes de la pensée occidentale. L'échec de la raison des Lumières — et les impasses contemporaines — tiendrait à ce qui, par ailleurs, a aussi permis en Occident, et là seulement, la naissance de la science fondamentale. C'est bien la valorisation de la raison abstraite qui a permis l'essor du concept philosophique et de la théorisation scientifique.

Dans cet embrouillamini, et de même que l'on ne peut comprendre l'autorité sans l'effort de creuser jusqu'à ses fondements, réhabiliter son grand adversaire, la raison, implique d'aller voir là où le premier faux pas s'est produit, aux tout débuts. Dans l'éternel combat de notre espèce entre raison et irrationnel, l'évolution de chacun des deux est étroitement dépendante de leur interaction.

Une histoire de la rationalité humaine

Les Temps modernes et la période contemporaine restent incompréhensibles sans une réflexion de fond sur la raison. En effet, la rationalité instrumentale, telle que, nocivement et même mortellement, généralisée aujourd'hui à tous les domaines, est l'objet d'une condamnation à peu près unanime, et celle-ci n'est pas sans rejaillir sur toutes les formes de la raison ; ce qui, par contrecoup, nourrit un irrationalisme, lequel à son tour alimente l'autorité sous des aspects mystiques et archaïques. À la fin de ce chapitre, nous illustrerons avec un exemple les différents points relevés. Auparavant, nous aidant des données de l'anthropologie générale, il nous faut mettre en perspective la raison.

C'est un chapitre passionnant de l'histoire des idées qui s'ouvre à partir d'une interrogation sur les sources ultimes de la rationalité humaine et leur devenir. Est-ce que, sans l'ordre régulier qui règne dans la nature, seraient jamais venus à l'existence les éléments rationnels qui, avec la philosophie grecque, s'inscriront dans le terme *logos* — le raisonnement articulé selon la logique formelle — et dans le terme *ratio* — le choix judicieux des moyens pour une fin ? On peut en douter.

Bien avant les débuts de la philosophie, les hommes avaient intégré empiriquement le constat que la nature obéit à une logique et connaît des lois invariables. C'est toujours dans le même ordre que la nuit succède au jour, les saisons aux saisons, que la lune grandit et décroît. Les nuits claires d'été, le même ciel se retrouve au-dessus des têtes et la même disposition des étoiles. Bien avant que la causalité devienne un concept, les hommes avaient pu constater — l'enjeu était leur survie — que des actes semblables produisent généralement les mêmes effets. La flèche bien dirigée atteint l'animal et le blesse, elle ne revient jamais vers le chasseur.

Cette logique d'enchaînements et de répétitions se trouve ainsi très probablement à l'origine du contenu de la logique formelle, comme le produit cumulé de l'observation humaine et non comme une qualité innée. Avec une nature chaotique et sans règles, ni *logos* ni *ratio* n'auraient été un jour pensés par l'homme. Mais cette pratique première de la rationalité qui s'exerce dans l'acte, une fois portée à l'abstraction par le penseur, a perdu la vérité de son origine. En déconnectant la raison de la pratique de l'acte, en raisonnant et en spéculant à l'infini sur une fantomatique rationalité abstraite, la philosophie a joué, sur ce point, un rôle malheureux dans la montée en puissance d'une rationalité purement instrumentale. On voit alors que, prenant en compte pleinement la problématique de l'acte, nous situons le fondement de la raison autrement que dans les deux réponses habituellement proposées, celle de l'idéalisme kantien (un « fait de la raison » fondé sur lui-même) et celle du naturalisme des néo-darwiniens contemporains.

Que s'est-il passé dès la naissance de la philosophie grecque, avec Parménide ? L'idée de l'être comme instance ultime n'a pu naître et se développer que dans la négation de la vérité du réel, considéré comme tromperie des sens, apparence fallacieuse. Dès lors, le terrain était préparé par une dérive de la notion de rationalité toujours davantage vers l'abstraction. Platon donnera au mot, jusqu'alors commun, de *logos* le sens spécialisé de « discours philosophique », lequel, reflétant l'ordre du cosmos, sera censé donner accès à la vérité du monde en dehors de tout recours à l'observation et à l'expérience.

Avec Aristote, les choses se compliquent. Car s'il intègre l'action à son champ de réflexion, il en décrit deux formes. La première se construit sous le signe de la « prudence » (*phronesis*) : elle ne se soucie pas uniquement d'efficacité, mais aussi du « bien », c'est-à-dire de rester en harmonie avec l'ordre du cosmos. La seconde est soumise, elle, au seul *logisticon*, à la logistique ; indifférente à l'éthique, elle se préoccupe seulement de choisir les moyens les plus efficaces pour parvenir à la fin visée, en dehors de toute autre considération que l'habileté et la ruse. On remarquera que, dans les deux cas, il n'est jamais question que d'action « dans la tête » : celle-ci, pensant le projet d'action, soit se soucie aussi du « bien », soit ne se préoccupe que de la seule visée. Nous parlons d'une action « dans la tête », car rien en effet n'est dit à propos de cette autre dimension de l'activité qui est la rencontre du projet d'action avec la réalité. Celle-ci bien souvent résiste, réagit de manière imprévisible, et l'acteur est contraint alors de faire preuve d'initiative. Ainsi, l'acte contient bien le projet d'action, mais également le processus d'interaction du sujet et de la réalité [1]. Nous ne vivons notre vie ni dans le ciel des idées ni dans un monde abstrait.

Ne soyons pas naïf : l'acte n'était à cette époque guère conceptualisable, la notion de sujet ne prenant sens qu'avec Augustin et Descartes, et la perspective d'une réalité inconnaissable, et donc imprévisible en soi, était contraire aussi bien à la métaphysique de Platon qu'à celle d'Aristote. L'acte — l'acte quotidien, concret, matériel, aléatoire — ne pouvait intéresser que ces non-penseurs professionnels que furent de tout temps les praticiens : d'où les véritables insultes qu'adresse Platon à ces artisans, marins, médecins, etc., capables de se diriger dans ce bas monde, et d'y réussir sans le concours de la philosophie. C'est alors, contre ce scandale permanent, que, avec les concepts de *logos* et

1. Gérard MENDEL, *L'acte est une aventure*, *op. cit.*, troisième partie, « L'être et le sujet métaphysique contre l'acte ».

de *ratio*, la rationalité commence à être pensée, comme une abstraction qui existerait coupée de la pratique. De plus, à partir de ce moment, toute activité ou bien est liée organiquement à une éthique transcendante (la visée du « bien »), ou bien n'est qu'« habileté » (*deinos*) et ruse (*metis*), se situant hors la dimension éthique. Le « bien » ne peut venir que de l'extérieur du sujet, d'une transcendance, et jamais des modalités du rapport du sujet à l'acte. C'est dans un tel horizon mental que nous continuons aujourd'hui de vivre et de penser.

Nous aboutissons ainsi à deux conclusions. L'esprit de rationalité s'est développé, depuis les origines de l'humanité jusqu'à nous, parallèlement à l'interaction concrète et agie des hommes avec une réalité naturelle ordonnée, c'est-à-dire dans des actes ; mais cette rationalité pratique a été très tôt pensée dans notre culture comme raison abstraite et selon deux abstractions (*logos* et *logisticon*, qui devient *ratio* à Rome). Et, seconde conclusion, quand, avec Aristote, l'action à son tour a été conceptualisée, ce n'est certainement pas du rapport opératoire avec la réalité dans l'action qu'étaient censées naître des valeurs. À partir de ces conclusions, nous pouvons aborder deux questions. Pourquoi, des Temps modernes jusqu'à nous, la grande dérive de la raison vers la rationalité instrumentale, devenue, avec le culte de l'efficacité technique et de la productivité marchande, la valeur hégémonique de nos sociétés ? Et, seconde question, quel rapport entre tout cela et notre sujet, l'autorité ? Commençons par cette dernière question.

Nous avons vu précédemment (voir *supra*, chapitre 9) les rapports entre autorité et transcendance. Pas d'autorité sans une transcendance qui la légitime : mais, aussi, toute prétention à un savoir concernant une transcendance, objet ou non d'une révélation, ne peut espérer acquérir une surface sociale et gagner des partisans qu'en usant d'autorité. C'est avec autorité que Platon affirme la réalité ultime du monde des Idées et qu'Augustin inventera le péché originel comme détermination ultime de l'homme.

Or, les transcendances — celle de la religion d'Augustin ou du *logos* philosophique — n'ont pas été mises à mal directement par la modernité et par la science. On ne démontrera jamais en effet l'inexistence de Dieu ou de l'être des philosophes. En revanche, l'autorité avec laquelle cette existence est affirmée se trouve atteinte gravement par l'esprit de la modernité qui, comme saint Thomas, ne croit qu'à ce qu'il peut toucher. La modernité a valorisé la rationalité instrumentale sous la forme de l'efficacité, de l'épreuve de réalité, du rapport au monde par les sens, etc. C'est parce que les Temps modernes ont affaibli considérablement l'autorité qui soutenait les transcendances que Max Weber a pu dresser le constat sociologique que, dans le monde moderne, aucune éthique fondée sur une transcendance ne pouvait plus prétendre à l'universalité.

Nous en revenons alors à la première question que nous nous posions : comment la rationalité instrumentale est-elle devenue ainsi, en politique, en économie, dans les rapports sociaux, la valeur hégémonique du monde contemporain ? Pourquoi la raison des Lumières n'a-t-elle pu contribuer à la construction d'une éthique nouvelle ? Quel est le rôle joué par la science dans ces évolutions ?

Naissance du *ploutos* capitaliste

Le pervertissement de la raison a commencé dès les débuts des Temps modernes. On se souvient du passage de *L'Œuvre au noir* où le sort de Zénon, ce médecin-philosophe de la Renaissance, se trouve entre les mains d'un membre de la famille des banquiers Fugger, laquelle, écrit Marguerite Yourcenar, « gouverna en sous-main l'Europe du XVIe siècle ». Le livre classique de Richard Ehrenberg lui donne raison : « La lente transformation de l'économie naturelle du Moyen Âge en économie capitaliste se précipite à l'époque de la Renaissance [2]. » Au premier plan de la scène, villes, princes, rois mènent des guerres, achètent des grands électeurs (Charles Quint), paient une rançon (François Ier).

Pour régler la solde des mercenaires, pour acquérir ou fabriquer l'arme nouvelle qui révolutionne la guerre, l'artillerie, il faut absolument l'argent que prêtent les marchands devenus banquiers : les Médicis à Florence, les Fugger à Augsbourg, Jacques Cœur à Bourges — chacun avec des filiales dans toute l'Europe. En gage ou en contrepartie définitive sont accordés l'affermage des impôts, les mines d'argent et de cuivre d'Allemagne du Sud,

2. Richard EHRENBERG, *Le Siècle des Fugger* (1896), École pratique des hautes études, Paris, 1955, p. 53, avant-propos de Lucien Febvre.

celles de mercure d'Espagne, les monopoles, voire les biens de la couronne, les domaines agricoles. À partir de ces possessions, une classe nouvelle naît qui, pour la première fois dans l'Histoire de la modernité, va rationaliser la production, *penser* la productivité du travail, et, en toute conscience, va investir systématiquement dans une perspective de rentabilité financière.

Le travail sera organisé dans l'esprit qui est déjà celui du maniement abstrait de l'argent, du calcul anticipateur du profit, de la comptabilité rationnelle, de l'habitude des bilans financiers sur une grande échelle. « L'argent, écrit Ehrenberg, cessa de seulement mesurer les échanges économiques pour devenir un outil. » Il devient surtout sa propre finalité. Plus fondamental encore est le fait que l'esprit humain va se former à l'école de l'esprit comptable, il devient « rationnel ». Il s'agit ici de la seule rationalité instrumentale, et dans la forme la plus réductionniste qui soit, puisque, dans un bilan comptable, ni le sujet humain dans sa complexité, ses besoins et ses ressources, ni la réalité multiple n'ont à être pris en compte. Bien entendu, ce n'est pas la comptabilité qui serait à l'origine de l'inhumanité des Temps modernes et du monde contemporain ; mais la rationalité réduite à la logistique s'est d'abord appliquée là, dans une perfection abstraite, avant de se répandre progressivement en tous domaines [3]. Un trait continu relie la comptabilité des banquiers Médicis à Florence et la méticulosité comptable des registres d'Auschwitz. Par cercles concentriques, tous les secteurs de l'activité humaine ont été gagnés par la raison instrumentalisée. À l'exception de la poésie, aucune forme de pensée ne leur échappe, et non plus la science, et pas même les sciences sociales et humaines qui ont découpé la réalité humaine en tranches spécialisées.

3. On sait que dans son grand œuvre, *Le Capitalisme moderne*, Werner Sombart pose la question « si c'est le capitalisme qui a créé la comptabilité en parties doubles pour asseoir sa puissance ou bien si c'est de l'esprit de la comptabilité en parties doubles qu'est né le capitalisme », *Cahiers d'histoire de la comptabilité*, Éd. Comptables Malesherbes, Paris, 1992, p. 23.

De Luther à la querelle du jansénisme

Le narcissisme humain se refuse, même contre l'évidence, à l'idée que l'économie serait au cœur de notre être. Faute d'une niche écologique en propre où l'instinct la cantonnerait, notre espèce a été poussée, depuis ses origines, à transformer son environnement. C'est l'intérêt économique d'une forme de chasse collective qui, au long de millions d'années, a aimanté le devenir humain, y compris somatiquement. Ce n'est pas d'une brusque illumination ou d'une idée géniale qu'est sortie la révolution néolithique, mais là encore de l'intérêt économique : celui au Proche-Orient de la culture du blé, de l'orge, de la fève, des pois, des lentilles ; en Afrique, du mil et du sorgho ; en Extrême-Orient du riz et du millet ; en Amérique du maïs. Les contraintes liées à la culture de la terre ont produit la révolution culturelle et sociale du néolithique.

L'économie est au cœur de notre être. Nous avons dit plus haut notre accord avec Erich Fromm, qui voit dans l'essor de la réforme luthérienne une réaction à l'angoisse des classes moyennes urbaines de l'Allemagne du Sud, face à la montée du capitalisme attaquant les structures économiques traditionnelles [4]. Au-delà de la bourgeoisie, cette réaction de la contre-modernité sera ensuite portée par des ruptures générales du lien social communautaire, déstabilisant le sentiment d'identité des individus. Face à l'angoisse montante, Luther va proposer de s'en remettre collectivement et passivement à Dieu et au pouvoir en place : « Toute autorité politique est divinement légitime », écrira-t-il. Irresponsabilisant socialement l'individu, comme Augustin douze siècles plus tôt, il contribuera pourtant lui aussi à la modernité en intensifiant le processus d'individuation psychique.

Le fidèle ne se confesse plus, il doit scruter seul son intériorité pécheresse, inaugurant ainsi un degré supérieur d'attention anxieuse à soi. Le combat entre autorité et raison prend ici des formes extrêmes. Luther déclare ouvertement haïr la raison parce que, « si on commence à la consulter, on ne croira plus à aucun mystère ». Quant « à l'autorité et à son pouvoir, [ils] sont bons

4. Louis Dumont, étudiant la formation de la civilisation moderne, part de l'économique. *Homo æqualis*, Gallimard, 1977, est tout entier consacré à montrer comment la catégorie de l'économie se dégage de l'idéologie globale pour acquérir son autonomie.

et émanent de Dieu, même si ceux qui détiennent l'autorité sont mauvais et dépourvus de foi ». Erik Erikson, on l'a vu, a montré que le vrai croyant est pour Luther comme un nourrisson faisant appel à un dieu-mère qui l'allaite. Certes, la mère imagoïque qui porte ainsi l'espoir du réformateur n'est pas celle à l'œuvre chez un Hitler ; cet autre versant noir, Luther le projette sur le diable et sur le pape. Pourtant, c'est au contenu archaïque de l'autorité que nous avons affaire ici. D'où, corrélativement, la régression psychologique de l'individu vers le statut de petit enfant, impuissant devant l'arbitraire. Les Églises luthériennes ne s'opposeront pas à Hitler.

Sous cet éclairage, des phénomènes culturels et idéologiques majeurs, survenus en France et en Europe depuis le XVIe siècle, prennent une signification non pas différente, mais plus large que celle habituellement reçue. Ainsi en est-il en France de la querelle du jansénisme (1567-1730) ou de celle qui opposera « Anciens et Modernes ». Disons quelques mots de la première, avant de revenir à la question posée plus haut et qui concerne les causes de l'échec de la raison des Lumières.

La montée de la modernité économique en France va déclencher une lutte idéologico-culturelle guère différente dans son fond de celle qui s'était exprimée cinquante ans plus tôt avec la réforme luthérienne. L'issue sera pourtant différente.

Le problème de la liberté politique de l'individu, l'un des fils rouges des Temps modernes et qui noue ensemble *demos* et *ego*, a d'abord pris la forme du combat à propos du libre arbitre : l'homme peut-il gagner son salut par ses œuvres — par ses actes — ou bien reste-t-il à jamais dépendant de la grâce arbitraire de Dieu ? Nous avons vu la réponse d'Augustin (contre Pélage) et de Luther (contre Érasme). La querelle du jansénisme débute dès 1567, mais c'est en 1640, écrit par l'évêque d'Ypres, Jansen, que paraît l'*Augustinus* (nous retrouvons ici Augustin, auteur de référence des jansénistes comme il l'était de Luther). Ce livre va, pour un siècle, poser les termes d'un débat de fond à propos de la liberté humaine. D'un côté, les jansénistes, avec Port-Royal, Pascal et *Les Provinciales* ; de l'autre, les jésuites. D'un côté, l'autorité toute-puissante et arbitraire de Dieu et l'homme impuissant ; de l'autre côté, une conception de l'individu qui, s'il utilise à bon escient le pouvoir de ses actes, peut passer contrat avec un Père « sévère mais juste » et s'assurer ainsi le salut éternel.

On connaît la thèse de Lucien Goldmann[5]. La noblesse de robe écrasée par l'absolutisme royal a développé une vision tragique du monde qui l'a rendue sensible à la prédication janséniste. L'État monarchique constituait la base économique de l'existence des robins, mais le vrai pouvoir s'était déplacé vers l'administration bureaucratique autour du roi (les commissaires et les bureaux). Ce conflit trouvait une expression idéologique dans le jansénisme, qui prêchait la « vanité essentielle du monde et le salut dans le retrait et la solitude ». Les jésuites vivaient, eux, leur grande période conquérante. Ils étaient passés en un siècle (1556-1656) de mille à quinze mille pères, ils administraient maintenant 450 fondations, enseignaient 150 000 élèves dans le monde entier, confessaient les rois. Ils évangélisaient la Chine et développaient les « réductions » d'Amérique du Sud pour les Indiens Guaranis. On conçoit que des hommes qui avaient su développer de telles qualités de courage, d'initiative, d'esprit d'entreprise et d'organisation, aient défendu une idéologie du salut par les œuvres.

Pourquoi, à cinquante ans d'écart, ces différences entre la France où les jésuites finissent par l'emporter, et l'Allemagne où Luther reste à occuper le terrain ? Il faudrait reprendre l'histoire tout entière des deux pays. D'un côté, une monarchie unifiée, alliée au tiers état contre la noblesse féodale aliénée en noblesse de cour ; de l'autre côté, des princes féodaux endormis dans des coutumes médiévales. Au plan culturel, la situation diffère. En Allemagne, l'évangélisation chrétienne, tardive, reste superficielle, et l'image paternelle est plaquée artificiellement sur des arrière-plans archaïques que Luther sait exploiter. La France, « fille aînée de l'Église », est soumise de longue date à un roi-père dont l'image n'est pas contestée, ni par les robins, ni par les jansénistes. La figure qui sous-tend les rapports sociaux est médiatrice-paternelle. Depuis plusieurs siècles, une culture de négociation s'est développée entre les villes, les parlements, le roi ; des catégories sociales se sont formées, qui expriment ouvertement les contradictions de l'époque. Au XVIIIe siècle, dans la bourgeoisie, l'individu psychique en gestation peut, en intériorisant des rapports sociaux « paternalisés », construire en lui une image intérieure médiatrice, amenée progressivement à occuper la place tenue par les rapports communautaires. Nous entrons

---

5. Lucien GOLDMANN, *Le Dieu caché*, Gallimard, Paris, 1959.

alors dans le régime d'une société patriarcale, et non plus dans celui de la communauté traditionnelle à domination masculine.

Les Lumières, ou la raison dissociée de l'acte

À l'idéologie tragique de la bourgeoisie de robe écrasée par l'absolutisme d'un roi dont elle ne peut remettre en cause l'autorité, va succéder, au XVIIIe siècle européen, l'idéologie conquérante de la bourgeoisie commerçante et financière. Elle valorise la raison. Quelle raison ? Le problème semble se poser aux philosophes, et ce n'est certainement pas une coïncidence si un esprit aussi aiguisé que Fontenelle exprime à ce moment le souhait que soit écrite une « histoire de la raison » et que David Hume, sur ce point à contre-courant des Lumières, développe une théorie de la connaissance qui suppose l'impuissance de la raison philosophique. On pourrait résumer l'esprit des Lumières dans l'image selon laquelle, en effet, il suffirait, de « faire la lumière » pour résoudre par la raison les problèmes, de quelque ordre qu'ils soient. La vérité est immédiatement accessible, pour peu qu'on écarte obscurantisme et fanatisme. Il faut découvrir les lois de la société, scientifiques au même titre que les lois de la nature que viennent de « dévoiler » Galilée et Newton. Nous sommes entrés dans le siècle de la mécanique.

« La mécanique devint la religion nouvelle et elle donna au monde un nouveau messie : la machine [6]. » L'idéologie des Lumières est indéniablement celle d'un scientisme optimiste. La croyance cartésienne à la toute-puissance de la conscience est partout présente, même si les idées ne sont plus considérées comme innées pour Locke, Condillac et les philosophes sensualistes, mais viennent de l'expérience. Le progrès naîtra de la connaissance informée — l'*Encyclopédie* représente l'exemple paradigmatique de la discussion pluraliste —, d'où le rôle des salons et des sociétés savantes, d'un espace public ou semi-public de confrontation, d'où les innombrables correspondances qu'on fait circuler dans toute l'Europe, les manuscrits lus en public, les réunions de la franc-maçonnerie.

6. Lewis MUMFORD, *Le Mythe de la machine et le développement humain* (1967), Fayard, Paris, 1974 (tome 2, chap. 3, « L'image d'un monde mécanisé »).

Où situer la part d'ombre ? Certes, le tir est trop court à propos de l'irrationalité de l'être humain, réduite à une manœuvre intéressée des religions. Mais, surtout, avec l'esprit des Lumières, s'expriment les intérêts d'une seule classe sociale, la bourgeoisie conquérante qui fait face à la royauté affaiblie. Devient valorisé ce qui favorise la relation « acheteur-vendeur » sur le marché : l'autonomie, la tolérance, la liberté, l'égalité, l'information qui rend possible le meilleur choix, la discussion publique, la concurrence, enfin, qui permet que s'exerce la « main invisible » (Adam Smith) régulant « naturellement » la société. Ce qui reste invisible aux philosophes des Lumières, ce n'est pas tant cette « main » que le fait massif que les termes de l'échange salarial sur le marché du travail sont parfaitement non symétriques : l'acheteur a un pouvoir absolu sur un individu vendeur de sa force de travail.

Au plan intellectuel, la conception toute traditionnelle de la raison que reprennent les Lumières — une pensée qui exclut l'acte et sa base économique — permet d'éluder le fait d'inégalités économiques telles que la simple survie des « classes dangereuses » est menacée. Il faudra attendre longtemps encore pour comprendre que l'économie n'est pas sous contrôle de la raison, n'est pas soumise à des hommes opérant librement des choix raisonnables, mais qu'elle obéit à sa logique propre, celle du profit à court ou moyen terme, mettant en œuvre une rationalité uniquement instrumentale. Celle-ci exclut de la réflexion les deux termes de l'acte : le sujet, la richesse de ses ressources et la complexité de ses besoins ; la réalité environnementale, c'est-à-dire la société et la nature dans les effets sur elles de l'économie. Ce sont les limitations, les aveuglements, les ambiguïtés des Lumières auxquels nous sommes aujourd'hui confrontés, et que nous allons probablement payer de plus en plus cher, tellement les horizons de notre pensée se sont progressivement réduits à un simple productivisme économique.

Les temps forts des Lumières auront alors été ceux où de l'idéologie on sera passé à la pratique. C'est Diderot élevant, au cœur de la société traditionnelle, le monument anti-autoritaire de l'*Encyclopédie* (1751-1772). C'est Voltaire armé de la seule raison et se battant pour réhabiliter Calas, brûlé sur le bûcher (1763). C'est Turgot luttant contre la noblesse et l'Église pour réformer l'État et ses finances avant sa disgrâce de 1776. Dans ces trois cas, un acte oblige les forces sociales à se manifester en clair, et à montrer ainsi que les obstacles ne sont pas seulement ceux de l'ignorance et de l'obscurantisme. Face à l'acte et à l'épreuve de réalité, la raison à elle seule se révèle insuffisante pour affronter les pesanteurs sociales, les pouvoirs politiques, les puissances économiques [7].

La « taupe aveugle » de l'Histoire est ici *ploutos*, l'économie du capital productif. Pour la bourgeoisie entrepreneuriale et entreprenante (que certains robins ont maintenant rejointe), les Lumières correspondent à la conquête de l'hégémonie idéologique et culturelle — au sens précis que Gramsci donnera à ce concept, avant la prise du pouvoir politique à partir de 1789.

L'enjeu essentiel des Lumières se joue à propos de la raison. L'idéologie fait de la raison le levier propre à soulever le monde. En particulier, elle accordera une confiance aveugle à la science, au moment où celle-ci opère son alliance mortifère avec l'économie, une confiance qui s'exprime, par exemple, dans la place majeure occupée dans l'*Encyclopédie* par les arts mécaniques, les techniques, les métiers. Désormais, à l'insu des savants, la recherche sera, en majeure part, aiguillée dans les directions utiles à l'industrie [8]. Tandis que la science devient, pour le scientisme des Lumières et du siècle suivant un nouveau *logos*, la puissance créative des chercheurs se retrouve captée par l'économie et l'industrie dont les logiques de développement donnent le cap à suivre. Au XVIIIe siècle va s'accélérer la dérive qui mènera *ratio* à sa réduction contemporaine en rationalité instrumentale, sans sujet et sans prise en compte de l'environnement global. Et cela dans tous les domaines, y compris celui de la recherche scientifique réduite, elle aussi, à un « travail en miettes » de plus en plus spécialisé et parcellisé. Déjà en 1970, Max Horkheimer écrivait : « Ce qui manque à la science, c'est la réflexion sur soi, la conscience des mobiles sociaux qui la

---

7. Ce sont les limites du livre classique de Cassirer, expression de la grande pensée universitaire allemande, que de dégager, sans plus, la positivité des forces « spirituelles » à l'œuvre dans les Lumières (Ernst CASSIRER, *La Philosophie des Lumières* [1932], Fayard, Paris, 1970).

8. Lewis MUMFORD, *Le Mythe de la machine et le développement humain, op. cit.* ; et Pierre THUILLIER, « Homo technicus », *in La Grande Implosion*, Fayard, Paris, 1995. Du même auteur avait déjà paru, marquant le rôle-pilote des besoins technico-économiques aiguillant la recherche à l'insu des scientifiques : *D'Archimède à Einstein, les faces cachées de l'invention scientifique*, Fayard, Paris, 1988.

poussent dans une certaine direction, par exemple à s'occuper de la lune et non du bien-être des gens [9]. »

Au niveau de *genos*, l'autorité patriarcale garde apparemment sa puissance : Calas sera brûlé au nom du dieu-Père, et le roi conserve les signes extérieurs du pouvoir absolu. Mais, en profondeur, d'autres forces s'agitent. Dans *Le Père de famille*, de Diderot, le père trahit son rôle de *paterfamilias* sous l'influence de *ploutos* : il s'oppose au mariage d'amour de son fils pour lui conserver l'héritage d'un oncle richissime. C'est la société patriarcale elle-même qui est désormais sapée par les puissances d'argent que, à peine quelques dizaines d'années plus tard, Balzac puis Zola montreront à l'œuvre au cœur du fonctionnement politique et social.

Demos ? Nous avons noté, chemin faisant, les avancées significatives au plan idéologique et culturel. Mais rien de fondamentalement nouveau ne se produit au niveau politique. Le despotisme, même « éclairé », reste oppressif. Ces limites seront celles-là mêmes qui, au temps des Lumières, réduiront le développement d'*ego*. Au niveau des idées, tout paraît possible : les utopies prospèrent : *La Basiliade* (Morelly), *La Découverte australe* (Restif de La Bretonne), *L'an deux mille quatre cent quarante* (Mercier). Mais *ego* n'aura pu intérioriser que les dynamiques sociales réellement actives, celles qui visent à la conquête de la nature et à l'accumulation du capital économique.

---

9. Max HORKHEIMER, *Théorie critique* (1970), Payot, Paris, 1978, p. 356.

III

L'autorité aujourd'hui, la régression vers l'archaïsme

15

Retour à la mutation augustinienne, ou quand l'autorité s'intériorise

> « Je me trouvais aux prises avec moi, mon être même disloqué. »
>
> SAINT AUGUSTIN

Dans cette troisième partie, nous allons observer les modifications survenues à partir de la Première Guerre mondiale, et qui introduisent le cinquième moment de la modernité. Elles portent essentiellement sur deux des facteurs émergents : *ploutos* et *ego*.

En effet, *demos* n'aura pas connu de développements nouveaux ; il aura seulement survécu, ce qui est déjà presque miraculeux, si l'on songe aux puissants mouvements éruptifs de la contre-modernité — fascisme et nazisme, communisme russe — auxquels il aura dû s'affronter. Cette survie témoigne de son ancrage dans les esprits et les institutions.

Ploutos aura, lui, connu les plus grands développements, sous la forme de la rationalité instrumentale « réduite », favorisée aussi bien par le grand tournant capitaliste du fordisme et le travail à la chaîne que par les coups d'accélérateur donnés par les deux guerres mondiales. Nous y consacrerons un chapitre, à propos de ce que nous nommerons l'« acte-voiture ».

Pourtant, ce seront avant tout les évolutions d'*ego*, d'un individu circonvenu par *ploutos*, qui vont nous retenir. Pour bien comprendre ces évolutions, dans leur mouvement régressif vers l'archaïsme, il nous faudra d'abord consacrer ce premier chapitre à la période charnière du moment augustinien, étudiée ici dans un essai de compréhension des mécanismes de l'intériorisation d'*ego*.

La mutation d'*ego*

Avec ce chapitre et le suivant, nous entrons dans une zone de tempêtes. Il ne va pas de soi, en effet, de prétendre que, vers le Ve siècle après J.-C., une mutation d'un caractère inédit est intervenue dans notre espèce. Non pas une mutation qui intéresse la génétique, le terme ici est entendu dans un sens métaphorique et concerne le fonctionnement psychique, et lui seul. Si j'emploie le terme de mutation, c'est que rien jusqu'alors apparu ne ressemble à l'étrange événement. Il ne s'agit pas de variations ou des transformations au niveau d'*ego*, mais de tout autre chose : une dimension nouvelle intervient dans l'histoire de notre espèce. Un autre regard commence à naître en l'individu, dirigé vers le fonctionnement psychique intérieur.

Nous avons plusieurs fois déjà cité Jean-Pierre Vernant lorsqu'il insiste sur le fait que, dans l'Antiquité, la vie personnelle de l'individu était tournée vers le dehors, vers la communauté ; il recevait d'elle en reflet, « d'autorité » — c'est-à-dire sans conscience critique —, son identité, l'estime de soi, la régulation de ses conduites, la définition de ce qu'était la « bonne vie ». Même ses rêves sont censés lui venir du dehors : nombreux sont ceux rapportés dans l'Ancien Testament — qu'on songe à Joseph en Égypte — et dans les textes du monde gréco-romain : pour le rêveur et l'oniromanien, ils sont toujours envoyés par les dieux ou les démons, ils ne proviennent pas du sujet, ils ne sont pas son œuvre. À partir du Ve siècle et jusqu'à nous, porté par les flux et les reflux qui touchent d'abord certains individus, puis des collectifs, et enfin, plus tardivement, des sociétés entières, le lieu d'où émane l'autorité se déplace progressivement de la communauté vers l'intérieur de la personne. Or, dans le même temps et le même mouvement, *ego*, devenu un véritable sujet psychologique, se met à l'écoute de son nouveau monde intérieur. L'espèce humaine découvre en soi une Amérique ; mais celle-ci, à la différence de l'autre, n'existait pas avant la découverte.

Augustin n'est certes pas à lui seul l'auteur de cette mutation d'*ego* dont nous allons chercher à comprendre les causes. Il est pourtant peu contestable qu'il lui a prêté sa voix, qu'il lui a donné un vocabulaire et les « mots pour le dire » — ceux des *Confessions*. À partir du XIIIe siècle, après huit siècles d'incubation dans les couvents et au sein de l'Église, le contenu augustinien de la vie intérieure sera imposé de force aux peuples d'Occident. Le clergé séculier usera tout autant de la terreur physique (les bûchers, l'excommunication sociale) que morale (les supplices de l'Enfer) pour mener à bien le processus massif d'acculturation qui, à suivre Jean Delumeau, durera jusqu'au XVIIIe siècle.

Les phénomènes que nous évoquons sont d'une telle ampleur que, bien évidemment, ils ont été perçus et décrits par de nombreux auteurs, et de manière privilégiée par les sociologues depuis le XIXe siècle. Mais ils n'ont été abordés qu'obliquement par le biais de l'étude de la montée sociale de l'individualisme, et à l'occasion des débats sur les notions clés de communauté et de société. Seule l'anthropologie générale pouvait espérer aborder directement ce qui est au cœur même du changement intervenu. À savoir qu'*ego* est une variable historique : il est même une innovation récente dans la forme sous laquelle nous la connaissons aujourd'hui. Ce moi dont nous sommes si fiers que nous le considérons comme l'invariant d'une « nature humaine », ce moi peut connaître des changements qui le rendent méconnaissable. Vers le Ve siècle après J.-C., une structure psychique complètement nouvelle a commencé à fonctionner à l'intérieur des individus, tout au moins chez certains d'entre eux. Rien ne dit, alors, que d'autres mutations fonctionnelles ne pourraient pas encore intervenir, en particulier dans des temps où, comme à présent, l'Histoire s'accélère.

Nous allons d'abord montrer que les deux biais, les deux approches sociologiques du phénomène, se raccordent étroitement au thème de l'autorité. Puis nous exposerons notre thèse, qui, au-delà de sa proposition même, est susceptible de jeter un pont entre ces deux approches.

Communauté et société

Premier biais : communauté et société. Gérard Raulet a repris récemment, avec Jean-Marie Vaysse, l'étude historique de ces deux concepts : « À la simple agrégation des individus ou des groupes désignée par le terme de société serait à opposer la force et le sens du lien défini par la communauté [1]. » Cette dernière catégorie lui paraît avoir joué un rôle charnière aussi bien dans l'histoire de la philosophie qu'en théologie, en sociologie, et même en théorie de la connaissance. « C'est autour d'elle que se sont articulés les grands enjeux métaphysiques et politiques de la pensée occidentale et en elle que s'est nouée la conversion de la métaphysique et de la religion en politique, donc le problème même de la modernité. »

Déjà, chez Platon, *koinomia* désigne en politique la cohésion parfaite de la cité. *La Cité de Dieu* d'Augustin oppose la société terrestre impure à la communauté universelle et éternelle de l'Église. Kant ne distingue pas tant entre ces deux notions et souligne, à leur propos, l'importance de la communication intersubjective. L'accent mis sur la relation entre individu et communauté introduit chez lui le thème de la liberté humaine. Presque tout de suite, en 1793, Fichte, dans un romantisme philosophique qui fait de lui, après Platon, le grand ancêtre des penseurs totalitaires, renverse la perspective des Lumières, qui était celle de Kant : c'est la communauté qui devient constituante de l'intersubjectivité.

En 1887 paraît le célèbre *Communauté et Société* du sociologue allemand Ferdinand Tönnies. Malgré l'auteur qui s'en défendra, on opposera dès lors très souvent la « bonne » communauté et la « mauvaise » société. Le jeune Lukacs, le jeune Bloch, le jeune Marcuse reprennent de Hegel l'opposition de la « belle totalité » du monde grec et de la modernité. Pour Wilhelm Dilthey, qui sépare radicalement sciences de l'esprit et sciences de la nature, les formations de la vie collective dont s'occupent les sciences de l'esprit « naissent et se nourrissent exclusivement sur le sol communautaire ». En 1918, *Le Déclin de l'Occident* d'Oswald Spengler va exploiter ce thème et atteindre un public très large. Tönnies avait opposé la communauté comme association organique et la société comme représentation virtuelle. Émile Durkheim (1893) reprend l'opposition, mais en inversant les contenus : la communauté devient un groupement mécanique et la société une association organique.

---

1. Gérard RAULET et Jean-Marie VAYSSE (sous la direction de), *Communauté et Modernité*, Anthropos, Paris, 1995.

Les controverses autour du thème de la communauté vont tenir une grande place dans les débats philosophiques et sociologiques en Allemagne dans les premières décennies du XXe siècle. Max Weber fait du passage de la communauté à la société un processus historique irréversible. On ne sait que trop l'importance du thème de la communauté chez Heidegger qui, Gérard Raulet le rappelle, a, dans le discours rectoral de 1933, reconnu « dans le mouvement nazi l'incarnation de sa philosophie et réfuté, au nom de l'être allemand essentiel, toute liberté abstraite au profit d'une soumission totale à la communauté du peuple ». Raulet ajoute : « Carl Schmitt, quant à lui, a redéfini l'opposition entre communauté et société comme opposition entre ami et ennemi et légitimé, au moyen de ces catégories, l'assassinat de ses propres amis devenus des ennemis. »

L'opposition entre les deux notions apparaît ainsi centrale dans les réflexions de la philosophie politique sur la modernité, depuis près de deux siècles. On pourrait encore en suivre aujourd'hui les prolongements dans le débat contemporain entre les libéraux (John Rawls) et les néo-communautaristes américains (Charles Taylor, Michael Walser). Pourtant, ces derniers courants ont, à la différence de ceux du passé, intégré à leur pensée la démocratie politique, le différend, la discussion, la communication, la négociation.

Si l'on revient au présent livre, on voit ce que la notion de *genos* peut apporter au concept de communauté : le schéma psychofamilial marquerait, dans toutes les cultures humaines et chez tous les individus, le passage inévitable de l'*infans* par les socialisations. Quelle que soit l'époque, c'est le premier travail du collectif social structuré familialement — communauté familialiste ou famille nucléaire — qui ouvre à l'*infans* la porte du club humain. La première socialité, les premières socialisations sont structurées selon le modèle familialiste : ce que, dans leur discipline, les ethnologues nomment les structures de parenté. Mais, aussi, aucune communauté familialiste n'a jamais connu la « belle unité » sous laquelle Hegel pensait le monde grec. Hégélien malgré lui, Heidegger extrapolait cette « unité » de la philosophie des présocratiques disant l'être, à la société réelle dans laquelle les Grecs de l'époque vivaient.

Aucune collectivité jamais n'a vécu exclusivement selon le familialisme social, selon *genos*, selon l'imaginaire d'une communauté familiale. Au-delà du simple fait que, pour survivre, elles ont toutes été contraintes de donner une place à l'objectivité dans le rapport au monde naturel, elles ont toutes aussi été traversées d'oppositions en rapport non pas seulement avec la haine et l'amour, mais avec les problèmes objectifs de la vie quotidienne : inégalités diverses, différences de situation et de rang, opposition d'intérêts, conflits quant aux choix ou aux décisions à prendre. Depuis les tout débuts où, dans les scénarios que nous proposons [2], les premières formes de chasse structurale chez des singes ont commencé à créer une espèce nouvelle, on peut bien penser que *demos* a été présent sur la scène, à tout le moins en tant qu'ébauche de la reconnaissance des différences objectives. En ce sens, des éléments de « société » existaient déjà au sein des premières communautés, hordes, tribus, clans. Mais ce n'est que très récemment dans l'histoire de l'humanité que la réforme de Clisthène, cassant de manière volontariste la structure sociale familialiste, a ouvert à *demos* les voies du développement.

La reconnaissance explicite et la prise en compte sociale de contradictions trouvant leur origine ailleurs que dans l'imaginaire ou la subjectivité, le pouvoir ou la richesse considérés dans le rapport aux dimensions autonomes de la politique ou de l'économie, voilà ce qui permet de parler de société et non plus de communauté. Mais, aussi, avec la mutation d'*ego* au ve siècle, le schéma psychofamilial se déplace pour fonctionner maintenant à l'intérieur de chaque individu. Ce que recouvrent les termes de communauté et de société apparaît consubstantiel à l'espèce humaine. Ce qui varie, ce sont les formes expressives de *genos* et de *demos*, et leurs proportions respectives au sein d'une interaction qui ne cesse jamais.

L'individu se dégage de la gangue communautaire

Il faudrait, si nous en avions la place, pouvoir opérer le même survol à propos du second biais, la montée en puissance d'un individu se dégageant de la gangue communautaire. Nombreux ont été les auteurs qui ont insisté sur ce processus, de Schlegel à Nietzsche, de Georg Simmel à Norbert Elias, de Louis Dumont à Jean-Pierre Vernant. Chez le phénoménologue Alfred Schütz,

2. Gérard MENDEL, *La Chasse structurale*, *op. cit.*

cette problématique va jusqu'à prendre la forme d'une dualité du Moi et du Nous.

Insistons davantage sur deux psychanalystes, Freud tout d'abord, et Erich Fromm, qui tous deux ont voulu jeter des ponts entre évolution historique et organisation d'*ego*, du moi. La perspective développée par Freud est, on l'a vu (voir *supra*, chapitre 4), simple autant que réductrice. Deux états du moi coexistent en permanence dans l'individu contemporain. Le premier, irrationnel et affectif, toujours prêt à renaître, au sein de la foule inorganisée par exemple, reproduit telle quelle la situation de la horde primitive. Le second est, lui, structuré selon la structure triangulaire du complexe d'Œdipe. La prise en compte de la société et de l'histoire reste très maigre, à la fois barrée et rendue inutile par une croyance en une nature humaine invariante, puisque transmise héréditairement ; cette nature humaine reproduirait partout et toujours l'inconscient et l'Œdipe, tels qu'ils peuvent se manifester sur un bourgeois divan viennois de la fin du XIXe siècle. Très au-dessus du monde humain, l'éternel combat des « deux Géants », Éros et Thanatos, détermine, au plan cosmique, le futur de notre espèce. Étrangement, la pensée freudienne se clôt ainsi en une gnose et une cosmogonie, qui ne sont pas sans rappeler le dualisme manichéen des Ténèbres et de la Lumière qui avait nourri si longtemps la pensée d'Augustin avant sa conversion tardive.

Dans la première partie, j'évoquais le livre de Germaine Guex, *Le Syndrome d'abandon*, et je disais qu'il était « un peu oublié ». Il est un autre texte qui, en France, est, lui, tombé tout entier dans les oubliettes : *La Peur de la liberté*, d'Erich Fromm[3]. La liberté est l'un des nombreux qualificatifs possibles pour ce que je nomme *demos*. On peut lire, alors, ce livre pionnier comme une histoire des rapports entre liberté et autorité, avec un accent particulier, et qui a fait scandale à l'époque, mis sur le lien idéologique et culturel entre Luther et Hitler. La place centrale donnée par Fromm dans son œuvre au sadisme et au masochisme lui fait interpréter l'autorité sous cet angle, comme un rapport sadomasochiste. Sa raison d'être, chez les deux protagonistes du rapport pervers, serait « d'aider l'individu à s'évader

3. Erich FROMM, *La Peur de la liberté* (1941), Buchet-Chastel, Paris, 1963. Cette traduction (incomplète et très insuffisante) est épuisée depuis maintenant trente-cinq ans.

de son insupportable sensation de solitude et d'impuissance[4] ». Sensation de solitude et « sentiment abandonnique » peuvent paraître alors fort proches l'un de l'autre : il y a malgré tout entre eux la différence qui sépare le constat d'un vécu et la recherche de la cause. De plus, Fromm fait du sadomasochisme un mode de gestion privilégié de la sensation de solitude, qui existe pour lui uniquement chez le névrosé ; pour nous, on l'a vu, un élément anthropologique s'y exprime, plus ou moins neutralisé et canalisé par les cultures et les sociétés et selon des modalités qui peuvent être différentes. Surtout, Fromm, qui comme Freud croit à une nature humaine, n'a pas évoqué la possibilité d'une transformation du moi. L'idée lui serait sans doute parue incongrue d'une mutation historique du moi à la faveur de laquelle l'autorité aurait pu commencer à agir non plus seulement depuis la communauté mais aussi de l'intérieur même du sujet.

L'élément que nous souhaitons introduire se situe donc à propos d'un fonctionnement nouveau du moi qui apparaît explicitement chez Augustin, c'est-à-dire à une période relativement récente de l'histoire (Ve siècle après J.-C.).

Déjà, il est à remarquer que les auteurs que nous venons de citer — nous pourrions en ajouter d'autres, dont Philippe Ariès, Michel Vovelle, Arlette Farge — raisonnent tous à partir de deux états décrits comme exclusifs l'un de l'autre, et qui généralement se succèdent. La morale des maîtres prend la place de la morale des esclaves (Nietzsche) ; après la communauté vient la société (Tönnies, Durkheim, Weber) ; après le moi moderne, le moi prémoderne (Schlegel) ; l'originelle « volonté essentielle » s'oppose à la liberté « abstraite » (Heidegger) ; entre le Moi et le Nous existe une dualité irréconciliable (Schütz), etc. Or, ces clivages sociaux, ces dualismes — considérés par leurs auteurs comme de véritables fractures — procèdent par élimination d'un de deux termes et ne se trouvent décrits que dans leur partie visible, celle qui, dans le rapport individu-société, va concerner l'élément social.

Quant au premier point, nous ne décrivons pas la substitution d'un état à un autre, mais la continuation de leur opposition dans des proportions et des formes d'expressions qui varient. Nous sommes résolument dualiste : plus la modernité se rapproche de nous, et plus de « société » s'exprime ; mais ce qui s'énonçait

4. *Ibid.*, tr. espagnole, p. 187.

auparavant sous la forme de « communauté » — le schéma psychofamilial — continue de perdurer sous la forme de la famille dans l'inconscient ; on pourrait presque dire que nos images parentales sont nos nouveaux dieux, inspirant rituels, cérémonies (fêtes des mères, des pères), sacrifices divers. Surtout, nous cherchons à décrire aussi l'élément non visible, et non pris en compte par les auteurs précités : l'individu. Nous disons qu'il devient sujet psychologique, qu'il scrute à l'intérieur de lui, par l'introspection, son intimité, que de par ce regard intérieur il reçoit une part de son identité, que la culpabilité succède à la honte, que pourront s'écrire à présent des confessions ou un journal intime. L'autorité intérieure va maintenant tenir le moi sous son emprise. Disons-le naïvement : à partir de cette mutation d'*ego*, la psychologie peut naître.

Tout au long du livre, il nous a paru que ce n'était pas à partir de rien que le fonctionnement intérieur s'établissait, mais sur la base d'une intériorisation des rapports interpersonnels et sociaux développés jusqu'alors uniquement dans la communauté. Étrange événement. Dès lors, par l'accent mis sur l'étrangeté et le mystère, et sous peine d'éveiller les tentations spiritualistes, il paraît utile de rechercher des explications possibles quant au mécanisme de cet événement.

Une hypothèse défendable verrait le processus d'intériorisation apparaître en deux temps successifs. Le premier, au Vᵉ siècle avant J.-C. à Athènes, aurait connu une dimension collective : les nouveaux citoyens ont eu, en effet, à affronter le deuil de la communauté perdue ; on en trouve l'expression dans le théâtre tragique qui apparaît à ce moment précis. La seconde phase, elle, dans un contexte historique certes favorable, aurait été plus qu'un deuil, le fait d'un individu, Augustin, subissant un véritable état dépressif, réactionnel à la mort de ses parents avec lesquels s'étaient établies des relations intenses et d'une extrême ambivalence ; on en trouve l'expression dans les *Confessions* et dans *La Cité de Dieu*. Ce que l'autorité de la communauté prenait en charge, c'est maintenant, au moins en partie, à une autorité *dans le moi* de l'assumer. Le cadran où lire le bien et le mal se trouve désormais à l'intérieur de soi. « L'œil était dans la tombe et regardait Caïn » : depuis la tombe de l'inconscient, où les parents sont enterrés et quasi divinisés, la conscience morale se fait juge du moi coupable.

À cette hypothèse principale s'ajoutera une hypothèse subsidiaire. La dualité dans le rêve d'un contenu latent et d'un contenu manifeste ne serait pas sans rapport avec ce qu'il en était de l'*ego* prémoderne et ce qu'il en est de l'*ego* nouveau. Le travail du rêve reproduirait le passage qui amène les matériaux du moi prémoderne à s'exprimer dans le vocabulaire du moi moderne.

Dans la perspective ici particulière de l'intériorisation d'*ego*, nous allons mettre en rapport le théâtre tragique grec et la dépression augustinienne avec les résultats d'une enquête ethnologique très originale menée en Nouvelle-Guinée et avec l'observation du travail du rêve.

Théâtre tragique et culpabilité familialiste

On a beaucoup questionné la thématique de la tragédie grecque, en particulier les psychanalystes, dont Freud et Melanie Klein. Je voudrais interroger un point laissé dans l'ombre. En effet, pourquoi ces tueries familiales ont-elles passionné les Grecs du Ve siècle au point de constituer le ressort principal de la tragédie ? Alors que manifestement elles ne défrayaient pas la chronique quotidienne et que, dans la réalité, on ne se massacrait pas dans les familles.

La trame de ces pièces dans lesquelles se reconnaissent les tout neufs citoyens est simplement atroce. Médée tue ses enfants. Clytemnestre tue son mari, Agamemnon. Oreste, poussé par sa sœur Électre, tue Clytemnestre, leur mère. Œdipe tue son père, Laïos. Ces thèmes sont si prégnants pour le spectateur que chacun des trois tragiques — Eschyle, Sophocle, Euripide — les a repris. Pourquoi cette part-là précisément des mythes et légendes, si riches par ailleurs en anecdotes diverses, a-t-elle été privilégiée ? Qu'éveille-t-elle chez les spectateurs et pour les auteurs ?

Notre thèse d'un schéma psychofamilial, anthropologique, qui structure les communautés traditionnelles, peut aider à répondre à cette question. Souvenons-nous de la déchirure de la communauté apparue avec la réforme de Clisthène. Pour la première fois, ce qui constitue *demos* se trouve explicité sur la place publique et impose sa logique à l'organisation politique. Les catégories sociales à l'origine du bond en avant économique d'Athènes, jusqu'alors écrasées politiquement par l'aristocratie foncière et le sacerdoce, deviennent non seulement des catégories politiques, mais elles prennent le pouvoir. Avec la démocratie antique, nous avons vu comment, premier moment de la modernité, *demos* s'était attaqué à *genos*.

Qu'en est-il alors d'*ego* ? Le moi des individus de la communauté ne peut fonctionner que dans l'interaction avec celle-ci. Sa déchirure est forcément aussi un déchirement d'*ego*. Si le schéma psychofamilial structure à la fois l'organisation communautaire et celle familiale, on peut concevoir aisément que, dans la fiction tragique, l'une prenne la place de l'autre. Dans la tragédie grecque, les tueries familiales occupent la scène, parce qu'elles résonnent chez le spectateur en écho avec la communauté mise à mal. Il arrive même que le très nouveau conflit des deux ordres (*genos* et *demos*) se trouve explicité ouvertement. Antigone ensevelit son frère au nom de l'éthique de la *philia*, et trouve la mort parce qu'elle s'oppose à l'éthique de l'agora : les valeurs familiales et religieuses traditionnelles s'affrontent aux lois civiles de la cité démocratique. Dans ces drames s'exprime le conflit qui traverse chaque individu-citoyen, l'opposition entre les « lois non écrites » de la justice divine (*genos*) et les nouvelles lois politiques (*demos*). Il est encore un second couple d'opposés, à même contenu anthropologique : il dresse le destin contre la toute neuve liberté humaine qui fait dire à Œdipe, face à ce que Fromm nommerait la « peur de la liberté » : « Mes actes, je les ai subis, et non commis. »

Nous n'avons pas encore répondu complètement à la question posée au départ. En effet, pourquoi la déchirure familiale — métaphore, donc, de la communauté déchirée — doit-elle nécessairement prendre la forme extrême de la mise à mort ? Ici, un texte de Freud, « Deuil et mélancolie » — nous l'avons déjà utilisé —, nous permettra d'avancer. « Le deuil, écrit Freud, est régulièrement la réaction à la perte d'une personne aimée... » Faisons un sort à la fin de la phrase : « ... ou d'une abstraction venue à sa place, comme la fratrie, la liberté, un idéal, etc. » Dans le deuil, le sujet sait ce qu'il perd, qui se situe à l'extérieur de lui ; le travail douloureux va consister à intérioriser — il y faudra du temps — chacun des éléments distinctifs de ce qui a été perdu. Freud évoque alors la culpabilité ressentie normalement par les survivants, qui témoigne de leur inévitable ambivalence ancienne envers le disparu. Il est des plus communs qu'on s'accuse de torts envers lui tout comme si les anciens souhaits inconscients agressifs s'étaient accomplis magiquement pour causer sa mort.

L'essentiel de ce schéma peut être repris pour comprendre le vécu tragique de l'individu grec du Ve siècle. Son identité ancienne, il la ressent qui meurt, alors qu'il ne possède pas en lui l'échafaudage fonctionnel des défenses, identifications, sublimations, correspondant à son nouveau statut social. L'organisation politique qui se mettait en place répondait à la réalité de la situation économique ; cette épreuve de réalité positive ancrait l'individu dans les formes sociales actuelles, s'opposant aux tentations fortes du retour vers le passé. Mais, aussi, comment le citoyen, ainsi divisé entre un statut extérieur satisfaisant et un vécu personnel douloureux, ne se serait-il pas senti le responsable, à son niveau, de la mise en pièces sous ses yeux de la communauté traditionnelle ? Ce sont ces mêmes situations que proposent métaphoriquement les tragédies jouées à ciel ouvert dans les grands amphithéâtres de pierre. L'individu les vit alors non plus dans une solitude, à mi-chemin entre la communauté miroir et le for intérieur de l'individuation, mais dans le partage émotionnel avec les spectateurs autour de lui. Plus même : il retrouve comme la communauté perdue dans la communion d'esprit et de sentiment que font lever les temps forts de la pièce dans la rumeur bruyante des foules méditerranéennes. Le chœur parle les mots que chacun, réduit à soi seul, ne saurait encore dire. L'individu prend conscience que son désarroi personnel, dont il situe si mal les tenants et les aboutissants, est — osons un anachronisme — ce qu'on nomme aujourd'hui un « phénomène de société ». D'où le soulagement de tensions qu'il n'est pas de taille à supporter en personne.

Il faudrait reprendre ici la théorie, non sans aspects énigmatiques, de la catharsis aristotélicienne. Dans la perspective que nous présentons, la « purification des passions » revêt un sens plus complexe que celui proposé par les interprétations traditionnelles, le sens nouveau d'un deuil à mener à bien, d'une purification à la mesure de la déchirure identitaire et de passions encore innommées. Si le travail de deuil consiste en effet à intérioriser la perte de ce à quoi à l'extérieur attachent intensément l'amour et la haine, la tragédie grecque y trouve la raison de son surgissement. Un début d'intériorisation du moi a eu lieu à cette époque, une intériorisation de ce qui structurait et la communauté et la famille, c'est-à-dire le schéma psychofamilial. Puis les trois composantes de la situation disparaissent ensemble : la démocratie athénienne se meurt, le théâtre tragique disparaît de la scène, *ego* régresse vers de pseudo-communautés.

Anticipons un instant sur ce qui va suivre. L'endopsychisme, aussi bien dans l'Athènes de Périclès qu'ultérieurement, ne s'est jamais constitué par l'intériorisation d'éléments ponctuels, les images des parents en l'occurrence, mais par la translation d'abord comme en pointillé puis en trait fort du schéma psychofamilial lui-même, de sa structure, depuis l'extérieur vers l'intérieur. Freud a eu l'intuition de la prévalence du cadre formel et de sa logique sur les éléments qui vont en faire partie. En effet, pour lui, chacune des identifications à un parent ne trouve une signification que dans le jeu des interrelations à toutes les autres identifications, à l'intérieur du double scénario de l'Œdipe positif et négatif. Dans une telle perspective, structure et histoire trouvent chacune leur place ; mais la structure de fond reste toujours semblable, qu'elle intéresse la grande Histoire ou la petite histoire d'une biographie, toutes deux sujettes à variations formelles. C'est en ce sens que ce qui fonde l'autorité — *genos* — ne meurt jamais, et non plus *demos*.

Nous passerons plus vite sur la seconde phase d'intériorisation d'*ego*, la phase augustinienne dont il a déjà été fait état longuement. Nombre des caractéristiques psychologiques par lesquelles Freud explique que le deuil normal puisse virer à la dépression sont présentes chez Augustin : l'ambivalence extrême des sentiments envers une mère, terrible « sainte femme » qui ne cesse de le poursuivre de ses pleurs et de ses plaintes, jusqu'à ce qu'il se convertisse ; une conversion qui coûte à Augustin rien moins que le renoncement définitif à une vie sexuelle certainement riche, à lire les *Confessions*, et qu'il menait depuis déjà quinze ou vingt ans. Freud insiste sur la révolte contre le défunt (ou la défunte) et sur le rôle capital du narcissisme chez le déprimé de l'après-deuil, car à l'origine d'une identification du moi à l'objet perdu — et narcissique, Augustin le fut au plus haut degré. Ces formes de dépressions se caractérisent par l'importance des autoreproches, l'abaissement public de soi, la perte de sa propre estime. Les *Confessions* portent témoignage caricatural de cette humeur sombre d'auto-accusation. Parmi ses commentateurs les plus fervents, certains n'ont pas hésité à parler chez lui d'une maladie de la culpabilité. Il n'est pas jusqu'au rôle de « tourmenteur » que le déprimé de l'après-deuil joue envers son entourage

(Freud), qu'on ne puisse mettre en évidence chez Augustin. Dieu seul sait, si l'on peut dire, combien il aura fait tourment en effet à ses semblables des plaisirs qu'il s'était refusés à lui-même. Après la phase dépressive proprement dite, toute l'énergie surhumaine d'Augustin fut mise au service d'une action et d'une œuvre, portées toutes deux par le thème du renoncement aux plaisirs de ce monde.

À cette époque, la déchirure communautaire n'est pas due, comme à Athènes, à de seuls motifs internes à la société, mais à plusieurs causes. La lente implosion déjà pluriséculaire de la société romaine, puis l'explosion brutale que provoquent les invasions barbares : c'est là, à l'époque que vivent Augustin et ses contemporains, une « crise de civilisation » s'il en fut. Au peuple chrétien, Augustin propose une nouvelle communauté autour de l'Église. À ces hommes et à ces femmes qui avaient à faire le deuil du monde antique disparu, il offre l'image et le modèle de son psychisme déprimé. L'intériorisation du monde perdu doit se faire sous le signe de la perte : abandon de tout plaisir en ce bas monde, et renoncement même à être aimé de ce Dieu vengeur qui punit les humains, et pour l'éternité, d'un péché attribué lointainement à Adam et auquel ils n'ont eu aucune part. Le péché originel est celui d'un Adam créé ainsi tel par ce même Dieu, non plus alors seulement vengeur mais pervers. Comprenne qui pourra, *credo quia absurdum*. Il est juste d'ajouter que, à cette version augustinienne du christianisme, s'opposera celle de Thomas d'Aquin. Deux grands courants idéologiques diviseront alors en profondeur le catholicisme.

Moi intérieur et travail du rêve

Doit-on alors penser que, avant Augustin, avant l'Athènes démocratique, *ego* n'aurait été qu'une image reflet, celle que renvoie à chaque individu biologique la communauté, à partir de l'appartenance à une lignée, d'une conduite dans la vie, d'une apparence physique ? Un *ego-habitus*, en somme. En ce cas, le constructivisme social trouverait sa vérité dans la non-psychologie de l'avant-modernité. Telle n'est évidemment pas la perspective où nous nous situons, qui est celle du travail du social sur des ressources anthropologiques potentielles. Il nous semble alors qu'il faut en dire un peu plus — au-delà du déjà dit sur l'archaïsme — à propos de ce que pouvait être, et de ce que peut encore être aujourd'hui dans certaines sociétés, le fonctionnement psychique d'avant la modernité. En effet, évoquer un sentiment abandonnique consubstantiel à l'espèce humaine suppose l'existence déjà d'un fonctionnement psychique. Quel peut-il être ?

Il nous faut partir d'un livre récent, et à notre sens fondamental, écrit conjointement par un ethnologue et un psychanalyste [5]. Les deux auteurs ont travaillé en collaboration, plusieurs années durant, sur le matériel recueilli dans un village de Nouvelle-Guinée resté relativement isolé. Ils ont pu montrer, usant de techniques inconnues des ethnologues, qu'une riche fantasmatisation personnelle et des représentations très élaborées se trouvaient présentes dans l'activité psychique des membres de cette tribu. Mais cette activité présente plusieurs caractères qui la différencient nettement de la nôtre.

Tout d'abord, le fonctionnement psychique reste pour l'essentiel amalgamé au vécu existentiel, sans distance prise d'avec lui, sans être isolé de lui par un discours intérieur. Non que le vocabulaire, les mots manqueraient, mais — c'est le second point — ils ne renvoient pas à des représentations personnalisées, ni même individualisées. Ils réfèrent à des phénomènes collectifs intéressant, en dernière instance, les mythes, les croyances, les légendes, les rituels. Nous en avions vu déjà un exemple avec l'adolescent africain étudié par les Ortigues, lorsque ses associations d'idées le menaient non pas vers des représentations personnelles, mais vers les ancêtres tribaux ou l'arbre-baobab. Ainsi n'existe-t-il pas vraiment un regard discriminateur qui serait tourné vers l'intérieur de soi. Dès que l'attention se porte dans cette direction, le regard est renvoyé vers l'extérieur, puisque les représentations dont le sujet dispose sont toutes liées à des croyances collectives.

À partir de ces réflexions, le mystère devient moins opaque d'un fonctionnement endopsychique qui serait apparu historiquement avec la modernité. La religion, le roman, la poésie, le théâtre, l'idéologie et — *the last but not the least* — la

5. Gilbert Herdt et Robert J. Stoller, *Intimate Communications. Erotics and the Study of Culture*, Columbia University Press, New York, 1990 (*cf. L'acte est une aventure*, *op. cit.*, p. 254-256). Six des livres de Robert Stoller, psychanalyste américain, ont été traduits en français.

psychanalyse nous ont construits tels que nous sommes, avec, dans les placards de la mémoire, un stock considérable de représentations culturelles et individualisées. Là où le « primitif » se lit à sa manière à lui, c'est-à-dire avec les mots non personnels de ses mythes et croyances collectives, nous-mêmes nous déchiffrons notre petite musique personnelle en disposant des œuvres, des mots, des personnages, des situations de notre culture, rapportés à l'être imaginaire qui habiterait, tel un fantôme, notre corps, et qui dit « Je » dans notre discours.

Ainsi pourrait-on entrevoir comment se diversifie nécessairement l'être humain dans son unité virtuelle. Tout au fond de l'entonnoir, dans la jungle psychoaffective sans images ni représentations que sont les deux extrêmes du vécu du très petit enfant : les angoisses et sensations archaïques — déchirement, dilacération, *membra disjecta...* —, traces ultimes du sentiment abandonnique ; et, à l'opposé, les éprouvés de tout-plaisir. Mais, déjà, s'ébauchent des tactiques et des stratégies de recherche des souvenirs du plaisir, déjà se mettent en œuvre les débuts de la temporisation de l'angoisse.

Un peu après vient le temps de ces « fantasmes » sensori-moteurs proprioceptifs que Bernard Aucouturier nomme les « fantasmes d'action », et dans lesquels la dimension symbolique est déjà présente [6]. En effet, ils n'ont pas valeur signifiante seulement en tant qu'éprouvé immédiat ou passé (les souvenirs inscrits dans le corps) de l'*infans*, mais aussi comme témoignage de la coexistence avec la mère et de ses modalités. La mère non pas encore comme image unifiée ni même comme représentation, mais en tant que marque essentielle de la présence ou de l'absence. Tel est l'archaïsme 1 ; et l'inscription viscérale de l'absence est la matrice du sentiment abandonnique.

Ensuite, et nous voici déjà aux 6-15 mois, vient le moment de l'aire intermédiaire et des processus transitionnels décrits par Winnicott. Le sentiment abandonnique va déchirer l'*infans* s'il ne parvient pas à se donner l'illusion qu'il crée le monde ; face à la déchirure, pas d'autre solution, alors, que celle de renoncer à la création de soi. Tel est l'archaïsme 2.

À ces époques originelles, la culture intervient à la fois dans le rapport global gratification-frustration, et dans les modalités individuelles du rapport de la mère à l'*infans*. Nous avons vu

---

6. Bernard AUCOUTURIER, *Les Fantasmes d'action*, à paraître.

combien, de l'Inde à l'Afrique, de la Russie à la Bretagne traditionnelle, elles étaient en grande partie commandées par la culture.

Après l'âge de 15 mois, une bifurcation décisive intervient, selon que l'on se trouvera en régime de non-modernité ou de la modernité endopsychique. Seulement dans ce dernier cas, le refoulement originel mettra à l'écart de la conscience des images et des « représentations de choses ». Outre la culture ambiante, dont on mesure si mal encore les influences profondes, joue ici l'intensité des relations avec des parents très individualisés. Freud a toujours cru à la communication d'inconscient à inconscient : sans les mots, puis avec les mots, l'inconscient lui-même, comme structure de fonctionnement, ne pourrait-il se communiquer, par l'intermédiaire de certains de ses contenus mémorisés, des parents à l'*infans* ?

Un dernier point : le modèle culturel qui se met ainsi en place à partir de la naissance est probablement définitif. Qu'on se souvienne, par exemple, de la tentative de psychothérapie de Samba par les Ortigues ou des essais de « psychanalyse sans divan » de Parin et Morgenthaler.

Cette perspective d'ensemble, à la fois unitaire et diverse, de la construction socioculturelle du fonctionnement psychique à partir de ressources anthropologiques potentielles pourrait jeter une lumière sur le trait le plus mystérieux du rêve. Pourquoi, en effet, le « travail du rêve » qui contraint un contenu latent à s'exprimer pour le rêveur en un contenu manifeste ? C'est là une question que n'a pas vraiment abordée Geza Roheim dans son livre somme, *Les Portes du rêve* [7]. On pourrait alors — autre apport d'une anthropologie générale — formuler ici une hypothèse. Avec le travail du rêve serait reparcouru, à l'inverse des régressions de la vie diurne (ce vaste domaine qui intègre les drogues, la psychose, la psychanalyse… et le sommeil) et dans la progression, le chemin que nous venons de suivre. Autrement dit, vers le contenu latent, sous la forme, en simplifiant à l'extrême, d'un aiguillage soit vers le mythe, soit vers le roman. Ou dit encore autrement : l'impensable parvient à se penser. Le

---

7. Geza ROHEIM, *Les Portes du rêve* (1952), Payot, Paris, 1973. À consulter également : Roger BASTIDE, *Le Rêve, la Transe, la Folie*, Flammarion, Paris, 1972 ; Jacques BROSSE, *L'Expérience du rêve*, Grasset, Paris, 1969 ; Sophie JAMA, *Anthropologie du rêve*, PUF, Paris, 1997.

rêve pourrait bien reparcourir, du contenu latent vers le contenu manifeste, le cheminement de l'humanité vers la distanciation d'avec le subi passivement.

Un modèle des mécanismes de l'individuation psychique

À partir de cette conception des deux temps du rêve, un modèle des mécanismes de l'individuation psychique devient alors pensable, dans lequel le langage joue le rôle essentiel ; non pas les structures du langage mais les différents systèmes sémantiques. Dans la prémodernité, le système à disposition de l'individu pour interpréter aussi bien, dans le rêve, le contenu latent en contenu manifeste que, dans la vie diurne, ses propres mouvements psychoaffectifs, ses angoisses (dont celle d'abandon), ses désirs, ce système sémantique est celui, collectif, des mythes, rituels, croyances, du groupe. Avec les développements de la modernité, le contenu de ce système se trouve rapporté à un moi individuel. Le temps du verbe s'est modifié, passant du « nous » au « je ».

Mais aussi, c'est bien toute la culture qui a changé. Certes, la théologie augustinienne est, elle aussi, une variante du mythe. Mais il fait maintenant partie du mythe que l'individu vive la croyance à une existence individuelle, indépendante, monadique. Cette croyance psychologique à un moi parfaitement autonome, contre laquelle nous nous sommes toujours inscrit en faux, est à ce point intégrée à la culture dans ses représentations — personnages du théâtre, du roman, du cinéma ; théories psychologiques et sociologiques… — que le sentiment d'identité du sujet lui est absolument coextensif. Pourtant, un temps essentiel a disparu dans le passage de la réalité objective à sa représentation culturelle. En effet, c'est parce que — sous la pression de l'économique — les rapports sociaux de la modernité démembraient la communauté et isolaient, l'un à côté de l'autre et l'un contre l'autre, des individus sociaux, que la culture a elle aussi individualisé un système sémantique nouveau de représentations. Et, bien entendu, nous sommes incapables de définir notre identité en dehors de ce système. Ce qui a disparu de la culture quotidienne, ou plutôt qui n'y est jamais vraiment apparu, c'est le thème des rapports sociaux sur fondations économiques.

Ainsi, l'analyse du rêve, qui était pour Freud la « voie royale de compréhension de l'inconscient », permettrait également l'approche des mécanismes de l'individuation psychique. Pas plus que ne pourrait, dans notre espèce, se développer un rêve dont le contenu latent ne s'exprimerait pas en contenu manifeste, étroitement dépendant d'une culture particulière, il ne saurait exister un individu dont les mouvements intérieurs ne soient transcrits, dès les premières années de la vie, en un système sémantique articulé aux rapports sociaux. Au plus profond d'elle-même, dans le rêve ou dans la croyance, la subjectivité n'est jamais indépendante des rapports sociaux d'une société précise. Aussi bien dans leur formation que dans leur pérennisation, ni l'architecture psychique du sujet ni le sentiment d'identité qui en émane ne sont indépendants de l'environnement social et culturel.

16

Rationalité, acte-voiture, autorité

« Les États-Unis, une société pilotée par le pétrole [1]. »

Michael KLARE

Les développements qui précèdent concernant la raison, ses avatars et dérives rendent souhaitable une illustration. Où et comment la choisir, ou plutôt : à quel moment de l'histoire ? Au début des Temps modernes, ou plus tard, quand la figure qui n'était qu'ébauchée a pris sa forme complète ?

Je me souviens de la conversation tenue, l'an dernier, avec un scientifique de haut vol. Il s'étonnait que, à propos de « la voiture », de sa production, de son usage, je puisse parler de la raison à l'œuvre. Je prendrai donc mon exemple dans un sujet à propos duquel Alfred Sauvy, voulant le traiter, commençait par écrire : « Nous voici dans le domaine le plus délicat et peut-être dans l'exposé le moins convaincant, tant sont profondes les racines du mythe étrange […], le plus étonnant de la sociologie

1. Michael KLARE (professeur au Centre d'études sur la paix et la sécurité mondiale, Massachusetts), « Les États-Unis sont une société pilotée par le pétrole », *Le Monde*, 21 octobre 2001.

contemporaine [2]. » Tout est rationnel qui concerne la voiture, mais d'une rationalité instrumentale réduite, poussée jusqu'à la « réduction » presque parfaite, et dont les effets, en à peine un siècle, contribuent à rien moins qu'à mettre peut-être en péril, au nom de l'individu, de son confort, de sa liberté et de ses droits, la survie de l'espèce.

L'automobile, archétype de la rationalité « réduite »

Ma thèse est d'autant plus malaisée à défendre qu'elle n'équivaut nullement, je l'ai dit, à entériner le jugement péjoratif sur la rationalité instrumentale si répandu aujourd'hui chez des penseurs de tout horizon [3]. Au contraire, tout ce que j'ai pu avancer précédemment va dans le sens de la valorisation de celle-ci, au point de prétendre que toute raison, et même celle qui s'exprime dans le *logos*, procède en dernière instance de la rationalité instrumentale. Il n'y aurait pas eu le « devenir humain » sans la capacité, dans notre espèce, à tirer enseignement des conséquences de l'interaction avec l'environnement naturel. Bien avant de s'abstraire en raison-*logos*, des millions d'années auparavant, la raison s'implantait déjà au cœur de la culture de l'*Homo sapiens*. C'est elle qui organisait sa cognition, grâce à l'observation quotidienne du rapport moyens-fin et à partir du cumul d'expérience qui résultait d'innombrables conduites d'innombrables générations procédant à des essais-erreurs (et réussites). Comment croit-on que l'Indien d'Amazonie ait pu découvrir les effets paralysants du curare sur le gibier ?

---

2. Alfred Sauvy, *Mythologie de notre temps*, Payot, Paris, 1965, ch. 14, « L'automobile ». A. Sauvy a consacré un livre à la voiture, *Les Quatre Roues de la fortune* (Flammarion, Paris, 1968). Cet auteur entend le mythe comme de « simples représentations de faits contemporains, qui se modifient à l'étude approfondie du sujet » (*Mythologie de notre temps*, *op. cit.*, p. 8).

3. On trouvera de bons exemples de cette condamnation dans « La résistible emprise de la rationalité instrumentale », numéro spécial de la *Revue internationale de psychosociologie*, vol. IV, n° 8, automne 1997. Un texte très documenté et serré de Cornélius Castoriadis s'y trouve publié. Également, le livre — une mine d'informations — de John Saul, *Les Bâtards de Voltaire. La dictature de la raison en Occident* (Payot, Paris, 1993), aboutit au rejet global de la raison dans la mesure où il ne procède pas à l'analyse des composantes classées sous ce nom. Plus interrogatif est Bertrand Saint-Serrin (*La Raison au XXe siècle*, Seuil, Paris, 2001).

Mais, aussi, il s'agissait là de rationalité instrumentale véritable — on la dira « large », puisqu'il faut bien la différencier de celle qu'on veut nommer ainsi aujourd'hui et qui ne représente qu'une rationalité « réduite ». L'automobile, considérée dans ses tenants et aboutissants, représente un excellent exemple de cette seconde forme de rationalité, dans la mesure où la « réduction » semble y atteindre aujourd'hui des limites extrêmes et qui concernent les deux composantes de l'acte : l'acteur et l'environnement auquel l'acteur devra faire face dans l'acte-voiture. Mais, d'abord, que signifie ce terme d'acte-voiture ?

Un acte peut être bref : j'ouvre la fenêtre. Un autre acte, anodin d'apparence, peut, de proche en proche, conduire un homme à la guillotine. Julien Sorel, lorsqu'il s'oblige une nuit d'été sous les tilleuls, à saisir la main de Madame de Renal, « a enclenché le début d'un processus, au terme duquel la mort l'attend[4] ». L'acte, ici, c'est le processus tout entier. L'acte-voiture, c'est alors la voiture dans tous ses états et dans toutes ses implications. Dans un acte, l'acteur, avec son projet d'action en tête, affronte une réalité afin de parvenir à un but précis. Chez Platon et Aristote, le bien consiste à inclure dans le projet d'action « autre chose » que seulement le but ; pour connaître cette « autre chose », il faut le concours du *logos*, du discours philosophique, qui dira, pour parler comme Victor Cousin, ce qu'est le « vrai, le beau et le bien ». En dernier ressort, le projet d'action doit respecter l'harmonie du cosmos. Mais qui croit encore que, à lui seul, le discours philosophique puisse donner accès à la vérité ? Et, par ailleurs, on peut estimer que, de par sa nature même, l'espèce humaine est sortie, au moins partiellement, de l'ordre de la nature. Dès lors, pour connaître ce qui est bien, ou moins mal, nous sommes ramenés au point de départ, à la rationalité incluse dans certains actes, l'accent étant mis sur l'élément acte.

L'acte-voiture appartient à la seconde catégorie, celle des actes dont le processus se déroule sur le long terme. À ce processus participent ici des dimensions différentes de la réalité, mais qui toutes relèvent de la nécessité ; en l'absence d'une seule d'entre elles, rien ne pourrait plus se dérouler. Quelles sont ces dimensions : en quoi, à leur propos, peut-on parler d'une

4. Gérard MENDEL, *L'acte est une aventure*, *op. cit.*, première partie, chap. 3.

rationalité « réduite » ; de quelles nature et importance sont les déficits et les enjeux ?

La logique à l'œuvre dans l'acte-voiture concerne d'abord sa production. Soumise à la concurrence internationale, elle doit se faire au moindre coût. L'organisation scientifique du travail (OST), le taylorisme, le travail à la chaîne sont nés et se sont développés d'abord dans les usines automobiles. Là, sur une grande échelle, s'est produite la réduction scientifique de l'ouvrier de métier en ouvrier-masse. Le phénomène eut lieu très tôt ; la Ford K a commencé à être montée en série dès 1903. De 1908 à 1933, 15 millions d'unités de la célèbre Ford T, la « Lizzie », seront vendues. En France, Renault et Citroën introduisent le travail à la chaîne dès la fin des années vingt : on connaît sa dénonciation dans le *À nous la liberté* de René Clair (1931), puis dans *Les Temps modernes* (1935) de Chaplin.

En France, toujours, les industriels de l'automobile iront, dans les années soixante et soixante-dix, chercher par charters entiers les villageois du Maghreb, pour, après seulement quelques jours de formation, les placer directement sur les chaînes de fabrication ; leurs salaires pèsent moins lourd sur les coûts que ne le ferait l'achat de nouvelles machines. Les statistiques montreraient probablement que les immigrés maghrébins sont, dans leur majorité, issus de ces razzias pacifiques. Pendant des dizaines d'années, ce sera ensuite à la collectivité nationale de régler — y compris financièrement — les problèmes liés à l'immigration. Il y a une sombre ironie à se dire que les voitures brûlées dans les « banlieues sensibles » témoignent, à l'insu de tous les acteurs, d'une sorte de « retour à l'envoyeur ».

Je parle ici de rationalité instrumentale « réduite », dans la mesure où, sous le signe du *ploutos* dominateur, les suites prévisibles du processus ont été délibérément occultées, en particulier par les pouvoirs publics. Qui oserait jamais demander au patronat de l'automobile de payer les dégâts causés à l'environnement social ? L'idée n'en viendrait à personne. Ce qui se passe en dehors de l'usine, même directement lié à celle-ci, ne concerne pas, dans l'idéologie de notre société, l'industriel-fabricant. L'immigration maghrébine est, à notre sens, partie intégrante de l'acte-voiture. Il ne s'agit pas là d'un jugement porté quant à la présence actuelle des immigrés, mais de la question de savoir qui est socialement responsable, et devrait par conséquent avoir à payer les sommes immenses que coûte aujourd'hui l'intégration. Pas de morale sociale possible sans l'exigence imposée d'avoir à assumer les conséquences prévisibles de ses actes. Le slogan « pollueurs-payeurs » correspond à un début de prise de conscience ; on sait aussi que les taxes concernant la pollution industrielle ont été quasiment annulées au cours de l'année 2001 en France.

Depuis une vingtaine d'années, au vu de l'augmentation des salaires, les industriels se sont orientés vers des investissements technologiques. Du « taylorisme, une folie rationnelle [5] » et de « l'atelier et le chronomètre [6] », on est passé aux « caprices du flux tendu [7] ». Le problème se déplace alors vers les effets psychologiques de formes d'organisation du travail, toujours plus dépossédantes pour l'acteur. Déjà avant Marx, Adam Smith avait insisté sur la mutilation psychologique causée par la nouvelle division technique du travail, à l'origine de la grande industrie : « Un homme qui passe toute sa vie à remplir un nombre d'opérations simples [...] devient en général aussi stupide et ignorant qu'il soit possible à une créature humaine de le devenir. » Adam Smith énumère les « facultés » qui disparaissent : l'intelligence, l'imagination, la capacité d'initiative ou d'affrontement de situations nouvelles, la sociabilité, la conscience sociale, le sens de l'intérêt général. En bon psychologue social avant la lettre, il ajoute : « L'intelligence de la plupart des hommes se forme nécessairement par leurs occupations ordinaires [8]. » On verra dans le prochain chapitre les conséquences désastreuses aujourd'hui, sur le salarié de l'automobile, de l'intériorisation forcée d'une autorité arbitraire par les techniques du néo-management.

La voiture, objet magique et religion laïque

Arrêtons-nous un instant pour observer ce qu'est la rationalité instrumentale du côté de l'acteur, mais dans un acte véritable. L'Indien d'Amazonie, que j'évoquais plus haut à propos de la découverte du curare, met en œuvre, lorsqu'il chasse, de

5. Bruno DORAY, *Le Taylorisme, une folie rationnelle ?*, Dunod, Paris, 1981.
6. Benjamin CORIAT, *L'Atelier et le Chronomètre*, Christian Bourgois, Paris, 1979.
7. Yves CLOT, Jean-Yves ROCHEX et Yves SCHWARTZ, *Les Caprices du flux tendu*, Matrices, Vigneux, 1990.
8. Adam SMITH, *La Richesse des nations* (1776), tome 2, p. 341.

nombreuses ressources anthropologiques : une somme considérable d'expérience transmise et acquise, la ruse, l'habileté corporelle, des sens en éveil, l'agilité d'esprit, l'initiative, la décision ; et même la créativité : aucune flèche jamais ne fut tirée par un arc exactement dans les mêmes conditions. Cet Indien participait de tout son être à un acte qui était complètement sien, et dont le produit lui demeurait acquis. Je prends ici l'exemple le plus simple possible — ce sont d'autres ressources anthropologiques, bien plus complexes, qui sont mises en œuvre dans la chasse collective.

Ce que des auteurs comme Christophe Dejours [9], Michel et Annick Llory [10], et tant d'autres, révèlent de l'organisation du travail dans les usines automobiles — et dans toutes les industries dites de pointe — témoigne du degré de mutilation humaine atteint. J'y reviendrai dans le prochain chapitre. Il faut aussi se souvenir que les techniques concernant la production automobile ont toujours été à l'« avant-garde ». L'organisation du travail dans ces usines a ensuite été exportée vers les autres secteurs de production et dans la société elle-même. Elle représente la force pilote à l'œuvre dans nos sociétés ; elle révèle ainsi l'avenir qui peut-être nous attend. Le « travail en miettes » à l'usine, c'est aussi, à l'université, les sciences sociales et humaines en « miettes » et coupées les unes des autres.

Et, certes, les chasseurs amazoniens vivaient dans un univers psychologique peuplé d'irrationnel, de magie, d'êtres invisibles. Du moins, à la chasse, la rationalité instrumentale commandait elle seule. Et le respect pour la nature. Nous-mêmes, où en sommes-nous, sur ce plan de l'irrationnel par rapport à la voiture ? Cet objet qui multiplie par vingt ou trente la vitesse de déplacement de notre corps, et auquel, dès que nous tenons le volant, nous nous identifions en perdant une bonne part de notre humanité, fait entrer en résonance les fantasmes magiques de toute-puissance ; d'où, sur la route, les comportements extravagants des sujets les plus fragiles psychologiquement. La voiture, à mesure qu'elle se perfectionne, devient toujours plus magique. Finis les temps où l'on soulevait le capot, soufflait dans le filtre à air, nettoyait une bougie, rajoutait de l'eau ou de

9. Christophe Dejours, *Souffrance en France*, Seuil, Paris, 1998.

10. Michel et Annick Llory, « Le cas d'une usine de montage d'automobiles », *Revue internationale de psychosociologie*, vol. III, n° 5, 1996, p. 33-53.

l'huile. Aujourd'hui, l'électronique rend la voiture plus fiable et son conducteur quasiment impuissant à la réparer. Au-delà même du repli individualiste sur le privé qu'elle a si fortement encouragé, elle participe désormais de ce grand processus contemporain d'irréalisation du monde qui commande à la modernité actuelle : images virtuelles, jeux vidéo, écran-fenêtre sur le Net…

C'est seulement parce que cet objet est vécu comme magique et qu'il enclenche un processus d'irréalisation que peut être tenu à l'écart de la conscience son danger trop réel. Depuis les débuts de la voiture, vingt millions de morts par le monde sur les routes, des centaines de milliers en France, dont chacun d'entre nous garde plusieurs visages en mémoire ; plus nombreux encore sont ceux restés handicapés à vie. Intervention de puissants lobbies, complicité des hommes politiques (qui oserait, à l'heure actuelle, où chaque emploi compte s'attaquer à l'automobile lorsqu'un million de Français dépendent économiquement d'elle ?), connivence des syndicats ouvriers défendant leur job, mais surtout immense religion laïque du monde occidental à laquelle chacun de nous communie. D'où les incroyables résistances collectives, dès que l'on supprime quelques mètres à la voiture dans les villes.

L'acte-voiture n'est, de fait, un acte véritable qu'en dehors de l'usine qui la fabrique. On va voir à quel point l'ouvrier, tout au service de la technologie, n'y est plus acteur mais esclave. Le monde entier est devenu le matériau de production de l'automobile. L'acte-voiture, c'est d'abord la somme des actes qui conduisent à la mainmise sur l'espace urbain et périurbain. De ceux qui participent à la géopolitique du pétrole : sans la voiture, la face politique du monde serait différente — que serait la puissance idéologique de l'Arabie saoudite, la puissance militaire de l'Iran et de l'Irak, sans l'argent des pétrodollars que nous versons à la pompe à essence ? De ceux qui concourent à privilégier sa multiplication au prix des dégâts climatiques, de la pollution des villes, de la santé des citadins.

Avec l'acte-voiture, nulle irrationalité pourtant, mais bien la raison en œuvre : une rationalité instrumentale « réduite ». L'objectif de l'acte-voiture étant de fabriquer (et de vendre) le maximum possible de voitures, les moyens opératoires les plus adéquats seront retenus, *toute autre considération étant écartée* : qu'il s'agisse des conséquences sociales, sanitaires et climatiques, internationales. Y compris le fait que son usage dans les grandes villes (ou sur les autoroutes en période « rouge ») rend les déplacements plus lents qu'il y a trente ans et bien plus pénibles (les embouteillages) que si l'on avait privilégié les transports collectifs. La voiture a tué la ville et le plaisir de s'y promener. Il faudrait aussi parler des camions sur les routes et de la frilosité des politiques devant le ferroutage. Nous reprendrons et développerons ces points dans la conclusion de ce livre, puisque les événements du 11 septembre 2001 leur sont directement liés.

Acte-voiture et autorité

Considéré dans sa pleine ambition, celle de l'obédience totale à la logique de l'économie productiviste, l'acte-voiture est l'exemple paradigmatique de la modernité contemporaine. Ce cinquième moment, nous avions vu son début au moment de la guerre de 1914. Tout aussi bien, nous aurions pu faire remonter sa naissance dès 1903-1905, lors des premières Ford fabriquées en série à Detroit. Car l'acte-voiture — en plus de la conquête de l'espace urbain, d'une participation notable à la destruction de la nature et au changement climatique, à la distribution militaire de la planète selon la géopolitique du pétrole — a transformé la forme même du capitalisme. Ce qu'on nomme, à juste titre, le fordisme est devenu le nouveau modèle économique du siècle. Pour continuer à fabriquer des automobiles — unique objectif de l'acte-voiture — il fallait nécessairement leur trouver des acheteurs ; d'où l'augmentation des salaires en Occident qui, en quelques décennies, a permis d'intégrer au jeu social les « classes dangereuses ». À production de masse, société de masse, homme de masse. La paupérisation absolue annoncée par Marx s'est portée sur d'autres domaines que l'économie : sur les ressources anthropologiques disponibles, sur le devenir humain de l'espèce, sur un développement de la démocratie qui aurait pu être à la mesure des enjeux du XXe siècle.

Le cheval serait la « plus belle conquête de l'homme » (Buffon) ; pourrait-on, alors, dire, que l'homme est la plus belle conquête de la voiture ? Ce serait là un jugement à vue courte que de diaboliser cette création ingénieuse de l'homme, qui est souvent un bel objet, et passer ainsi de la magie blanche à la magie noire. L'acte-voiture porte en lui le témoignage saisissant de ce que, sous le signe du *ploutos* capitaliste, a pu devenir, à partir du XVIe siècle, le dévoiement de la raison en rationalité instrumentale « réduite ». Il illustre le degré de déréalisation et de déshumanisation auquel aura été amené l'individu contemporain, et dont rend compte, nous le verrons, une forme de l'art d'aujourd'hui. L'idéologie et la culture ambiantes — avec la publicité, les mass media, les déclarations des hommes politiques, la psychanalyse, la sociologie « individualisante » considérant la société comme un « autrui généralisé » (George H. Mead) — sont parvenues à persuader l'individu occidental qu'il constituait chacun à soi seul une unité complète du genre humain, et qu'il pouvait donc se développer et s'épanouir non plus en coopération avec les autres, mais contre les autres, dans la compétition permanente, et cela en toute indépendance du devenir de la société et du monde. La voiture non seulement incarne cette idéologie, mais elle témoigne de l'extraordinaire processus de chosification de l'individu contemporain, chaque conducteur se faisant gloire de s'identifier à son quatre-roues. Le capitalisme trouve ses racines, à partir de la philosophie grecque classique, dans la dévalorisation de l'acte au profit du projet d'action et dans la philosophie de la conscience, quand Descartes fait de l'homme « comme le maître et possesseur de la nature ». Ce qui ne signifie pas que cette évolution était alors la seule possible.

Ainsi, la rationalité instrumentale « réduite » se définit aisément comme la rationalité à l'œuvre dans un seul acte, et qui considère le monde extérieur à cet acte comme du matériau insignifiant, privé de tout autre sens que celui de concourir à la réussite du seul objectif visé. Avec l'acte-voiture, un tel phénomène est porté à sa limite. En effet, l'acte lui-même, comme interaction de l'acteur et de la réalité, se trouve quasiment annulé. Là est le paradoxe : une rationalité à l'œuvre, mais sans acte direct. Nous allons voir, en effet, que l'acteur devient soumis à un néotaylorisme qui capte non seulement son corps, mais ce qui en lui le rend humain ; quant à la réalité immédiate, la voiture comme produit fabriqué pour l'usage, son utilisation même est devenue irrationnelle (embouteillages délirants et quotidiens, accidents multipliés). L'acte-voiture n'est plus qu'une logique qui tourne en rond, contribuant, avec la plupart des autres activités économiques, à entraîner avec elle la planète à contresens de l'humain.

Les deux chapitres suivants montreront ce que devient, par contrecoup, l'autorité dans un tel contexte. L'acte-voiture n'est que la pointe émergente, la plus visible et la plus significative sans doute, de l'économie actuelle dans son ensemble ; la direction qu'il montre à l'effort humain, l'organisation du travail qu'il suscite, la vacuité de ses objectifs, et les dangers auxquels il donne naissance sont, avec plus ou moins de retard selon les cas, dans l'air du temps ; ils appartiennent à la logique qui conduit notre économie. Qu'on songe seulement à l'affaire du sang contaminé, où il fallait attendre que l'Institut Pasteur ait mis au point sa propre technique de chauffage du sang ; qu'on pense à l'élevage industriel du bétail et à l'industrie agroalimentaire.

17

Le néo-management contemporain, ou l'autorité d'aujourd'hui mise à nu

> « En quoi consiste l'autorité aujourd'hui dans l'entreprise ? On atteint le fin du fin : l'auto-autorité au service de la compétitivité de soi. Les ulcères à l'estomac prennent le pas sur les grèves [1]. »
>
> Henri VACQUIN

Depuis une vingtaine d'années, les critiques des formes nouvelles du management ont été nombreuses et solidement argumentées. C'est aussi que le modèle inculqué à l'encadrement pour gérer les individus et les équipes a changé, en s'aggravant. Plusieurs causes ont joué. Avec la généralisation des nouvelles technologies dans l'industrie, il est demandé au salarié moins la force physique ou l'habileté corporelle que de l'intelligence et de l'initiative, non seulement le « savoir faire » mais aussi le « savoir être » ; en période de rareté de l'emploi, les exigences patronales ont grandi, tandis que la puissance des syndicats a diminué et que l'individualisme ambiant a affaibli les solidarités au travail.

1. Henri VACQUIN, « Du caporalisme au désir », *Le Monde des débats*, mai 1999.

Les nouvelles figures de l'autorité dans l'entreprise

Le problème de fond à résoudre pour les directions d'entreprise peut se formuler en une contradiction : que le salarié s'identifie à son entreprise et puisse ainsi lui donner le « meilleur de soi », mais sans que les rapports de pouvoir hiérarchique soient mis en cause. Il s'agit bien d'un problème de fond, et la théorie de l'actepouvoir permet de mieux saisir la difficulté de cette situation pour le patronat. À partir du moment, en effet, où l'individu accomplit un acte, il a tendance spontanément à désirer s'approprier du pouvoir sur cet acte, c'est-à-dire, concrètement, à mieux connaître et contrôler les tenants et les aboutissants de celui-ci, à en maîtriser le processus, etc.

Avec le taylorisme, la question ne se posait pas dans ces termes, puisque les gestes du salarié étaient si étroitement cadrés, codifiés dans un acte parcellisé (le « travail en miettes »), que le sens de l'acte n'advenait que dans la recomposition des « morceaux d'acte » par la hiérarchie, d'une manière qui échappait à l'acteur. À partir du moment où il est demandé à l'individu de faire preuve d'intelligence, d'initiative, de sens des responsabilités, c'est-à-dire de se situer par rapport à son acte et de replacer celui-ci dans le cadre des objectifs de l'établissement, le problème du pouvoir est posé organiquement. Les théoriciens du néo-management se trouvaient donc devant la nécessité de cliver l'actepouvoir : l'acte au salarié, le pouvoir à l'encadrement hiérarchique. Dans les années vingt et trente, la psychologie avait su montrer, avec Elton Mayo et Kurt Lewin, le rôle éminent du « facteur humain » dans la productivité elle-même. Le temps était maintenant venu où les psychosociologues rémunérés par le patronat avaient à lui rendre la monnaie de sa pièce : que les « ressources humaines » soient acquises à l'entreprise, mais que la réalité pérenne du pouvoir hiérarchique disparaisse du paysage, dissimulée derrière les relations interpersonnelles. Pour cela, il fallait avant tout individualiser et psychologiser les rapports sociaux sur le lieu de travail.

Dans ce chapitre, nous décrirons les caractères propres au management moderniste ; puis, s'agissant là pour l'essentiel de manipulation *psychologique*, nous essaierons de comprendre ce qui se trouve en jeu au niveau profond. Il apparaîtra alors, c'est la thèse que nous défendrons, pièces à l'appui, que l'autorité a radicalement changé de contenu. L'ancien rapport contractuel dans l'entreprise — conventions collectives, contre-pouvoir syndical, négociations paritaires, protections sociales — était vécu par le salarié à un double niveau. Au plan objectif et social, ce rapport contractuel l'inscrivait dans une « société de droit », où les droits et devoirs étaient négociés collectivement et ne pouvaient être modifiés de manière arbitraire. Au plan subjectif, ce même rapport était vécu inconsciemment en résonance avec l'ordre patriarcal de la société : le contrat fixe posait des limites précises et introduisait une médiation avec l'illimité et l'arbitraire, c'est-à-dire avec l'archaïsme psychoaffectif. Le salarié pouvait se sentir relativement en sécurité.

Mais cette médiation était en grande partie « dépersonnalisée », dans les secteurs de la personnalité proches de la conscience. Dans les années de l'après-guerre, nous n'étions déjà plus, sauf exception (Michelin, Boussac...), dans le cadre d'un paternalisme d'entreprise où la figure patronale est explicitement celle du père. L'autorité dans l'entreprise procédait ainsi d'un double versant, objectif et subjectif. Nous allons voir comment l'affaiblissement, la dissolution du rapport contractuel et l'impuissance du salarié à s'opposer aux exigences nouvelles de la direction ont donné un contenu très différent à l'autorité. Pour nous référer aux personnages historiques avec lesquels nous avons voulu personnaliser les deux contenus possibles de l'autorité (voir *supra*, chapitre 4), nous sommes à présent, avec le néo-management, bien davantage dans le registre « hitlérien » que dans le « gaullien ». Nous ne pouvons que donner, sur ce point, raison à Christophe Dejours dans l'analyse qu'il donne des ressorts du néo-management [2].

Il est pourtant une différence importante dans nos façons de voir respectives. Dejours met l'accent sur les mécanismes de défense, les « œillères de défense » qui protègent le sujet prédateur de la conscience du mal : « C'est la défense ici qui est le ressort de l'engagement et non le désir [3]. » Il me paraît que, lorsqu'il s'agit non plus de la hiérarchie, mais du subordonné, c'est la totalité du psychisme qui se trouve par force engagée, et jusqu'aux zones les plus profondes de l'inconscient archaïque. Par ailleurs, seconde différence, et notable, il s'agit là, pour nous, essentiellement de la composante psychologique de la situation,

2. Chritophe DEJOURS, *Souffrance en France, op. cit.*

3. *Ibid.*, p. 157, et tout le chapitre 7 : « Antiquités des stratégies de défense ».

mais certainement pas de l'ordre politique qui commande aujourd'hui la société globale.

La composante mortifère du néo-management

Il est vrai néanmoins que la « barbarie douce » (Jean-Pierre Le Goff) mise en place dans l'entreprise repose sur certaines des méthodes pratiquées par les régimes totalitaires. Elles associent une propagande idéologique intense, la manipulation séductrice et perverse des affiliés, la menace, pour l'opposant, d'une « mise à mort ». Mais cette dernière est ici avant tout fantasmatique, même si le licenciement, qui exclut du monde du travail, peut être vécu comme une forme de « mise à mort » sociale. Ainsi se trouve réveillé le sentiment abandonnique de base ; mais, pour autant, le sujet n'a pas à craindre l'envoi dans un camp de concentration et la mort physique. Le seul fait pourtant que l'on soit amené à évoquer et à discuter ces thèmes extrêmes témoigne de la composante mortifère du néo-management.

Jean-Pierre Le Goff, qui a créé l'expression de « barbarie douce » à propos du management moderne, a eu le mérite de situer d'emblée sa critique dans la perspective historique large. *Le Mythe du management* date de 1992, et les sous-titres des chapitres rendent compte des points sur lesquels porte la critique de l'idéologie managériale : « Impliquer totalement les salariés dans l'entreprise », « Développer le sentiment d'appartenance », « Le retour du religieux », « Modeler les comportements », « L'éthique : nouvel outil de la performance ? », « Les folles ambitions du management [4] ». Ainsi, ce livre permet de situer l'idéologie managériale dans le cadre d'une histoire déjà ancienne, et en particulier de la rattacher au modèle premier du paternalisme patronal au XIXe siècle.

Dans *La Barbarie douce* (1999), J.-P. Le Goff insiste sur la condition qui permet à cette idéologie de fonctionner : la désocialisation, par négation des différences de rôle, de statut, de pouvoir, à l'intérieur de l'entreprise. À cette condition, la dimension des rapports de pouvoir peut être tenue à l'écart : « La volonté d'implication tend à nier les rapports de pouvoir dans

4. Jean-Pierre LE GOFF, *Le Mythe du management*, La Découverte, Paris, 1992.

l'entreprise, les écarts entre dirigeants et dirigés, et ceux existant parmi le personnel [5]. » Le Goff, s'opposant à l'idée mystifiante d'une participation « à égalité », pose la question de bon sens : « Pourquoi faudrait-il à tout prix que des salariés adhèrent à des orientations et à des choix sur lesquels ils n'ont guère de prise ? »

Revenons, alors, à ce que nous disions être le problème de fond auquel les psychosociologues du néo-management avaient à s'affronter : que le salarié donne à l'entreprise toutes ses « ressources humaines », mais que le problème du pouvoir hiérarchique ne soit jamais posé. Bien évidemment, il était exclu d'user de la contrainte physique ou de la coercition permanente, tout juste bonnes à susciter l'effort physique. Il fallait l'adhésion volontaire du sujet à sa propre exploitation psychologique, la « servitude volontaire » et pas seulement la peur du licenciement. Rappelons-nous la définition consensuelle que l'on peut donner de l'autorité : une adhésion volontaire, sans contrainte physique et sans non plus d'explications qui ouvriraient alors sur une discussion, une adhésion irraisonnée. On voit que nous sommes bien, avec le néo-management, dans le registre de l'autorité. Ce que confirme encore la volonté idéologique de réduire le fait social et institutionnel, dans ses différences objectives, à une relation interpersonnelle, psychoaffective. Pourtant, il est vrai que nous ne reconnaissons plus ici les caractères de l'autorité patriarcale « sévère mais juste » ; il s'agit, nous allons le voir, d'une manipulation séductrice et perverse qui touche des secteurs plus profonds de la personnalité que ceux du « complexe paternel ».

C'est ici que notre analyse diffère de celle de Le Goff. Faisons, pour commencer, le détour que lui-même opère. Dans *La Barbarie douce*, il applique à l'école sa critique du néo-management en entreprise, y retrouvant, écrit-il, la même idéologie, la même « modernisation aveugle ». À l'origine de la crise de l'école, il y aurait l'« impératif d'abolition totale des interdits et de l'autorité ». Ce qu'il commente dans une autre page : « Le refus du lien paternaliste est des plus nets [6]. » Vient alors son analyse de l'école : « Faut-il le rappeler : le rapport enseignant-élève est inégalitaire et implique l'autorité comme reconnaissance tacite de cette inégalité. » Nous sommes ainsi — faudrait-il s'en

5. Jean-Pierre LE GOFF, *La Barbarie douce*, *op. cit.*
6. *Ibid.*, p. 72.

étonner ? — ramené au sujet même de notre livre. La question de l'autorité apparaît partout centrale dans les sociétés de la modernité.

Je ne suis pas compétent pour juger de la critique qu'adresse Le Goff aux nouveaux « outils pédagogiques ». Un certain nombre de ses observations sonnent juste : la volonté abusive de psychologisation des rapports enseignants-élèves au détriment de la dimension institutionnelle, l'illusion manipulatrice d'une égalité enseignant-élève, etc. Pourtant, l'amalgame paraît bien rapide, qu'il établit entre des courants novateurs très différents d'inspiration, même s'ils souhaitent tous contribuer aux évolutions de l'école. En particulier, ce n'est pas le souhait que l'élève acquière une autonomie qui paraît en soi condamnable, mais les moyens éventuellement utilisés, s'ils reposent sur la manipulation et s'ils rejettent la coopération entre les élèves et la dimension institutionnelle de l'école. Par exemple, la méthode d'expression collective des élèves que nous préconisons concerne la socialisation des élèves, sans du tout nier le rôle spécifique d'enseignement de l'école.

Mais le problème qui est là posé concernant l'autorité est plus central. Je pense qu'on ne peut pas parler de l'« autorité » tout court, comme le fait J.-P. Le Goff. L'autorité en soi n'existe pas, elle n'est pas une idée ni une entité métahistorique, ni même une simple représentation psychologique. Elle est une *formation sociale-psychologique* qui a pris au cours des temps, nous l'avons vu longuement dans la deuxième partie, des formes historiques diverses. Si l'autorité sous sa forme traditionnelle n'est plus reconnue comme autrefois par l'élève à l'école, ce n'est pas à cause d'une malignité ou d'une démission particulière des individus. La cause est plus profonde. Aujourd'hui, la forme paternelle-patriarcale s'est irrémédiablement affaiblie. La cause première n'en est pas une « décomposition culturelle et politique » *sui generis*, mais, à notre sens, les bouleversements sociaux et économiques, à l'origine de modifications très profondes des rapports sociaux, en particulier dans la famille et dans les relations hommes-femmes. Au « modèle autoritaire et paternaliste ancien » succède un autre modèle, des plus pernicieux certainement, mais qui procède lui aussi du phénomène autorité, quoique avec un tout autre contenu. Et il ne suffira certainement pas, comme Le Goff le préconise — à juste titre, mais cela restera insuffisant —, de refuser le discours logomachique du management moderniste ou d'apporter un supplément de culture générale.

Nous allons à présent observer le contenu archaïque de l'autorité à l'œuvre dans l'entreprise — un contenu si nouveau dans notre société que son appartenance à la dimension de l'autorité n'apparaît pas clairement. Elle en possède pourtant les caractères fondamentaux : une manipulation psychologique qui obtient l'adhésion volontaire du subordonné ; avec, à l'arrière-plan, la menace angoissante du chaos et de la mort par abandon d'amour.

Séduction et autorité : le néo-management, manipulation séductrice (et perverse)

Presque tous les chapitres de ce volume auraient nécessité des développements, qui les auraient amenés à devenir alors eux-mêmes un livre. Le manque le plus net concerne, à mon sens, les rapports qui existent entre autorité et séduction. Je me contenterai de marquer les points que ces deux pratiques ont en commun.

La séduction est la recherche intéressée d'une influence sur autrui, dans le cadre d'un rapport interpersonnel. Elle vise à obtenir son adhésion volontaire, sans contrainte et sans explication, à partir d'un mouvement profond et irraisonné du sujet, l'amenant à céder. L'essentiel du ressort de la séduction, manié par un personnage censé être « de qualité », quelle que soit la nature de celle-ci, et à ce titre placé suffisamment haut dans l'échelle des valeurs du « séduit potentiel », pourrait bien tenir à l'image narcissique d'elle-même qui est renvoyée à la personne en voie d'être séduite. Celle-ci, installée dans une telle vision valorisée de sa personne — « désirable », « admirable », etc. —, risquerait alors, en cas de retrait du séducteur, la chute « dans les ténèbres ». C'est là très précisément que se situe le soubassement psychoaffectif commun à l'autorité et à la séduction : le risque, en cas de non-adhésion à la volonté du dominant, d'un retrait affectif qui réveille le sentiment abandonnique de manière angoissante. Ainsi, par exemple, se comprend que, dans les manœuvres amoureuses, souvent le sujet « cédera » s'il perçoit le risque de retrait du séducteur.

Par ailleurs, bien souvent, un personnage d'autorité jouera également, en particulier de nos jours, sur la corde de séduction, ce qui témoigne des rapports étroits, et en tout cas non contradictoires, entre ces deux phénomènes[7]. L'idéologie du néo-management sait manier adroitement l'autorité dans ses formes archaïques, la séduction manipulatrice, voire la perversité quand le directeur des ressources humaines gère, en y prenant son plaisir, toutes les ambiguïtés de promesses mystifiantes et qu'il sait pertinemment être illusoires.

Les livres que nous avons jusqu'à présent cités décrivent le néo-management vu du côté de l'encadrement qui, une fois correctement endoctriné, doit, sous peine de son propre licenciement, en appliquer les principes. On comprend, alors, de la part du patronat, la nécessité de protéger psychologiquement les cadres contre la souffrance humaine que leur action va induire : d'où le rôle joué par l'inculcation idéologique, telle que la rapporte Le Goff, ou par l'autoprotection venue des « œillères défensives » (Dejours). Ce sont ces pratiques managériales que nous allons maintenant observer, mais dans leurs effets sur les personnels, des effets qui vont atteindre les zones les plus profondes de la personnalité. Dans une production très riche, j'ai choisi de retenir un livre bilan et deux textes courts qui rapportent l'essentiel d'une expérience[8].

« Le néo-management se tourne vers ce qu'on appelle de plus en plus le savoir-être, par opposition au savoir et au savoir-faire[9]. » Il est exigé de l'individu qu'il « se donne » toujours davantage à l'entreprise et qu'il lui offre volontairement certaines des ressources de sa personnalité jusque-là réservées au domaine de la vie privée. Il faut qu'elle devienne pour lui rien moins que l'« objet de son désir » et qu'il mette à son service son moi profond et sa « créativité. » Citons quelques autres lignes du sociologue-consultant Henri Vacquin : « Devenus DRH (directeur des ressources humaines), les dirigeants du personnel, qui prétendaient avoir appris à motiver, ont dû franchir une autre

7. Il nous faut rappeler ici les travaux d'un psychanalyste qui a renouvelé la théorie de la séduction, dans son rapport à la sexualité et à la relation adulte-petit enfant : Jean LAPLANCHE, *Nouveaux fondements pour la psychanalyse*, PUF, Paris, 1987.

8. Impossible pourtant de ne pas signaler trois livres de fond sur le sujet ici traité : Guillaume DUVAL, *L'Entreprise efficace. La seconde vie du taylorisme*, Syros, Paris, 1998 ; Henri JORDA, *Travail et Discipline. De la manufacture à l'entreprise intelligente*, L'Harmattan, Paris, 2000. Un auteur a eu le mérite d'élever le débat à son niveau théorique le plus général : Tony ANDRÉANI, *Un être de raison. Critique de l'homo œconomicus*, Syllepse, Paris, 2000.

9. Henri VACQUIN, « Du caporalisme au désir », *loc. cit.*

étape : demander aux salariés de devenir des "intra-entrepreneurs", de "mettre leur désir" [*sic*, H.V.] dans le travail. »

En fait, sous ces mots alléchants, se dresse la menace du licenciement en toile de fond. L'entreprise est à double face, elle souffle le chaud et le froid comme toutes les vraies figures d'autorité. Précisément, à la question : « En quoi consiste l'autorité aujourd'hui ? », Vacquin répond, sans faux-fuyants : « On atteint le fin du fin : l'auto-autorité au service de la compétitivité de soi. Les ulcères à l'estomac prennent le pas sur les grèves. » L'autre terme possible de l'alternative, mais qui a été écarté, précise Vacquin, aurait consisté « à payer le prix d'une relation de pouvoir qui reconnaisse la dignité du salarié ». Ici, entre l'autorité et la démocratie, la disproportion des forces a si démesurément grandi que leur opposition n'apparaît plus à la conscience : telle est, avec le néo-management, la forme prise par l'évitement de la contradiction de fond entre ces deux entités. Nous verrons plus loin le prix à payer pour cette situation, dans la mesure où elle rend impossible toute régulation positive. L'autorité n'est plus socialisée, l'actepouvoir est clivé.

Avec toute la force d'un bilan mené sur près de 900 pages, Luc Boltanski et Ève Chiapello corroborent la thèse de Vacquin et montrent comment les idéologues du management s'efforcent de masquer la réalité des faits [10]. Le « discours du management des années quatre-vingt-dix » — titre d'un chapitre du livre — a, pour ces auteurs, la fonction illusionniste d'étayer le pseudo-désir du salarié. L'un des thèmes les plus neufs développe l'idée que la « critique artiste » — ainsi la nomment-ils — a pu être récupérée, au moins formellement, par le néo-management [11]. Le « désir », si valorisé par l'esprit libertaire de Mai 68, se retrouve nommé tel quel dans le discours entrepreneurial, en même temps que sont mises en avant, emphatisées, l'« autonomie », la « créativité », l'« initiative ». Ce sont ces aspirations contemporaines qu'essayaient également de capter les « cercles de qualité », en déshérence aujourd'hui comme les « groupes d'expression »

10. Luc Boltanski et Ève Chiapello, *Le Nouvel Esprit du capitalisme*, Gallimard, Paris, 1999.

11. Au terme de « critique artiste » qui sonne de manière dépréciative, nous aurions préféré celui de « critique culturelle », car c'est bien la culture traditionnelle que Mai 68 a ébranlée.

hier, et pour la même raison : l'absence, pour les salariés, d'un vrai pouvoir sur l'acte de travail.

À la démocratie à ce point affaiblie dans l'entreprise correspond une autorité devenue archaïque. Notre grille de lecture différentielle permet de se rendre compte qu'il ne s'agit pas ici de la mise en œuvre des archaïsmes 1 et 2 — qui répondent, on l'a vu (voir *supra*, chapitre 4), respectivement à des vécus fusionnels et à la création —, mais de l'archaïsme 3, où le rôle dominant dans l'inconscient est tenu par une figure de « mère » toute-puissante. Ainsi s'est opérée une très importante régression psychologique à l'intérieur du familialisme par rapport à l'époque du patronat « paternaliste », et une régression plus importante encore si l'on considère les années entre la Libération et la crise de 1973 [12]. Essayons, alors, de creuser notre analyse des effets psychologiques de l'organisation du travail actuelle. Comment parvient-elle à agir aussi profondément sur la personnalité. Que peut dire la psychanalyse, enrichie des apports théoriques contemporains (Winnicott, Laplanche), du néotaylorisme psychologique ?

Dans le numéro du *Monde de l'éducation* où le dossier central était consacré à l'autorité, le rédacteur a interrogé les auteurs d'un livre et de deux articles de fond consacrés au néo-management [13]. La forme ramassée de l'entretien avec ces sociologues permet d'aller rapidement à l'essentiel. En particulier, on peut observer de manière presque transparente les forces inconscientes à l'œuvre dans la psychologie du salarié.

L'autorité ? « Aujourd'hui, l'autorité n'est plus traditionnelle, elle s'exerce surtout par une pression constante, comme celle de perdre son emploi. » Participent de cette « autorité diffuse » le « rythme effréné », la « nécessité de travailler dans l'urgence », ou encore la fréquence des évaluations instituant la « continuation de l'école à l'entreprise ». Cette sorte de contrôle continu, le sentiment d'une surveillance étroite ne peuvent que contribuer à l'infantilisation forcée. De plus, c'est l'auto-évaluation qui est

---

12. Pour le versant extérieur, institutionnel et social, de ces évolutions, dans l'entreprise, on consultera : Robert CASTEL, *Les Métamorphoses de la question sociale*, Fayard, Paris, 1995 ; et Jean-Noël CHOPART, « Les sociologues et l'exclusion, que reste-t-il entre l'individu et l'État ? », *Partage*, n° 103, mars 1996.

13. Gabrielle BALAZS et Michel PIALOUX, « Les nouvelles formes de domination dans le travail », *Actes de la recherche en sciences sociales*, septembre-décembre 1996 ; Stéphane BEAUD et Michel PIALOUX, *Retour sur la condition ouvrière*, Fayard, Paris, 2000.

demandée, dans laquelle le salarié doit préciser comment il se juge lui-même par rapport aux objectifs fixés : nous retrouvons ce que Henri Vacquin avait nommé l'« auto-autorité ». « Vous avez l'usine à l'intérieur de moi-même », dira avec une grande force expressive un jeune moniteur des usines automobiles Peugeot (Sochaux), mis, selon les sociologues, « en situation d'autorité impossible ».

Nul besoin de lire entre les lignes pour comprendre les termes de la contradiction qui déchirent ce moniteur et qui l'obligeront à quitter l'usine où il travaille. Dans ce qu'il nomme, ce sont ses propres termes, la « maison mère » et où règne l'« esclavage », il lui faut sans cesse « cravacher » et « harceler » les ouvriers plus âgés que lui, les « vieux ». Le sociologue dira : « J'ai eu par la suite sans cesse le sentiment que lorsqu'il évoquait les "vieux" de son atelier, c'était aussi de son père qu'il parlait. » La régression psychologique que j'évoquais plus haut, à l'intérieur du familialisme vers l'archaïsme, a pour corrélatif obligé, en raison de l'humiliation de l'image paternelle, un vécu de parricide, qui est le réveil du moment œdipien.

Ces représentations intérieures sont d'autant moins supportables que, dans les formes évoluées du néo-management, l'agressivité du sujet ne trouve plus d'objet extérieur sur lequel se projeter. Ainsi, dans une des entreprises étudiées, Hewlett Packard, les superviseurs ressemblent « plutôt à des confesseurs ou à des psychologues » qui se contentent de suggérer — mais l'épée de Damoclès du licenciement est là en permanence, qui, de proche en proche, creuse jusqu'aux couches profondes du sentiment abandonnique. On comprend mieux alors pourquoi « le travail, c'est la dépression, l'anxiété, le stress ou le surmenage pour une personne sur dix [14] ».

Tel est le coût humain du néo-management. Si le thème du « harcèlement moral » a pris les développements publics que l'on sait, c'est aussi parce que les individus sont aujourd'hui à la recherche de représentations et d'un modèle explicatif qui puissent leur permettre d'exprimer leur souffrance psychologique [15]. Comment assumer son impuissance face à la toute-puissance

14. « Le travail, c'est la dépression, l'anxiété, le stress ou le surmenage pour une personne sur dix », étude du Bureau international du travail (BIT) menée en Allemagne, États-Unis, Finlande, Pologne, Royaume-Uni, octobre 2000.

15. Marie-France Hirigoyen, *Le Harcèlement moral*, Syros, Paris, 1998.

entrepreneuriale qui vous invite, sous peine de mort professionnelle, à vous dépasser en permanence ? « C'est un peu comme une course d'obstacles dont on déplacerait sans cesse la ligne d'arrivée », déclare un salarié. Nous sommes dans cette dimension de l'archaïsme où règnent la démesure, la non-limite ou l'illimité, l'absence de règles contractuelles et de repères stables. L'affaiblissement du contre-pouvoir syndical et le déficit des solidarités sur le lieu de travail — c'est le « chacun pour soi » quand le licenciement menace — renvoient l'individu à son angoisse de solitude fondamentale. Sans oublier que, sur la toile de fond devant laquelle nous vivons nos vies, une seule valeur est représentée, celle que nous proposent la publicité, les médias, le cinéma : la réussite sociale sous sa forme financière. Manquer d'argent, c'est devenir un hors-société, le mal-aimé de la société.

L'auto-autorité, ou le sujet sans protection contre son propre archaïsme

Ainsi, idéalement, le rôle des « ingénieurs de l'âme » que sont devenus les DRH consiste à obtenir que le salarié donne « volontairement » à l'entreprise le « meilleur de lui-même », en étant censé y trouver du plaisir, tout en ne perdant jamais de vue que le licenciement le menace. Tel est le paradoxe de l'autorité, et son visage à double face de dieu Janus soufflant le chaud et le froid. À partir des termes évocateurs d'Henri Vacquin — « intra-entrepreneur », « intra-autorité » — essayons de situer nos interprétations dans la perspective large.

Nous avons observé longuement, dans la deuxième partie du livre, comment l'autorité a une histoire. Dans le cours des socialisations successives de l'enfant, la collectivité est d'abord venue interposer son autorité entre le sujet et son sentiment abandonnique de base. Depuis la nuit des temps, le socle de l'autorité est resté semblable, associant toujours promesse de sécurité et menace d'abandon. C'est la forme que prend la promesse de sécurité qui varie et qui continuera certainement de changer de forme et de moyen d'action. Rappelons les grandes variations que nous avons décrites.

L'autorité s'est d'abord exercée depuis le *dehors* de l'individu, à partir d'un regard porté en permanence sur lui et dans lequel s'expriment les exigences de conformité des communautés traditionnelles. Toute une partie de la psychologie du sujet se trouvait alors captée dans le réseau de liens exopsychiques des rapports collectifs. Avec la modernité, une partie grandissante de ces rapports s'est progressivement *intériorisée*. Le fonctionnement psychologique est devenu endopsychique à partir d'images et de fantasmes à figuration d'abord extérieure, puis qui, refoulés en raison de leur tonalité angoissante, vont peupler l'inconscient. L'image du père assure alors la cohérence de la société patriarcale, une image qui est partout : dans les cieux, avec le dieu-Père ; à la tête de l'État, rois ou présidents ; en tant que *paterfamilias*, au rôle dominant reconnu par la loi ; comme père œdipien, dans l'inconscient, dédoublé en surmoi et idéal du moi. Dans les derniers siècles des Temps modernes, l'autorité a pris le visage d'un père « gaullien » affirmant : « Je te protège (du chaos) si tu te soumets à moi ; ou bien, sinon, je t'abandonne, je te renvoie au chaos. » Un chaos dont nous avons vu qu'il connote les vécus fantasmatiques correspondant au sentiment abandonnique, c'est-à-dire les angoisses en rapport avec les aspects les plus « noirs » des trois archaïsmes, dont l'*imago* de mère archaïque.

« Times are changing », chantait Bob Dylan. Avec l'époque contemporaine, une nouvelle étape a été franchie. Nous continuerons à l'étudier dans le prochain chapitre, avec l'art contemporain. Ce que nous montre le néo-management est très semblable aux étranges manifestations de cet art. Les personnages que l'autorité concerne — le dominant et le dominé — se retrouvent maintenant tous les deux *à l'intérieur* du sujet. De plus, une extraordinaire permutation s'est produite. Ce qui, jusque-là, se trouvait enfoui, caché à l'intérieur du sujet — le sentiment abandonnique et son angoisse — reçoit une figuration extérieure, avec la menace de licenciement qui, outre les angoisses archaïques qu'elle suscite, représente une exclusion capitale et comme la mort sociale. À l'inverse, le rôle du dominant, jusqu'alors tenu par un personnage extérieur, se trouve maintenant, avec l'« auto-autorité », devoir être tenu par le sujet lui-même.

Pourtant, le plus important n'est pas là, mais dans le fait que l'ancien dominant-père, contrôlant pour l'imaginaire les forces archaïques du chaos (figurées dans nos cultures par les fantasmes concernant la mère archaïque), s'est changé en une domination archaïque (la « maison mère »). Le sujet, identifié à celle-ci, est contraint de faire sien cet archaïsme et d'intérioriser les normes démesurées de l'entreprise « aux limites toujours déplacées ». Pire encore : jouant à plein le jeu de ces forces archaïques, il lui faut humilier, écraser, « tuer » en lui l'ancienne figure protectrice du père. En définitive, dans l'architecture interne de son moi, le sujet attaque la partie la plus mature de sa personnalité. On comprend les désarrois et les désastres psychologiques rapportés par les observateurs. Pour dire les choses en une phrase : le sujet, tout en se livrant corps et âme à son entreprise, doit ouvrir toujours plus largement en lui, dans sa personnalité profonde, les vannes de l'archaïsme.

Cette infantilisation, cette autodestruction de soi font naître évidemment une considérable agressivité dans les profondeurs du sujet. Celle-ci, jusqu'à présent, se retourne pour l'essentiel contre soi : stress, dépression, maladies psychosomatiques... Mais elle pourrait bien, un jour, se libérer à l'extérieur dans des formes collectives, et qui risqueraient d'être aussi irrationnelles que les forces aujourd'hui libérées dans les zones archaïques.

Rappelons-nous également que l'entreprise économique a toujours représenté, dans les Temps modernes, la locomotive qui tirait en avant la société. On peut craindre alors que ce qui s'y trame aujourd'hui, sous la houlette du néo-management, ne préfigure la condition psychologique imposée demain à l'ensemble des individus. Il y aurait là une certaine logique à l'œuvre : faute d'avoir recherché, expérimenté, mis en place de nouvelles procédures de régulation des conflits et contradictions entre la société et les individus, et qui pourraient succéder à l'occultation de ces conflits par l'autorité traditionnelle, les aspirations actuelles de l'individu devront être toujours davantage niées, écrasées, ou manipulées de manière perverse. Et cela au moment même où les ressources psychologiques de ces individus n'auront jamais été d'une telle richesse potentielle.

Ces nouvelles logiques de régulation, nous les situons pour notre part dans la reconnaissance et la gestion ouverte de la contradiction autorité-démocratie et certainement pas dans son évitement, ni non plus dans le refus « positiviste » de tenir compte des forces obscures qui s'agitent sous l'autorité et d'où elle tire sa puissance. L'autorité a une histoire, parce que les formes de sa socialisation changent selon les sociétés et les cultures. Répétons-le : aujourd'hui, l'autorité n'est plus socialisée dans nos sociétés occidentales ni par la communauté traditionnelle, ni par la structure patriarcale de la société.

18

L'art contemporain : un « faire-sans » le Père

> « Si nous ajoutons à l'horreur qui s'empare de l'homme que désorientent soudain les formes conditionnant la connaissance des phénomènes, l'extase délicieuse que la rupture du *principium individuationis* fait monter du fond le plus intime, alors nous nous donnerons une vue de l'essence du dionysiaque. »
>
> Frédéric NIETZSCHE

Nous allons avoir maintenant la surprise de retrouver, dans un cadre bien différent, celui de l'art contemporain, la même forme d'autorité à l'œuvre et la même constellation psychique que dans l'entreprise économique. Par le terme d'« art contemporain », il faut entendre, dans la production de ces dernières années, une catégorie esthétique, désignée comme telle par ses auteurs [1]. L'interprétation proposée ici va dans le sens de l'unité de ses manifestations : arts plastiques, mais aussi danse, vidéo, photographie. L'art contemporain existe ; et il a quelque chose à nous dire sur nous.

1. Je m'appuierai, au plan de l'analyse sociologique, sur le livre somme de Nathalie HEINICH, *Le Triple Jeu de l'art contemporain*, Minuit, Paris, 1998.

Délimitations

Toujours, l'auteur joue sur un double registre : celui de la création, évidente chez la plasticienne Louise Bourgeois, mais qui peut, chez d'autres, devenir plus problématique : « En 1961, Piero Manzoni fabrique quatre-vingt-six boîtes de conserve de *Merde* d'artiste et les vend en gramme selon la cotation journalière de l'or [2]. » Le second registre est celui de la rupture avec la tradition, de la révolte contre les pères-artistes du passé, sous forme d'une transgression délibérée voire, comme dans le cas de Manzoni, de la « perversion » au sens freudien (ici, une régression vers l'analité). Chez Louise Bourgeois, la transgression interviendra dans le choix des matériaux, en rupture avec l'ordre plastique traditionnel : poupées, ours en peluche, morceaux de chiffons, boîtes en carton… Cette transgression des limites ou des frontières peut concerner un ou plusieurs domaines.

« À la *Documenta* de Cassel en 1972 […], pendant le vernissage, l'artiste James Lee Byars se tient debout sur la façade du musée, tournant le dos au public. C'est là […] son intervention d'artiste. Cette “performance” est particulièrement révélatrice de ce qui est en jeu dans l'art contemporain : celle qui consiste à transgresser une frontière et, en la transgressant, de la donner à voir. » Quatre frontières sont ici franchies : celle territoriale entre l'extérieur et l'intérieur du musée ; celle temporelle entre le permanent et le temporaire (la présence de l'artiste) ; celle matérielle entre l'œuvre et l'artiste, la première ici réduite à la seconde ; celle, enfin, qui touche à la hiérarchie entre public spécialisé et grand public, lequel, non invité, ne connaîtra la performance que par ouï-dire [3]. Deux autres exemples : « Dès 1955, Robert Rauschenberg exposait son *Lit* : n'ayant pas de quoi se payer une toile, il arracha un matin son édredon, l'étendit sur le sol, juxtaposa son oreiller, et attaque l'ensemble avec de la peinture. Ce *Lit*, récemment offert […] au Museum of Modern Art, a été évalué entre 7 et 10 millions de dollars [4]. »

« *Curtain*, œuvre de Peng Yu (Chine), rideau d'animaux vivants embrochés. De six mètres de hauteur tombent des festons

2. *Ibid.*, p. 76.
3. *Ibid.*, p. 9.
4. *Ibid.*, p. 77.

de langoustines, de grenouilles et de serpents transpercés de fil de fer [...]. La ménagerie crucifiée est vivante en début d'"installation". Elle se contorsionne sous le regard des visiteurs dans un grouillement désespéré. Le serpent à l'agonie cherche à avaler la grenouille [5]. »

On peut certes considérer ces manifestations comme simple extravagance, provocation gratuite. On peut estimer qu'il y a là effet de mode porté par la spéculation internationale des galeristes, le « moutonnisme » des conservateurs de musée et la grande complaisance des pouvoirs publics, en particulier en France. De telles explications, pour partiellement justifiées qu'elles puissent être, ne suffiraient quand même pas à expliquer la fascination d'un public large. C'est chaque jour que les pages culturelles du *Monde* ou de *Libération* s'ouvrent aux prestations très nombreuses de l'art contemporain. Si, comme l'écrit la critique d'art Raymonde Moulin, « au cours du XXe siècle, la priorité est passée de l'œuvre à l'acte et de l'acte à l'artiste [6] », nous sommes justifié à nous interroger sur les mouvements psychologiques qui traversent les auteurs de manifestations artistiques aussi inaccoutumées. Il va par ailleurs de soi que notre analyse ne prétend aucunement percer le mystère du talent dans la création. Nous allons mener notre interrogation selon trois directions, qui concerneront l'œuvre, l'auteur et, enfin, ce que cet art peut nous apprendre à propos de l'individu contemporain.

L'œuvre : de l'insolite au familier

Dans l'art contemporain, quelle que soit la nature de l'œuvre, celle-ci se distingue immédiatement par un caractère particulier auquel je donnerai le qualificatif d'insolite. À cette première affirmation, que chacun peut mettre à l'épreuve, j'ajouterai, ce qui est moins évident, que cet insolite renvoie à l'univers de la petite enfance et qu'il trouve sa source d'inspiration dans les archaïsmes psychocorporels, dans le monde psychoaffectif d'un « avant le père ». À partir de cette base commune se comprendraient son unité et la fascination exercée sur le spectateur, en particulier dans les cas de création véritable, ou quand l'effet de

5. *Le Monde*, 25-26 juin 2000.
6. Raymonde MOULIN, *L'Artiste, l'Institution, le Marché*, Flammarion, Paris, 1992.

surprise est à la fois chargé de sens et réussi. Il reste maintenant à expliciter et à argumenter cette double proposition.

Affirmer que, dans l'art contemporain, l'œuvre frappe toujours par son insolite amène à s'interroger sur la nature même de ce caractère. Bien évidemment, un texte célèbre de Freud vient alors à l'esprit en premier, *Das Unheimlich* (1919), le plus souvent traduit par « L'inquiétante étrangeté ».

Le professeur de psychologie Amine A. Azar, de Beyrouth, a procédé à la recension des différentes traductions proposées pour ce titre[7]. Citons-les, car ce problème sémantique nous rapproche de notre proposition : « Le sentiment inquiétant de l'étrange », « L'étrange(ment) familier », « L'inquiétante familiarité », « Intrange », « Les démons familiers », « L'étrange familiarité », « Étrangeté », « L'inquiétant ». Au terme de son étude, Amine A. Azar propose un nouveau titre : *L'insolite*, du latin *insolitus* (inhabituel) qui est l'antonyme de *solitus*, participe passé du verbe *solere* (avoir coutume). Ce titre, nous allons le voir, paraît en effet, congruent à l'essai de Freud.

Ce texte d'une quarantaine de pages est difficile à analyser. Il traite, devant l'inaccoutumé, d'une émotion particulière, dont l'intensité peut varier du simple malaise à l'épouvante, en passant par l'angoisse. Cette émotion tiendrait à ce qu'on est sorti du familier, ou bien à l'impression que du secret et du dangereux se dissimule sous les apparences. L'interprétation de Freud est qu'il existe, dans l'*Unheimlich*, un élément autrefois familier (*heimlich*) qui a été refoulé (*Un*), et qui fait retour à la conscience. C'est généralement dans l'enfance que le refoulement a eu lieu, et il a pu concerner toutes les sources de l'angoisse infantile : « L'animisme, la magie et la sorcellerie, la toute-puissance des pensées, la relation à la mort, la répétition non intentionnelle et le complexe de castration. » On retrouve, nous semble-t-il, par l'adéquation des termes, la source, considérée ici au niveau le plus profond, de ce que Nathalie Heinich décrit comme étant, au-delà du simple « malaise » du spectateur, l'« épreuve du vide » : « Le vide, en l'occurrence, des repères et des critères familiers permettant de se saisir mentalement d'un objet, de le voir, de l'évaluer, de le mémoriser[8]. » Notons

7. Amine A. AZAR, « Le sentiment de l'insolite », *Annales de psychologie et des sciences de l'éducation*, Beyrouth, vol. 12-13, années 1996-1997, p. 60-82.

8. Nathalie HEINICH, *Le Triple Jeu de l'art contemporain*, *op. cit.*, p. 258.

l'emploi du mot « familier » et, à la phrase suivante : « La familiarisation avec les œuvres est une condition essentielle de leur acceptation. » La sociologue ajoute : « Gageons qu'on saura un jour explorer cette zone-là de l'expérience humaine, sans la renvoyer au mystère de l'indicible. »

Pour amorcer une telle explication, rappelons déjà l'étymologie de « familier » et de « familialiste », qui renvoie bien évidemment à « famille ». À propos de l'expérience du vide, Georges Didi-Hubermann décrit, lui, deux postures possibles face à l'épreuve de la vacuité dans deux formes de l'art contemporain, le conceptualisme et le minimalisme : le régime de tautologie (ceci n'est que ceci) et le régime de croyance (il y a en ceci « autre chose »)[9]. Nathalie Heinich considère « que la disposition "croyante" qui tend à faire spontanément l'hypothèse d'un invisible au-delà du visible, d'un contenu dans le contenant, d'un sens dans l'absence de signification apparente, est particulièrement apte à favoriser l'adhésion à un art contemporain qui s'ingénie dans maintes de ses déclinaisons à vider l'œuvre d'art de ses composantes habituelles[10] ». Au niveau d'interprétation où nous nous situons, cet « invisible », ce « contenu », c'est l'inconscient freudien, et l'énumération des angoisses infantiles que nous avons citées plus haut le concerne tout entier, de l'archaïsme 3 à l'angoisse de castration œdipienne. Notons également cette évocation d'une « disposition croyante », c'est-à-dire religieuse au sens large du terme, que nous retrouverons quand nous parlerons de la présentation de l'œuvre au public.

Un exemple nous permettra d'illustrer cette première partie de notre thèse. À la Biennale de Venise 1999, Louise Bourgeois exposait des objets en tissu figurant de petits corps humains, dont la forme, la taille, les postures ne pouvaient manquer d'évoquer des poupées d'enfant, auxquelles se serait chaque fois ajouté un élément d'étrangeté, une difformité le plus souvent. Nous nous trouvions donc devant un objet familier de l'enfance, mais devenu insolite. On peut alors penser que, à une époque ancienne, la représentation de cette poupée s'est trouvée, chez l'artiste, avoir été surchargée de fantasmes et, à ce titre, qu'elle a été refoulée. Il n'y a rien là qui puisse surprendre, tant on sait

9. Georges DIDI-HUBERMANN, *Ce que nous voyons, ce qui nous regarde*, Minuit, Paris, 1992.

10. Nathalie HEINICH, *Le Triple Jeu de l'art contemporain*, *op. cit.*, p. 259.

la complexité fantasmatique des pratiques de la petite fille avec ses poupées, pratiques dans lesquelles se joue le rapport de la fille à la mère. Le génie de Louise Bourgeois lui permet d'exprimer et de donner à voir directement l'insolite de l'inconscient. En d'autres temps, l'expression serait passée par les canaux habituels de la sculpture ou de la peinture, pour aboutir à des figurations traditionnelles par le matériau et par le sujet. Louise Bourgeois, dans une identification préalable à des maîtres, à des pères spirituels — identification qui se trouve au cœur du processus de sublimation [11] —, aurait produit là des œuvres certainement originales, mais codées selon le style propre à l'époque où elle aurait vécue, au cas évidemment où les conventions auraient autorisé une femme à devenir artiste.

Complétons alors notre interprétation. Une tendance essentielle de l'art contemporain consisterait à nous mettre en présence, nous adultes, du monde vécu de la petite enfance. Il n'y aurait pas là recherche délibérée de la part de l'artiste, et cette tendance lui resterait cachée, au moins dans ses implications les plus profondes. Manzoni vendant sa *Merde d'artiste* n'a probablement pas conscience de revivre symboliquement un moment ancien du dressage sphinctérien, ni les auteurs de *Curtain* ne se souviennent de leur plaisir cruel d'autrefois à arracher les ailes des mouches. Quant à l'effet insolite, il viendrait du rappel en nous de ce qui a été autrefois, pour nous aussi, familier. Voir brusquement le monde (il existe toujours la recherche d'un effet de choc dans l'art contemporain) avec l'œil intérieur ou extérieur du petit enfant, voilà ce qui provoque l'impression d'insolite. N'est tel que ce qui a été autrefois familier, « de la famille ».

L'œuvre exposée peut induire de diverses manières le court-circuitage du passé et du présent. Soit l'objet montré, telle la « poupée » de Louise Bourgeois, parvient à donner à voir le travail à l'œuvre dans l'inconscient de la petite fille : l'oralité, l'analité peuvent alors se trouver au premier plan. Soit, et ici l'inconscient n'est plus directement en cause, l'artiste intervient sur les perceptions. Il s'agit très souvent d'un jeu sur les grandeurs : les rats noirs éléphantesques à l'entrée de la Biennale de Venise 1999, ou le gigantesque garçon accroupi de la même Biennale en 2001 ; ou encore le pot de fleurs de Jean-Pierre

11. Gérard MENDEL, « La sublimation artistique », *Revue française de psychanalyse*, septembre-décembre 1964, p. 729-808.

Reynaud (assez proche par la forme d'un pot de chambre) mis à la taille du Centre Pompidou, devant lequel il est exposé. Ce qui est rappelé ainsi est la disproportion de taille entre le petit enfant et le monde de l'adulte. Grandir démesurément un objet de notre vie quotidienne, lui donner le caractère monumental ou théâtral nous replonge abruptement dans l'univers perçu au tout début de la vie. On sait combien l'art contemporain aime à brouiller les pistes quant aux perceptions — trompe-l'œil, illusions d'optique, expériences sensorielles dans le labyrinthe, etc. —, éventuellement en faisant participer le spectateur à ce qui lui est montré (*environnemental art*). C'est ainsi que le musée Guggenheim de Bilbao a monté en octobre 2000 une exposition entière d'art contemporain sur le thème « Perceptions et transformations ».

Il est encore un autre aspect de l'art contemporain, dans le rapport au public, à propos duquel étrangement on pourrait parler d'un *retour du sacré*. Citons des éléments qui vont dans ce sens. Le musée de Bilbao pourrait tout aussi bien, par ses proportions grandioses et le vide de son espace central, figurer une cathédrale. L'injonction écrite est partout présente : « Ne pas toucher », que les gardiens, vigilants à l'extrême, font respecter, comme devant un risque de sacrilège. On pourrait aussi comprendre le niveau « transcendant » atteint par le prix de certaines productions, qui égalent un Rubens ou un Cézanne, comme la mise en rapport avec la seule valeur aujourd'hui universelle, l'argent. Enfin l'*aura* quasi religieuse de certains créateurs n'est pas sans évoquer l'intercession protectrice des saints face à la divinité — ici représentée par les archaïsmes —, saint Andy Warhol, saint Lichtenstein, saint Yves Klein…

Non plus la révolte contre le père, mais un « faire-sans » le Père

Il est significatif que Freud, héraut de l'autorité du Père, soit resté sans réaction devant le mouvement artistique qui se développait sous ses yeux, la « Wiener Sezession » qui s'opposait à la tradition des « pères-peintres ». Gustav Klimt y déclinait en peinture sa mythologie de la déesse-mère, de la Terre nourricière, de l'intimité prénatale ; et les paysages déformés d'Egon Schiele annonçaient l'expressionnisme avec son choix délibéré de l'émotion et de la subjectivité. Dès Manet, dès les années

1870, la peinture avait commencé à transgresser l'autorité de la tradition picturale. L'impressionnisme s'attaquait à la figuration, le fauvisme aux couleurs, le cubisme aux volumes, le futurisme aux valeurs humanistes, le dadaïsme au sérieux, le surréalisme au vraisemblable, et l'abstraction en finissait avec ce qui restait de la figuration. Pourtant, la peinture conservait sa définition traditionnelle : c'était toujours des tableaux qu'on peignait. Picasso a toujours affaire à la tradition, lui qui décrivait ses toiles « sous l'aspect de la peinture traditionnelle violée ». L'art contemporain, on vient de le voir, rompt avec cette continuité.

Chaque jour qui passe apporte des éléments de confirmation à la thèse défendue dans *La Révolte contre le père* (1968), du déclin historique de la société patriarcale. C'est l'art qui, le premier, dans la déconstruction des canons académiques, a anticipé et accompagné la dégradation sociale de l'image du père. Faut-il alors s'étonner du problème à forte composante psychologique posé à l'artiste dans les dernières décennies : comment survivre et créer, quand le garde-fou paternel ne parvient plus à contenir l'archaïsme à l'intérieur de soi. Le problème n'est plus tant alors celui de la révolte contre le père que d'un comment « faire sans » lui.

La mise en rapport avec les thèmes du chapitre précédent s'impose alors. Avec l'art contemporain, le créateur se retrouve sans plus de médiation (les canons académiques) ni de modèles (l'identification aux maîtres du passé) qui puissent s'interposer, en lui, avec une partie des forces archaïques, laissant ainsi la voie libre, mais sans modèles ni canons, à la composante créative, issue de l'archaïsme 2 (les processus transitionnels). Autre problème encore : quelle sorte d'objet créer quand les objets spécialisés de l'art plastique (tableaux, sculptures…) sont devenus hors jeu ? Dans l'autre cas, celui du salarié soumis au néo-management, l'organisation du travail s'attaque à l'architecture interne de la personnalité. La « maison mère » développe des exigences aux limites toujours reculées arbitrairement. Elle exige du salarié qu'il fasse siennes ces exigences, qu'il les intériorise et les assume, qu'il « mette l'entreprise à l'intérieur de lui ». Autodiscipline, auto-évaluation, auto-autorité : tout va dans ce sens. Mais, ainsi, sont sapées les identifications paternelles, médiatrices d'avec l'archaïsme et le chaos. Sous menace de la mise à mort sociale que serait le licenciement, le stress permanent et la

« souffrance » (C. Dejours) n'ont alors pour issue que l'angoisse, la maladie, la dépression.

Face à ce « vivre avec l'archaïsme » en soi, l'artiste dispose d'un atout que n'a pas le salarié, et qui est, même quand il ne le veut pas, ce qui lui reste de la tradition artistique. À savoir le processus auquel Aristote avait, voici vingt-cinq siècles, donné le nom de catharsis, la « purgation des passions ». Après Freud, il faut bien évidemment considérer d'un œil nouveau le domaine de ces passions. Nous sommes d'ailleurs, ici, dans un au-delà de Freud, puisque nous devons faire appel à une théorie plurielle des archaïsmes, dont les éléments ont été apportés par des analystes post-freudiens, Melanie Klein et Donald Winnicott étant les principaux. Et parce que l'art contemporain va user de toute la gamme des archaïsmes, rappelons la classification que nous proposons. Archaïsme 1 : fusion du tout plaisir et arrachement à celui-ci, angoisses psychocorporelles les plus archaïques. Archaïsme 2 : irruption angoissante de l'étrangeté du monde hors soi et mise en jeu protectrice des processus transitionnels de création. Archaïsme 3 : refoulement des fantasmes insupportables de peur et de plaisir, des fantasmes maintenant personnalisés (les parents).

Une théorie élargie de la catharsis aristotélicienne serait à élaborer en s'aidant des résultats de la « méthode cathartique », dont, aux tout débuts de leurs recherches, se sont servis Breuer puis Freud ; l'art contemporain pourrait devenir son champ d'application. Freud avait renoncé très tôt à cette méthode pour lui préférer celle des « associations libres ». Ce faisant, et sans le savoir, il privilégiait l'étude des zones les plus récentes de l'inconscient, celles contemporaines d'un langage verbal déjà évolué. Les archaïsmes, eux, et en particulier les deux premiers, sont antérieurs au langage. Comment, alors, pour le créateur, *abréagir* (Freud), sortir hors de soi les archaïsmes, leur donner forme plastique, provoquer « la crainte et la pitié » (Aristote) ? Tel serait le problème pour l'artiste contemporain. L'ancrage, sans guère de distance, du petit enfant dans son corps, la difficulté de diminuer les tensions et les angoisses autrement que par l'intermédiaire de la psychomotricité expliquent, en particulier, la place occupée aujourd'hui par la danse contemporaine. En tout cas, il n'est pas, semble-t-il, de forme d'art contemporain qui ne vise à provoquer chez le spectateur une émotion, voire un choc qui peut aller jusqu'à l'insupportable.

Chaque créateur notable, dans l'art contemporain, devient, avec le temps, inévitablement un modèle pour ceux qui viennent après lui et, par là, recoupe pour eux l'image paternelle. Or, au niveau où se situe l'artiste, cette image, faible et décevante et infiltrée d'archaïsme, se doit d'être refusée. L'authenticité, ici, réside dans le face à face personnel et sans médiation avec les archaïsmes. L'artiste se doit systématiquement de « passer outre » à tout ce qui se présente avec une connotation paternelle — la tradition, les conventions sociales, voire la religion, la morale, le droit, le civisme, ou bien même, dans l'actionnisme et le *body art*, la dignité. Passer outre, c'est là l'étymologie même du mot transgression. Il est vrai que l'artiste se trouve alors devant une contradiction non mince. Il lui est nécessaire d'être reconnu comme créateur et artiste par les « spécialistes ». Mais, dans la mesure même où ceux-ci (conservateurs, galeristes, critiques) sont intégrés à la société ambiante, il ne peut être question de passer sous leurs fourches caudines. D'où de multiples provocations agressives à leur égard. Et, dans la mesure où ces « spécialistes » adoptent presque toujours un profil bas devant l'agression, l'artiste trouve là une confirmation de la faiblesse des images sociales-paternelles, tout autant que, les châtrant, il les transforme en mamelles généreuses.

Pourrait-on préciser ce qui ressortirait spécifiquement de chacun des archaïsmes ? Probablement. Encore qu'il faudrait être, là, très vigilant. Pourrait-on, par exemple, énoncer que le sentiment de la beauté, lorsqu'on l'éprouve, porterait la marque privilégiée de l'archaïsme 2, du processus créatif au travers des processus transitionnels ? Je pense ici à trois cas précis. À la Biennale de São Paulo 2000, une salle, de si vaste proportion qu'on n'en pouvait apercevoir la fin, était tapissée d'une infinité de fleurs jaunes en papier. Dans le palais des Papes d'Avignon, à l'été 2000, lors de l'exposition d'art contemporain qui portait un titre assez souvent mérité, « La Beauté », une vaste salle, sans ouvertures, voyait ses murs tout entiers couverts de feuilles de laurier, sèches, brunes, odorantes. À la Biennale de Venise 1999, dans un ancien et vaste atelier de l'Arsenal, sous l'éclairage d'un demi-jour, des milliers de verres à boire, translucides, brillants, étaient posés en équilibre sur l'architecture compliquée des poutres ; une impression mystérieuse d'harmonie en naissait. Dans ces trois cas, on pouvait parler de beauté insolite, mais qui, là aussi, par la grandeur inaccoutumée des salles d'exposition, par le jamais vu de leur disposition, par la provocation des sens, vue ou odorat, bien davantage que par la mise en jeu de l'intellect, renvoyait à l'intensité des émotions enfantines.

L'individu contemporain : entre transgression et création (de soi)

Malgré, si souvent, les provocations, excentricités, dérapages, impasses et surtout conformisme de l'anticonformisme, un public large reste sensible aux manifestations de l'art contemporain. C'est sans doute qu'il y retrouve, accentué, quelque chose de son trouble intérieur, que l'artiste explicite et précise, et surtout auquel il donne une forme extérieure sur laquelle le spectateur peut projeter ce qui n'a pas encore de forme à l'intérieur de soi. Quand l'autorité et ses modèles ne suffisent plus à protéger des angoisses archaïques, de la solitude du sentiment abandonnique, quelles possibilités s'offrent, en effet, à l'individu contemporain ?

On se souvient du titre de la pièce de Ionesco, auteur très sensible aux archaïsmes, *Comment s'en débarrasser ?* C'est là, en effet, un premier type possible de solution, par la recherche de la fusion hédonique (drogues, alcool), ou par le défoulement violent : les hooligans des stades, la violence urbaine... Participent de ces régressions vers l'archaïsme 1 le refuge vers l'autorité archaïque des sectes, ou bien ces « raves parties » géantes qui se multiplient.

Une deuxième « solution » concerne, elle, l'archaïsme 3 et les fantasmes refoulés, qui ont pris, avec l'intériorisation des images parentales, figure humaine. Ici, s'ouvre le vaste champ, bien balisé depuis deux siècles, depuis Sade et Masoch, jusqu'à de si nombreux contemporains, de Mishima à Genet, de la tentation transgressive. Dans ces cas, l'individu assume ses fantasmes et cherche à s'identifier aux personnages intérieurs qui l'effraient, dans une modalité d'identification à l'agresseur. Qu'en est-il alors, problème intrigant, de la tension entre le moi et l'archaïsme, que devient-elle ?

Peut-être un élément de réponse pourrait-il être apporté par une notation de Freud, qu'il n'a pas ensuite développée, concernant le rapport entre culpabilité inconsciente et passage à l'acte. Citons ce très court texte : « Chez de nombreux criminels, en particulier les jeunes, on peut déceler un très puissant sentiment de culpabilité, qui existait avant le crime, qui n'est pas la conséquence de celui-ci, mais son motif. C'est comme s'il y avait un soulagement à lier ce sentiment de culpabilité inconscient à quelque chose de réel et d'immédiat [12]. » Il faudrait alors entendre ici le sentiment de culpabilité au sens le plus large : les angoisses archaïques ne sont si insupportables que parce qu'elles témoignent à un niveau très profond, dans le vécu subjectif, d'un non-amour initial, rejoignant ainsi les sentiments de culpabilité ultérieurs. Les infinies provocations transgressives et les compliqués et précis rituels sadomasochistes ne seraient alors que manières de sortir de soi les angoisses, de leur donner forme reconnaissable, connue, expérimentée. « Qu'est-ce que l'amour ? Le besoin de sortir de soi » (Baudelaire). La tentation transgressive, une demande d'amour qui n'ose pas dire son nom ?

Enfin, il est une dernière solution à la gestion contemporaine des archaïsmes. Elle concerne la création de soi, et la fin de ce livre, sous divers éclairages, va lui être consacrée.

---

12. Sigmund FREUD, *Quelques types de caractères rencontrés dans le travail psychanalyste* (1916), « Criminels à partir d'un sentiment de culpabilité », Standard Édition, XIV, p. 332-335. Également *Le Moi et le Ça* (1923), Standard Edition, XIX, p. 52.

19

Quelle « crise de l'autorité » ?

Dans cette enquête sur la nature de l'autorité, de nombreux témoins ont été convoqués : l'histoire, la philosophie, la théologie, l'ethnologie, le droit comparé, l'économie, l'esthétique, la psychanalyse et aussi la neurobiologie. La vraie difficulté se situait ailleurs. Car, au-delà de l'appel à ces disciplines, il fallait réussir non à les juxtaposer seulement, mais à les articuler. Tel est le défi d'une anthropologie générale, qui nécessite l'invention risquée de concepts opératoires à un niveau pluridisciplinaire.

Pour affronter l'« énigme », le « mystère » de l'autorité, j'ai dû élargir le champ de la recherche dans trois directions. Il fallait tout d'abord reprendre la théorie des « universels empiriques » que, depuis plus de trente ans, j'essaie, livre après livre, de mettre en place. Mais, aussi, il était nécessaire d'innover sur deux points, en proposant une théorie unitaire des archaïsmes psychologiques et en adoptant une définition plus large et plus ouverte de la modernité. Je commencerai par revenir un instant sur ces trois directions empruntées, en insistant sur le problème de l'archaïsme. En effet, seule cette approche permet de comprendre à quelle profondeur l'autorité s'enracine. Puis j'essaierai de montrer les enjeux, aujourd'hui, de la crise actuelle de la modernité, ainsi que certaines des voies qui paraissent se présenter devant nous.

Les trois moments de l'archaïsme

Ma contribution ici aura consisté à intégrer et à articuler dans un schéma unitaire les œuvres de trois grands théoriciens de la psychanalyse. Les univers de Melanie Klein, de Donald Winnicott et de Sigmund Freud se situent dans des « espaces-temps » sans rapports évidents entre eux. L'importance de ces trois auteurs, pour la théorie de l'autorité présentée ici, tient à leur approche de la vie « psychique » de l'enfant à des âges différents, avec, à chaque fois, un schéma d'organisation spécifique. Le conflit œdipien que décrit Freud se situe entre trois et cinq ans. Le temps de l'« aire intermédiaire », celle des processus transitionnels mis en évidence par Winnicott, se place entre six et quinze mois. Enfin, Melanie Klein a l'ambition extrême de rendre compte de ce qu'elle nomme la « complexité extraordinaire » du monde intérieur du nourrisson.

Melanie Klein (1882-1960) est l'auteur auquel je suis venu le plus tard. Il n'est pas facile d'entrer dans l'univers d'une exceptionnelle noirceur et cruauté dont elle brosse le tableau. Dans la relation à la mère, l'angoisse du « mauvais sein » persécuteur s'empare dès sa naissance du nourrisson, lors des inévitables frustrations. Lui succède le temps de l'angoisse dépressive quand l'objet d'amour commence à être perçu et vécu comme celui qui, aussi, est inévitablement attaqué et détruit. Le sujet se constitue à partir d'un manichéisme absolu, « Bon » contre « Mauvais ». Melanie Klein en vient à ces conclusions en utilisant une technique de jeux avec l'enfant (mais seulement à partir de trois-quatre ans) et à la suite de son travail avec des psychotiques adultes chez lesquels elle pense retrouver quasiment à nu les produits de ces premières étapes de la vie.

J'en suis venu à prêter créance à ses descriptions à la suite d'un long travail mené depuis 1991, avec Bernard Aucouturier et les psychomotriciens réunis autour de lui et de son œuvre [1]. La réalité des angoisses psychocorporelles les plus archaïques m'est apparue alors clairement, dans les techniques mises en œuvre dans ce courant ; des angoisses que nos mots d'adultes essaient d'approcher avec les images de séparation, de déchirement, de mutilation, d'éviscération, de *membra disjecta*. Non,

1. Gérard MENDEL, « Les trois archaïsmes, à propos de la méthode Aucouturier », *loc. cit.*

bien évidemment, que serait seulement présente l'angoisse dans le monde originel de l'enfance ; mais celle-ci prendrait, quand elle apparaît inévitablement, des formes d'une cruauté impressionnante, qui laisseront nécessairement des traces chez l'adulte. On pourrait ainsi parler ici d'un « corps archaïque » qui peut continuer d'exister en creux à l'intérieur du corps adulte. À la suite de souffrance psychocorporelles précoces, les bronches (asthme), le colon (recto-colite hémorragique), etc. exprimeront chez l'adulte une douleur toujours actuelle, vécue autrefois dans le temps préverbal. Le langage n'est pas celui des mots, mais des organes et des viscères. Ce n'est pas l'organe qui parle, mais bien l'*infans* (le temps n'existe pas ici), tel qu'il vivait, avec ses organes et sa psychosensorialité, la relation au monde et à la mère. Il faudrait parler ici de la composante psychosomatique du cancer. Accepter l'évidence d'un tel univers précoce, celui de l'archaïsme 1, ne signifie pas pour autant qu'on adhère pleinement au système théorique kleinien censé en rendre compte.

Ayant plusieurs fois dans ce livre évoqué Donald Winnicott (1896-1971), je serai bref. L'éclairage optimiste qu'il apporte quant aux capacités créatives du très petit enfant, entre six et quinze mois, ne doit pas faire oublier qu'il s'agit d'un mode de défense. C'est avec l'énergie du désespoir que l'*infans* se débat contre un principe de réalité insupportable qui, écrit Winnicott, « est vraiment une affreuse, une sale histoire ». Selon lui, il s'agit là d'un moment plus critique encore que celui du conflit œdipien. Quand l'égocosmie première se clive définitivement en *ego* et en cosmos, l'*infans* découvre ce qu'est l'absolu de l'angoisse de la solitude. On peut comprendre les processus transitionnels comme la tentative d'apprentissage de la « capacité d'être seul », pour reprendre le titre d'un des articles les plus justement célèbres de Winnicott. Ce moment est celui de l'archaïsme 2. J'ajouterai que je vois, à son terme, le sujet non pas devenu soit un « vrai self », soit un « faux self », mais bien plutôt constitué d'une part variable des deux. *Nobody is perfect*…

Freud, enfin, a su déchiffrer la logique et les fantasmes d'un inconscient refoulé, qui apparaît vers l'âge de quinze mois. Il n'a pas eu besoin, lui, d'inventer, comme Melanie Klein et Winnicott, des techniques de jeux spécifiques, mais seulement de construire le dispositif divan-fauteuil, qui donne accès au discours verbal des associations libres. L'archaïsme 3 est le contenu fantasmatique le plus précoce de cet inconscient. C'est, dans le temps, à un troisième niveau d'organisation que le conflit œdipien réfère alors, qui concerne l'identité sexuée. Faut-il alors comprendre l'angoisse de castration comme la seule peur — ce qui n'est certes pas rien — d'être amputé du pénis (de ses prérogatives sociales aussi bien dans les sociétés traditionnelles que dans celles du père), ou bien aussi comme le deuil impossible à faire complètement de la bisexualité originelle, liée à l'inévitable identification aux deux parents ?

Ce que nous rassemblons dans le concept d'« angoisse d'abandon » — de sentiment abandonnique —, c'est la conjonction, variable selon les cultures et les individus, des angoisses de ces trois moments distincts de l'archaïsme. La thèse centrale de ce livre est que l'autorité articule, chez l'individu, la défense sociale avec, à la fois, cette angoisse d'abandon et un signal menace, explicite ou subliminal, selon lequel cette défense sauterait en cas de non-obéissance.

Les universels empiriques

Le grand problème d'une anthropologie générale concerne l'invention de concepts pluridisciplinaires, mais aussi, je le disais en introduction, le rapport d'interaction entre la société et les « ressources » organiques de l'espèce. Sous peine de réintroduire en contrebande l'ancienne « nature humaine », ces ressources ne peuvent préexister au travail sur elles des formes sociales et culturelles : elles ne sont ni des états ni des substances. Mais alors, en effet, sur « quoi » s'exerce le travail de la culture, la société ne créant pas *ex nihilo* ce sur quoi elle travaillera, comme paraissent le penser certains constructivistes sociaux ? Un exemple pris dans un tout autre registre peut nous aider à éclairer et à dépasser cette impasse.

« Le plus grand honneur du poète, écrit Baudelaire, est d'accomplir juste ce qu'il a projeté de faire. » Phrase ambiguë qui peut très bien signifier pour son auteur que le poème aurait existé à l'avance, dans le sens plotinien qui faisait dire à Michel-Ange que la statue préexistait dans le marbre. On peut, à l'opposé, tirer la profession de foi baudelairienne dans le sens contraire. Baudelaire étant tel, et la langue française et les contraintes propres au type de poésie élu par l'auteur des *Fleurs du mal* étant telles, le poème qui s'élabore dans une suite défense sociale contre l'angoisse d'abandon, en p socialement le familialisme premier. Soit que l'autorité nautaire prolonge, la vie durant, celle de la première fa le mode parental ; soit que, au cours de la modernité, l'autorité s'incarne dans l'image du père. Ce schéma universel devient variable historiquement par le jeu des structures de parenté et des rapports sociaux [4].

Nous avons dit aussi, sans pouvoir y insister dans ce livre, que l'élément psychologique en cause dans le fonctionnement démocratique, considéré au sens le plus large, intéressait la rationalité instrumentale « élargie », le vouloir de création (à l'origine lointaine de l'actepouvoir et du mouvement d'appropriation de l'acte), la coopération structurale, le langage. Ce qui ne signifie évidemment pas que certains de ces universels empiriques ne soient pas utilisables et utilisés par l'autorité.

Modernité et anthropologie générale

Nous avons donné les raisons pour lesquelles, à notre sens, la perspective anthropologique commandait de faire débuter la modernité plus tôt qu'il n'est généralement dit, très avant la Renaissance, à la naissance de la démocratie grecque. Il fallait également tenir compte des cinq siècles de la République romaine ; et du moment augustinien, la fin du monde antique représentant une vraie « crise de civilisation ». Enfin, nous avons tenu à séparer ce qu'on nomme les Temps modernes d'avec la phase contemporaine de la modernité, qui débuterait à la Première Guerre mondiale.

Chacun des cinq moments est indépendant, car lié à des causes chaque fois particulières, mais aussi il est relié à ceux qui, l'ayant précédé, ne peuvent pas ne pas influer sur lui. Dans la perspective d'une anthropologie générale, la modernité se définit chaque fois par une lutte contre la tradition et l'autorité — contre, donc,

4. Des recherches conséquentes ont été menées sur les rapports entre structures de parenté et rapports sociaux : Hervé LE BRAS, *Les Trois France*, Odile Jacob, Paris, 1986 et *La Diversité du monde. Famille et modernité*, Seuil, Paris, 1999 ; Claude MEILLASSOUX, *Mythes et Limites de l'anthropologie*, Page deux, Lausanne, 2001. Rappelons également les travaux pionniers de Jack Goody (*La Famille en Europe*, Seuil, Paris, 2000 ; *Famille et mariage en Eurasie*, PUF, Paris, 2001).

le schéma psychofamilial. Rappelons ce qu'il en est pour chacun des moments.

Avec la réforme de Clisthène, au Vᵉ siècle avant J.-C., l'action directement menée contre la communauté familialiste fait naître la démocratie politique.

La République romaine (509-29 avant J.-C.) tente d'assumer et de réguler juridiquement la contradiction entre le principe familialiste, représenté en particulier par le sénat, et l'expression politique, celle du peuple et celle des puissances économiques. Le retour en force du principe familialiste, avec l'empire, serait alors dû, avec d'autres facteurs, à la double progression des forces populaires et économiques et à la non-régulation des déséquilibres ainsi créés.

Le moment augustinien (IVᵉ siècle après J.-C.) introduit, lui, d'une manière nouvelle l'attaque du schéma psychofamilial. Certes, Augustin veut recréer une certaine forme de familialisme communautaire à l'ombre de l'Église. Mais, par l'accent nouveau mis sur l'intériorité psychique, sur l'introspection en quête du péché, sur le salut individuel, et par les développements qui s'ensuivront — dont la confession individuelle —, il introduit un facteur de dissolution à l'intérieur de la communauté.

Dans les *Discours sur la première décade de Tite-Live*, Machiavel ne fait pas de la seule corruption de l'Église romaine à son époque ce qui dissout le lien social : c'est, pour lui, l'importance donnée à l'individu par le catholicisme qui, contrastant avec la religion romaine essentiellement civique, sape le lien communautaire. Religion universelle d'individus privés, elle ne cimente plus le lien à la patrie [5]. Machiavel, en général d'une lucidité si révolutionnaire et anticipatrice dans l'analyse politique, se montre, là, passéiste et aveugle à ce qui va naître progressivement, à partir de l'individualité démocratique. Par ailleurs, on l'a vu depuis, l'appartenance au même christianisme n'a jamais empêché les peuples de s'entretuer au nom de la patrie. Le rôle des structures démocratiques est de prendre, autant qu'il est possible, le relais de la communauté, mais sur un autre mode ; le déficit de l'invention démocratique depuis un siècle expliquerait l'affaiblissement actuel du lien social.

---

5. Gérard SFEZ et Michel SENNELART (sous la direction de), *L'Enjeu Machiavel*, PUF, Paris, 2001.

L'analyse que nous proposons des Temps modernes met l'accent sur la lutte permanente, ouverte ou insidieuse, menée par la logique économique du capitalisme contre l'autorité de type communautaire. La vraie « taupe aveugle » (Hegel) de l'histoire, c'est elle et non la montée de l'Esprit. Dès la fin du XIXe siècle, nombre d'artistes et de philosophes ont perçu intuitivement que *ploutos* s'attaque dorénavant à la société patriarcale elle-même. Ainsi s'ouvre l'époque contemporaine, cinquième moment de la modernité.

La crise contemporaine de l'autorité et ses enjeux

N'usons pas des périphrases habituelles, telles que le « système », la « mondialisation », la « globalisation », la « déréglementation », le « nouvel ordre mondial ». Le capitalisme économique, tel est le nom véritable du troisième larron qui mène son jeu personnel en tiers dans la contradiction de fond entre autorité et démocratie. C'est lui et nul autre qui a déstabilisé le socle anthropologique de l'autorité.

Dans l'histoire de l'humanité, bien des fois, ce socle s'était trouvé rompu déjà dans une société particulière. Chaque fois, par exemple, qu'un peuple se trouvait conquis, l'acculturation survenait, avant que le vaincu s'intègre culturellement au monde du vainqueur, ou bien disparaisse à jamais de la scène du monde comme de multiples peuplades — tels, au XIXe siècle, les Indiens d'Argentine ou certaines tribus d'Amérique du Nord. Au VIe siècle après J.-C., la ruine du monde antique, avec les invasions barbares et le sac de Rome en 410, a représenté pour ses contemporains une immense crise culturelle et sociale, qui s'est prolongée durant les dix siècles du Moyen Âge où une lente germination séminale a permis la floraison avortée de la Renaissance. Avortée, car Réforme et contre-Réforme ont chacune à sa manière cassé la dynamique en cours : Érasme, ce héros civilisateur, n'était bien vu d'aucun des deux camps.

Pourtant, au moins trois particularités spécifient la situation actuelle. Tout d'abord l'envahisseur ne vient pas du dehors, il est installé de longue date au cœur de la société, dans la salle des machines elle-même : c'est le mode de production économique. Ensuite, l'invasion s'étend aujourd'hui au monde entier, provoquant des réactions de plus en plus violentes. Enfin, la culture que l'envahisseur propose, voire impose — la marchandisation progressive de tous les rapports sociaux et humains —, est différente de celles qui ont jusqu'à présent existé.

Chacune de ces trois particularités peut donner matière à une riche série d'observations et de réflexions. Soit, en premier lieu, le rapport entre l'envahisseur et la société. Les différentes formes de ce qu'on nomme la « crise de l'autorité » seraient alors à comprendre comme autant d'indices qui témoignent de l'avancée de *ploutos* et du retrait de *genos* — l'autorité — et de *demos*, la démocratie. La plus grande erreur idéologique du temps présent serait de penser que capitalisme économique et démocratie ont nécessairement partie liée, et que le premier amène quasi automatiquement aujourd'hui la seconde dans ses fourgons.

Cela, qui a été parfaitement exact à certains moments de la modernité, apparaît de plus en plus douteux. À un certain stade de son avancée, la marchandisation générale des rapports entre forcément en conflit avec la démocratie — un exemple parmi bien d'autres vient d'en être donné en Europe avec la corruption d'une partie du personnel politique. Par exemple encore, la mondialisation économique s'accompagne, au niveau mondial, de la montée en puissance financière des différentes mafias, avec une importance qui a cessé de très loin d'être marginale [6]. On a vu aussi que des pays entiers — la Grèce des colonels, l'Afrique du Sud de l'apartheid, le Chili de Pinochet, l'Argentine des généraux, la Corée du Sud, Singapour — ont parfaitement réussi à concilier dictature politique et capitalisme privé. La Chine essaie actuellement d'articuler les deux phénomènes à l'échelle de plus d'un milliard d'hommes. Aucun de ces régimes, à l'exception, en partie seulement, du Chili, n'est tombé en raison d'une crise intérieure où la démocratie aurait vaincu.

Il est tout aussi fallacieux de penser que le capitalisme apporte ou développe aujourd'hui avec lui la démocratie politique, que d'estimer — avec certains courants de l'Église catholique et

6. Le GAFI (Groupe d'action financière sur le blanchiment des capitaux), créé au sommet du G 7 en 1989, estimait le PCB (produit criminel brut) à 900 milliards de dollars par an à la fin des années quatre-vingt-dix (dont 400 milliards liés à la drogue), soit l'équivalent à la même époque du produit intérieur brut de la Chine. « Entre 1989 et 1998, 1 000 milliards de dollars supplémentaires ont disparu des comptabilités nationales, témoignant du rapprochement entre économie criminelle et économie légale » (*Le Monde*, 18 septembre 2001).

laquelle se développe la crise générale des valeurs et de l'autorité.

Le trouble, et les troubles à l'école et dans la famille éducative tiennent également à une autre crise, moins visible, qui concerne la transmission de la culture et des valeurs entre les générations, elle aussi à base socioéconomique. Le nouveau-né qui sort aujourd'hui du ventre maternel ne diffère en rien de celui qui naissait voici un siècle. Et pourtant, dans sa famille, puis à l'école, il se présentera avec des traits tout nouveaux. Il serait alors par trop facile de parler de « démission des parents » ou d'« école laxiste ». C'est l'environnement social et culturel qui s'est transformé radicalement, le changement des mentalités et des conduites n'en étant que la conséquence.

Déjà en 1969, j'étudiais comment étaient touchés tous les facteurs qui intervenaient dans la transmission intergénérationnelle de la culture et des valeurs : les structures de transmission, le transmetteur (l'adulte), le contenu de la transmission [7]. Pour qu'une génération puisse relayer vers la suivante son modèle culturel — dont, jusqu'à présent, un certain type d'autorité —, il faut des conditions nombreuses et rigoureuses. Citons quelques-unes d'entre elles : un conditionnement idéologique et social de tous les instants, des informations données en petit nombre et toujours identiques, des adultes étroitement codés et cadrés dans les rapports sociaux et de travail, une dogmatique morale sans failles et échappant à l'épreuve du comparatisme, etc.

Bref, il faut les conditions qui régnaient en France vers 1820-1840, et qui ne sont d'ailleurs pas celles auxquelles on pense habituellement. Car la majeure partie des Français, dans les campagnes, mais aussi dans les villes, vivait soit encore sur le mode de l'autorité communautaire, soit aux prises avec un processus d'acculturation [8]. « Les Peaux-Rouges de Fenimore Cooper sont ici », écrivait Balzac dans *Les Paysans* (1844).

---

7. Gérard MENDEL, *La Crise de générations*, Payot, Paris, 1969.

8. *Cf.* Louis-René VILLERMÉ, *Tableau de l'état physique et moral des ouvriers et des employés dans les manufactures de coton, de laine et de soie*, Paris, 1840 ; Louis CHEVALIER, *Classes laborieuses et classes dangereuses*, Plon, Paris, 1958. Et, pour une synthèse d'ensemble : Eugen WEBER, *La Fin des terroirs* (1976), Fayard, Paris, 1983.

Les nouvelles pathologies psychoaffectives

Il serait encore un chapitre au moins à entrouvrir, qui concerne lui aussi la crise de l'autorité. Si, en effet, dans nos sociétés, ni l'autorité communautaire ni l'autorité patriarcale ne protègent plus suffisamment l'individu des arrière-plans archaïques et de l'angoisse d'abandon, si le socle anthropologique de l'autorité vacille, il devient logique que se développent collectivement des pathologies psychoaffectives. Tel est le cas, mais c'est là une étude qui déborderait le cadre de ce livre.

Rappelons seulement le chiffre astronomique de la consommation des tranquillisants, somnifères, antidépresseurs. Un seul chiffre : en 2000, les seules ventes d'un antidépresseur léger, le Prozac, ont représenté 2,6 milliards de dollars au niveau mondial. Il n'est pas contestable non plus — tous les congrès de psychiatrie le confirment — que le chiffre des dépressions augmente. Un chercheur, Alain Ehrenberg, a eu le mérite d'étudier leur rapport aux évolutions sociales et culturelles, et de faire de leur progression un bon indice du malaise général de nos sociétés [9]. À cette « maladie de la perte » (Freud) qu'est la dépression répond, sur une aussi grande ampleur, la pathologie du « remplissement », de la lutte contre le sentiment de vide intérieur, qui aboutit à l'obésité. Le poids de la moitié des Nord-Américains est considéré comme excessif et un quart d'entre eux — un quart ! — présente une obésité pathologique. Et la course vers le « toujours plus » de la société de consommation, la frénésie des achats ne sont-elles pas le symptôme d'un malaise très général [10] ?

On peut faire l'hypothèse que, au-delà de la prise de substances chimiques, la pulsion de « consommation », l'excès chronique de nourriture, la suroccupation du temps, la « course après la montre », l'esclavage des rythmes urbains, la multiplicité des déplacements inutiles ne sont pas indépendants d'une double intolérance actuelle : celle à la frustration, même minime, et celle au face à face solitaire avec soi-même. Rester seul avec soi, sans l'apport d'un élément extérieur — ne serait-ce que la

---

9. Alain EHRENBERG, *La Fatigue d'être soi. Dépression et société*, Odile Jacob, Paris, 1998.

10. « Je sens que la consommation et un substitut à tout ce qui nous manque dans la vie, une sorte de déshumanisation. Les Américains ont perdu le plaisir de la relation humaine », interview d'une étudiante américaine ; et une autre étudiante : « L'économie a remplacé la religion » (*Le Monde*, 6 octobre 2001).

fuite des images à la télévision ou le bruit de fond d'une radio permettant d'échapper à l'intériorité, ces images et ce bruit envahissant progressivement tous les lieux publics —, cet isolement est, semble-t-il, devenu insupportable à la majorité de nos contemporains. L'esseulement réveille ce qui pourrait bien être le trait dominant de nos sociétés, l'angoisse de la solitude [11].

À écouter ceux qui admettent en souffrir, celle-ci s'apparente de très près à l'angoisse de mort. En effet, pourquoi la solitude est-elle si peu supportable, sinon parce que, au niveau profond, elle se vit comme le signe du rejet par les images protectrices, comme le sceau du non-amour ? La « lettre écarlate » de l'infamie que Nathaniel Hawthorne imaginait marquée au fer rouge sur l'épaule de l'héroïne du roman qui porte ce titre, chaque solitaire en éprouve la brûlure. Et, là, pas de différence selon que c'est la communauté ou bien les parents intériorisés dans l'inconscient qui vous condamnent : honte et culpabilité, toutes les deux, nous l'avons vu tout au long du livre, trouvent leur ressort dans la même angoisse d'abandon.

Résumons notre propos. Onze pour cent des Français prennent régulièrement un médicament psychotrope [12]. Cinq millions souffrent (médicalement, psychologiquement, socialement) de leur alcoolisme, dont deux millions de sujets alcoolo-dépendants ; quarante mille décès par an lui sont dus [13]. Ajoutons le tabagisme et les dizaines de milliers de morts annuels par cancer du poumon, de la vessie, etc. Sait-on, par exemple, que les recettes fiscales de l'alcool et du tabac sont loin d'atteindre le 1,42 % du produit intérieur brut qu'il coûte à la collectivité [14] ? Tout se passe comme si nos contemporains remplaçaient progressivement l'ancienne dépendance à l'autorité par d'autres formes de dépendance [15].

Dans *Le Meilleur des mondes*, Aldous Huxley avait imaginé qu'une drogue euphorisante — le *soma* — calmait l'angoisse existentielle des humains. Et, en effet, la finitude, la vieillesse,

11. Au-delà des aspects subjectifs analysés ici, la solitude est, aussi, une réalité objective de nos sociétés. Aujourd'hui, près d'un Parisien sur deux vit seul. Norbert Elias a écrit des pages très fortes sur la solitude nouvelle des personnes âgées et des mourants : *La Solitude des mourants* (1982), Christian Bourgois, Paris, 1987.

12. Rapport Zarifian, 1996.

13. Rapport INSERM, 2001.

14. *Le Monde*, 26 octobre 1999.

15. Francis HOFSTEIN, *Le Poison de la dépendance*, Seuil, Paris, 1999.

la mort se vivent et sont à vivre sur fond d'angoisse d'abandon. Si l'autorité est une formation sociale-psychologique à ce point nécessaire à l'anesthésie des sociétés et des individus, qu'en est-il alors des sociétés humaines, en ce début du XXIe siècle ? Les événements du 11 septembre 2001 provoquent une sorte d'arrêt sur image qui rend un peu plus reconnaissable chacune des composantes de la situation. Avant d'interpréter ces événements comme une nouvelle « maladie infantile » de la modernité, rappelons ce que nous entendons par ce terme.

Les « maladies infantiles » de la modernité occidentale

Dans les sociétés occidentales, la progression, depuis plusieurs siècles, de l'individuation psychique et de l'individualisme social a provoqué plusieurs fois des effets de rupture. On peut comprendre aisément qu'un homme, une femme, dont l'identité procédait des liens tissés avec la communauté, dont l'architecture psychique s'intriquait étroitement à cette dernière, n'ont pu vivre sans angoisse le desserrement ou le déchirement de ces liens, le trouble devenant plus aigu lors des crises (guerres, invasions, famine, grandes épidémies...), au point de rendre nécessaire un adjuvant défensif supplémentaire.

Les « maladies infantiles » de la modernité représentent ainsi de grands mouvements collectifs, de nature politique et idéologique, dans lesquels, à diverses époques, s'est exprimée une position radicale par rapport à la modernité en tant que porteuse de valeurs individuelles et égalitaires. On peut discuter du terme choisi, qui semblerait indiquer, à tort, la marche obligée vers l'état d'adulte représentée par la santé. En réalité, la modernité acquérant sans cesse des traits inédits, la « santé » n'est jamais acquise, et les nouvelles « maladies » se révèlent peu évitables. Ce qui, à la limite, caractérise la démocratie est, au contraire, l'absence d'état stable, puisqu'elle représente un mode particulier d'affrontement de problèmes toujours nouveaux. « Maladie » entend signifier que le flux des *interactions* entre facteurs se voit barré au niveau de l'un d'entre eux : en ce sens, on peut bien parler de « pathologie ». Quant au terme d'« infantile », il n'est là qu'à titre d'illustration.

Sauf dans le cas très particulier de l'anarchisme du XIXe siècle, les idéologues de ces « maladies » mettent tous en avant l'impuissance de l'individu, seul ou associé, à faire son salut dans le ciel ou sur terre « par les œuvres », par ses actes ; ils affirment au contraire son incapacité à mener sa vie et à faire des choix personnels en se fiant à la raison, au jugement critique, à l'observation de la réalité, à l'expérience. Et, constamment, ils opposent à l'individualité, connotée négativement, la communauté et son autorité traditionnelle. Nous avons précédemment observé (voir *supra*, chapitre 14) les formes prises par ces « maladies » dans la doctrine de Luther[16] et dans le jansénisme.

Faut-il faire vraiment du mouvement anarchiste au XIXe siècle une « maladie infantile » de la modernité, alors qu'il prend l'exact contre-pied des deux composantes de l'antimodernité : il privilégie l'individu sur la communauté et il voit son ennemi principal, sa bête noire, dans l'autorité sous toutes ses formes ? Anticipant d'un siècle la généralisation de l'esprit libertaire dans nos sociétés, il serait alors une « maladie » de la modernité dans la mesure où il ne prend pas en compte les éléments irréductibles anthropologiques, à l'origine de l'autorité sociale, et parce qu'il sous-estime les problèmes liés à la coopération et à la production. Se définissant presque uniquement par son opposition à l'autorité, il vise à libérer l'individu, mais n'ouvre pas sur des relations sociales et collectives qui dépasseraient le cadre de sa lutte. Se définissant par rapport à l'autorité, sa relation à elle est tautologique.

Très différemment au XXe siècle, dans la vieille Europe des Lumières, le fascisme et le nazisme ont représenté le type même de ce qu'est une maladie infantile de la modernité. Hitler prêche le retour à la communauté païenne fondée « sur le sol, le sang, la race », dans laquelle l'individu a vocation à se fondre autoritairement. Dans une tout autre dimension, n'oublions pas que le christianisme ne s'est pas civilisé de son propre chef, mais sous l'influence des conditions sociales, économiques, culturelles, politiques et au travers de luttes menées par des groupes humains courageux. Faut-il rappeler les dizaines de milliers de

16. À propos de la communauté, Luther écrit : « Dans un monde chrétien, tout est commun, le bien de chaque homme est celui des autres » (cité par Erik H. ERIKSON, *Luther avant Luther*, *op. cit.*, p. 278).

bûchers allumés par l'Inquisition, les guerres de religion, le procès de Galilée, les mises à l'index ? En 1766 encore, le chevalier de La Barre fut brûlé vif à Rouen, parce qu'il ne s'était pas découvert dans la rue au passage d'une procession.

Et, ce qui nous rapproche du sujet sur lequel nous allons conclure, le terme d'« intégrisme » est né en France, peu avant la Première Guerre mondiale, dans les milieux catholiques. Il concentrait en un mot les quatre-vingts propositions du *Syllabus* (1864) de Pie IX, la dernière des erreurs condamnées étant celle selon laquelle « le Pontife romain peut et doit se réconcilier et composer avec le progrès, avec le libéralisme et avec la civilisation récente ». Un catholicisme intransigeant, extensif, maximaliste passait à l'attaque. Il est bien évident qu'il s'agissait là d'une crispation idéologique au regard des évolutions d'une société qui échappait au pouvoir clérical. C'est dans ce contexte d'opposition frontale qu'interviendra, en France, la séparation de l'Église et de l'État (1905), provoquant une coupure brutale de la société.

Il est un autre effet de l'individuation psychique et de l'individualité sociale. Dans les sciences humaines et sociales, une idéologie individualisante s'est développée, qui marque, souvent de manière décisive, les meilleurs auteurs. En sociologie, pour Max Weber, pour G. H. Mead, pour Erving Goffman, pour beaucoup d'autres, la société n'est plus constituée que d'individus additionnés, elle devient l'« autrui généralisé » (Mead). Pour le psychanalyste, l'observation de l'individu sur le divan est suffisante pour comprendre l'« essence humaine ». L'idée est devenue presque inacceptable que, dans le domaine des sciences sociales et humaines, des logiques soient en œuvre, qui dépassent le cadre de l'individu et s'imposent à lui, le plus souvent à son insu. Tel est pourtant notre propos quand nous évoquons *genos* — le schéma psychofamilial, la tradition, l'autorité —, *ploutos* et la rationalité instrumentale « réduite », ou bien *demos*.

Nouant avec l'actualité la plus immédiate, nous allons, en épilogue, essayer de montrer comment ces mêmes logiques peuvent fournir un outillage d'analyse et de compréhension théorique du monde contemporain.

Épilogue

Pistes et contre-pistes

Il aurait été décidément bien étrange que les maladies infantiles de la modernité qui ont déchiré à plusieurs reprises l'Europe, et en particulier, nous venons de le voir, au XXe siècle, demeurent l'apanage de monde occidental. Les formes prises par la mondialisation économique, qui ont jeté l'Afrique à bas, risquaient un jour de provoquer des réactions de rejet extrême, sous la bannière d'un *genos* totalitaire et caricatural, dessinant ainsi de nouvelles *contre-pistes* de la modernité. Nous les observerons en premier, avant d'essayer d'ouvrir des *pistes* du possible.

Septembre 2001, « maladie infantile » de la modernité islamique

La religion musulmane concerne aujourd'hui plus d'un milliard de nos semblables ; dans les pays où elle est majoritaire, elle régit sur le mode de l'autorité communautaire une part toujours importante de la vie privée et publique. À ce titre, islam religieux et politique entretiennent des liens serrés. Au XXe siècle, sous la pression du modèle occidental, l'islam s'est trouvé pris dans la tourmente de la modernité, alors qu'il stagnait depuis des siècles dans les eaux mortes de la répétition, excellents bouillons de culture pour les germes mortifères. En raison de son caractère hautement communautaire — qu'on songe à la mosquée et à ses fidèles prosternés, au pèlerinage à La Mecque, au ramadan, à la symbolique de l'« Oumma » (« matrice ») définie explicitement comme la communauté —, l'islam religieux est, plus que d'autres religions, menacé par la modernité et son principe individualisant, anticommunautaire, antitraditionnel, rationaliste, critique.

À plusieurs reprises, dans les dernières décennies, des compromis ont pourtant été passés entre islam religieux et modernité, mais toujours dans un contexte précis. Il y a fallu toujours l'intervention d'un personnage fondateur au charisme exceptionnel. Il est permis de se demander si, aujourd'hui, avec l'indépendance plus grande des chefs religieux, un Kemal Atatürk aurait pu se lancer avec succès en Turquie dans l'édification d'un État moderne et laïque. Au cœur même de l'Empire ottoman, la polygamie est abolie, les femmes reçoivent le droit de vote (1934) ; la charia, la loi coranique, est supprimée au profit d'une législation civile et pénale à l'européenne, l'alphabet latin se substitue à celui arabe, le jour religieux sacré de l'islam, le vendredi, est remplacé par le dimanche ; Ankara, tout exprès fondé, devient la capitale à la place de la vieille Istanbul, etc. « Rien que cela ! », a-t-on envie de dire, trois quarts de siècle plus tard.

L'une des conditions qui ont permis le succès d'Atatürk aura certainement été de reporter sur lui une partie du *genos*, du schéma psychofamilial. À l'intérieur de la grille de lecture qui est nôtre, le fait que Mustapha Kemal devienne « Atatürk », le « père des Turcs », trouve une signification non plus seulement formelle, mais précise et déterminante. Sa photographie partout affichée aujourd'hui en Turquie, dans les lieux publics et à l'intérieur des familles, est celle d'un puissant père protecteur. Ce portrait donne à voir une autorité de type gaullien, mais d'autant plus vécue dans sa littéralité même que l'autorité communautaire reste forte, et que l'image paternelle n'a pas connu le degré d'intériorisation qui est le nôtre. C'est la « lettre » de l'image — les paroles, les actes, la représentation iconique ubiquitaire — qui protège de l'angoisse d'abandon, de la peur du chaos, plus que son « esprit » ; d'où la rigidité des évolutions politiques ultérieures en Turquie, et l'enlisement actuel en raison de la difficulté à gérer des situations neuves.

Pour introduire des réformes significatives dans le tiers monde, et particulièrement en pays musulman, il paraît nécessaire que ce qui se trouve ôté ainsi à l'autorité massive, compacte, enveloppante, de la communauté puisse se reporter sur une image parentale, paternelle ; à sa manière, elle vient recomposer et recompléter le socle anthropologique entamé de l'autorité. Cette « géométrie variable » du schéma psychofamilial anthropologique fournit une explication de fond à un phénomène majeur dont la constance intrigante a été signalée par Mahmoud Hussein (pseudonyme des écrivains éyptiens Bahgat Elnadi et Adel Rifaat) : « Le Père se révèle irremplaçable au lendemain de l'indépendance : Nehru, Soekarno, Bourguiba, Houphouët-Boigny, Senghor, Sékou Touré, N'Krumah, Nasser, Boumediene [1]. »

Tout de même, le passage à la modernité en Europe a été marqué par une autre « géométrie » du schéma psychofamilial, également reprise par les pays du tiers monde accédant à l'indépendance : celle de la nation. Le schéma s'élargit et surtout se laïcise, non plus sous le signe des divinités, mais sous celui, laïque, de la mère patrie. Un schéma resté si fort au cœur de l'identité de l'individu, ainsi historiquement déterminé, que des millions d'hommes mourront pour lui en Europe aux XIXe et XXe siècles. Aujourd'hui, la « géométrie » varie encore, puisqu'un nombre significatif d'humains se reconnaissent, au-delà des différences nationales, comme les habitants de la même Terre, solidaires d'une seule « Terre-Patrie » [2].

Une première grande « maladie infantile » de la modernité islamique survient alors, à la fin du XXe siècle, avec les suites de l'échec de la démarche moderniste du shah d'Iran. Quoi que l'on puisse penser de cette tentative et de la « Révolution verte », la cause principale de l'échec tient à la place de pouvoir occupée en Iran par le « clergé » chiite, dont les privilèges temporels et spirituels se trouvaient en cause ; la lutte entre conservateurs et réformateurs s'est d'ailleurs déplacée aujourd'hui à l'intérieur de ce même « clergé ». Mais, aussi, le contexte était défavorable, et le shah, au contraire d'un Mossadegh nationalisant le pétrole (contre le shah, en 1952) et devenant ainsi personnage de

1. Mahmoud HUSSEIN, *Versant sud de la liberté. Essai sur l'émergence de l'individu dans le tiers monde*, chapitre 10, « La figure du Père », La Découverte, Paris, 1993.

2. Edgard MORIN et Anne-Brigitte KERN, *Terre-Patrie*, Seuil, Paris, 1993.

légende, apparaissait, lui, comme l'allié des grands pétroliers anglo-américains — qu'il était.

Il est stupéfiant de voir combien le pétrole — et « la voiture », à l'arrière-plan (voir *supra*, chapitre 16) — a joué un rôle décisif dans les relations entre l'Occident et l'Islam au XXe siècle. Chacune des centaines de millions de voitures roulant aujourd'hui sur le globe porte avec elle, « en son essence », si l'on permet ce mauvais jeu de mots, un atome de l'âme même du terrorisme du 11 septembre. Se souvient-on encore seulement de la crise du pétrole en 1973 — qui a ouvert la longue crise économique — et du désarroi des Européens devant les pompes à essence vides ?

Depuis des décennies, nous assistons non à ce qui serait le « choc des civilisations [3] », mais à la lutte, sans merci et sans morale, d'un système économique pour s'assurer, entre autres maîtrises, le contrôle des sources d'énergie jugées par lui vitales. En 1991, la guerre du Golfe concernait le pétrole koweïtien ; et les taliban ont été éduqués et fanatisés au Pakistan à l'aide des pétrodollars saoudiens, et avec la bénédiction américaine, dans la mesure seulement où ils étaient censés assurer la sécurité du pipeline de la Caspienne.

Le négatif en lutte de deux civilisations

La crise actuelle oppose alors non pas deux « mondes », mais les aspects actuellement les plus négatifs de deux civilisations — dont aucune (je le dirai en finale) n'est la mienne. Formulation simple, mais qui n'a de sens que par la dissection plan par plan que nous avons effectué dans ce livre des composantes de la modernité. Cette crise oppose des Américains livrés, sans défense, en toute innocence, naïveté, obscurantisme politique, à une rationalité instrumentale économique qui s'exerce en leur nom ; et un islam qui, au plus loin de son âge d'or culturel entre le VIIIe et le XIIe siècle, se retrouve pétrifié dans le communautarisme, à l'image même de la féodale et obscurantiste monarchie saoudienne, vrai cœur financier et idéologique du cyclone actuel ; un islam impuissant à inventer ses propres voies

3. Samuel P. Huntington (1933, 1996), *Le Choc des civilisations*, Odile Jacob, Paris, 1997.

originales vers la modernité et rendu incapable de lui apporter les ressources de sa culture.

Les États-Unis sont un immense pays, dont le dynamisme et la puissance autorisent tout autant la crainte que l'espoir. Les Américains sont un grand peuple qui a libéré l'Europe du nazisme, et l'a protégée du communisme russe avant de le mettre bas. Ils ont réussi sur notre planète le seul grand *melting pot* des cultures, des races (après avoir certes anéanti les Indiens et exploité les esclaves noirs). Leur société civile est riche et complexe, avec la place donnée à la famille et à la religion, avec les associations, les microcommunautés de toutes sortes.

En contrepoint, la population carcérale a doublé dans la dernière décennie du XXe siècle (1 700 000 détenus en 1997). Que dire de la vie culturelle, sinon qu'une grande distance s'est installée entre les « intellectuels », les *happy few*, les *eggheads* coupés du monde actuel dans leur université comme dans leurs monastères les moines du Moyen Âge, et la *middle class* avec ses séries télévisées, double spéculaire d'elle-même qui l'entretient avec perversité et talent dans l'irréalisme. Pour une grande partie de la jeunesse, la frontière est devenue floue entre virtuel et réel. Mais ce pays géant, qui tient la planète en otage avec d'une main le dollar — monnaie universelle — et de l'autre la foudre nucléaire, a fabriqué, Tocqueville l'avait prévu, des citoyens nains politiques, soumis au conformisme du « correct » en tout genre, y compris celui des idées.

Anesthésié par le « rêve américain » (bien qu'il ait tourné au cauchemar pour un quart de sa population), paralysé dans ses grands choix électoraux par les lobbies politico-financiers, soutenu par une inaltérable bonne conscience, infantilisé par un niveau de vie inégalé, le nez sur le guidon dans l'exténuante course individuelle au dollar, convaincu de la toute-puissance de son pays, l'Américain moyen n'est certes pas conscient que ses gouvernants, mal élus, si l'on tient compte des abstentions, le font prospérer grâce au parasitage économique de la planète. L'Amérique vit à crédit à partir de sa fabuleuse dette externe. Sa politique extérieure — on l'a vu pour le pétrole [4], mais cela est vrai généralement — est conduite au gré des besoins économiques du pays et des intérêts financiers de ses multinationales : dans les premiers mois de sa présidence George Bush, élu avec

4. Michael KLARE, « Les États-Unis sont une société pilotée par le pétrole », *loc. cit.*

l'argent des pétroliers américains, a refusé de proposer à la ratification du Sénat le protocole de Kyoto sur l'environnement, s'est opposé à un supplément de transparence financière internationale, a décidé de dévaster (pour cause, là encore, de pétrole) le dernier grand espace naturel resté vierge en Alaska, et écologiquement indispensable aux équilibres naturels de la région.

En attaquant les deux tours de World Trade Center (le « centre du commerce mondial »), les terroristes voulaient frapper ceux qui étaient à leurs yeux les meilleurs des serviteurs du capitalisme multinational, dont le *center* est américain.

Deux fois déjà, les États-Unis ont connu le grand sursaut, qui les a à chaque fois déchirés. Une première fois, avec Lincoln et une guerre civile contre l'esclavage. Une seconde fois, avec Roosevelt, choisissant, devant la crise économique de 1933, la voie progressiste de « New Deal », et faisant front aux grands lobbies économiques déchaînés contre lui. S'appuyant sur *genos* et *demos*, un troisième sursaut les mènera-t-il au contrôle politique de *ploutos* ?

L'islam, lui, est humilié et désemparé dans la profondeur de son être. À chaque fois que les musulmans ont voulu recouvrer leurs richesses — l'Iran, son pétrole ; l'Égypte, le canal de Suez —, l'Occident s'est déclaré contre eux. La guerre israélo-palestinienne dure depuis cinquante ans, entretenant peurs, haine et folie des deux côtés. Le spectacle que l'islam se donne à lui-même est attristant : de quoi pourrait être fier aujourd'hui un jeune musulman ? La guerre entre deux pays de même religion, l'Irak et l'Iran (avec les armes fournies par l'Occident et achetées avec les pétrodollars), a été singulièrement horrible et a fait des millions de victimes. L'Algérie compte près de 200 000 morts, depuis 1992, dans une guerre intestine qui ne dit pas son nom. La pauvreté est grande dans certains pays musulmans. Le tourisme de masse des Occidentaux outrage des misères extrêmes. Et surtout, on ne voit encore nulle part l'ébauche du grand élan collectif qui porterait des groupes identifiables à souhaiter créer une civilisation neuve, métissant le meilleur de son héritage culturel et le meilleur de la modernité.

Pourtant, il n'est pas impensable que le creuset d'un moment nouveau de la modernité — le sixième, dans notre arithmétique — se trouve en pays musulman. Qu'on songe à ce que furent les « premiers temps de l'islam, entre les VIIIe et XIIe siècles, quand théologiens, savants, lettrés ont pu quitter leurs contrées et leurs ethnies d'origine pour converger vers Cordoue et Bagdad, Fès ou Le Caire, où ils parlaient la même langue — celle du Coran —, où ils mettaient en commun l'héritage des cultures perse, indienne et arabe, où ils s'ouvraient ensemble au monde grec, où ils allaient jusqu'à amorcer un rapprochement entre islam, christianisme et judaïsme [5] ».

Mais aussi, Maurice Lombard l'a souligné, l'essor de l'islam du VIIIe au IXe siècle est lié aux échanges commerciaux qui suivent les grandes routes du temps « avec le monopole du transit entre l'Extrême-Orient, l'océan Indien d'une part, l'Afrique centrale et la Méditerranée de l'autre ». Mais ce sont aussi les « tendances démocratiques, égalitaires, cosmopolites du message islamique » qui ont favorisé la conquête. « Que les relations lointaines viennent à s'affaiblir — routes détournées ou interrompues —, que l'or arrive moins régulièrement et c'est la baisse du tonus général, les crises en chaîne, la régression urbaine et, dès lors, l'impossibilité de résister à la convoitise des Barbares liée à l'introduction de mercenaires dans les armées, la remontée des routes de commerce par des invasions, la dislocation de l'ensemble [...]. Après le XIe siècle, le centre de gravité de l'Ancien Monde bascule, les centres moteurs et rayonnant d'une économie en expansion [...] ont migré en Occident et sont maintenant fixés dans les cités marchandes d'Italie et des Flandres [6]. »

Où est-il, le livre qui dira aux jeunes musulmans le génie critique d'Avicenne et d'Averroès, la gloire des mathématiques et de la médecine arabes, la philosophie de l'histoire du berbère Ibn Khaldoun, la libre poésie amoureuse d'un Hâfez ou d'un Omar Khayyam ? Mais ce livre leur dirait aussi qu'il aura, à chaque fois, fallu la liberté de penser et de choisir, l'ouverture d'esprit, les échanges avec d'autres cultures. Plutôt que de chercher dans le martyre d'une mort élue l'identité personnelle, individuelle — dont la recherche tenaille à l'heure actuelle tant de jeunes musulmans aux prises avec la modernité —, qui leur dira, avec les mots qu'il faut, que cette identité reste à chercher dans l'aventure de la vie ? Ceux qui, en tous pays, assassinent les élites intellectuelles musulmanes — la liste est longue, en particulier en Algérie — savent bien que là réside le vrai danger pour

5. Mahmoud HUSSEIN, *Versant sud de la liberté*, *op. cit.*.

6. Maurice LOMBARD, *L'Islam dans sa première grandeur*, Flammarion, Paris, 1971.

eux, bien plus que dans la puissance de feu américaine qui, pour un mort, allume la haine en dix vivants.

Autorité et démocratie

> « Les plumes assassines sont dans les mains des minorités intégristes, la balle de l'intégration est dans le camp de la France [7]. »
>
> Slimane ZEGHIDOUR

Le négatif de la modernité en Occident, ce sont aujourd'hui les multinationales — leur bras séculier et, pour l'essentiel, leur puissance financière résident aux États-Unis, l'Europe pratiquant le suivisme —, tuant à feu doux, au nom de la raison pervertie, la planète et l'espèce, à coup de rationalité instrumentale économique. Et le négatif de l'islamisme communautaire, c'est le terrorisme actuel, porté par un *genos* perverti, et tuant, lui, à feu vif, au nom d'une eschatologie de la mort.

Le potentiel positif de ces deux civilisations — américaine et musulmane — est immense, et en grande partie encore inconnu. Que peut signifier, alors, de prétendre que l'on ne se reconnaisse ni en l'une ni en l'autre ? Quel sens aujourd'hui de se dire un vieil Européen, né avec Clisthène et Périclès, grandi sous la République romaine, intériorisé et culpabilisé avec Augustin, nourri par les Lumières, enseigné par les deux derniers siècles, et blessé par son temps en des heures où ce fut miracle que la démocratie ne soit pas jetée aux orties ? Cet Européen n'a, lui non plus, guère de raison de se sentir fier de l'Europe actuelle, technocratique, anonyme, sans souffle ni âme, sans grand projet social et culturel, conduite par des hommes qui n'ont pas pris la mesure des changements en cours. Pourtant, l'Europe et la France sont aujourd'hui des laboratoires du possible. Utilisant les grilles de lecture de ce livre, je voudrais montrer concrètement quelques axes de ce possible, qui touchent tous à la problématique de l'autorité. Auparavant, je voudrais une dernière fois reprendre mon propos central, en le resserrant jusqu'à son noyau.

---

7. Slimane ZEGHIDOUR, *Le Voile et la Bannière*, Hachette, Paris, 1990.

De l'illimité vécu aux limites assumées

La modicité des instincts innés dans notre espèce a rendu possible la plasticité humaine du rapport au monde. L'une et l'autre, modicité et plasticité, se paient d'un coût. Tout d'abord, la dépendance de l'enfant au groupe est très longue. Puis, en raison de l'immaturité physiologique qui, dans les premiers temps de la vie, ne permet pas l'étalonnage de la réalité, un archaïsme psychologique se développe, à l'origine d'une angoisse d'abandon que l'individu biologique ne pourra, laissé à lui seul, contrôler. La défense contre ces angoisses nécessite, chez l'enfant et l'adulte, un appoint, qui lui vient de l'environnement social. Cet appoint a pris spontanément la forme de l'autorité, c'est-à-dire de la prolongation de la dépendance affective infantile première, mais tournée désormais envers des figures sociales : celle de la communauté (en général sous des habillages religieux), puis celle du Père, dans la société patriarcale.

Sous ces géométries variables, le schéma psychofamilial peut être dit anthropologique, dans la mesure où les socialisations premières se sont toujours organisées à partir de lui. À partir de ce schéma se monte le socle universel de l'autorité, associant étroitement la défense contre les angoisses archaïques et la menace subliminale du retrait de cette défense en cas de désobéissance (« Moi, ou le chaos », Charles de Gaulle). La modernité, prenant appui sur d'autres ressources anthropologiques, et remettant sans cesse en cause l'absolu culturel et politique du schéma psychofamilial, affaiblit progressivement l'impact des figures traditionnelles de l'autorité, laissant l'individu moderne de plus en plus seul face à son angoisse d'abandon.

Le problème que pose alors la crise de l'autorité peut se formuler assez simplement, même si les voies de sa résolution se révèlent bien plus ardues à suivre. Elles intéressent, en effet, différents secteurs de l'activité et non les moindres puisque sont, entre autres, en cause l'économie et l'organisation du travail, les modalités de la socialisation et la pédagogie. Ce problème peut se formuler ainsi : comment l'individu en viendra-t-il à reconnaître, à accepter que des limites s'imposent à ses actes dans la réalité extérieure et dans la société en particulier ? Des limites qui ne lui seraient pas dictées par la force, l'endoctrinement ou la manipulation psychologique, mais qui susciteraient son adhésion intime et convaincue, étayée à la fois par l'expérience et l'argumentation raisonnée.

Ne craignons pas d'insister sur la notion de limite : c'est elle qui permet, à chaque fois, de définir où n'est pas l'archaïsme. Contre la fusion, la limite entre extérieur et intérieur[8] ; limite identitaire entre soi et l'autre, assurant la différence des sexes et des générations ; les limites du pouvoir de son acte *versus* la démesure du fantasme de toute-puissance ; les limites des droits et devoirs réciproques *versus* l'arbitraire ; les limites précises du discours argumenté *versus* les orgasmes émotionnels ; les limites de l'un dans la coopération *versus* les compétitions narcissiques. Mais, aussi, limite ne signifie pas clôture, puisque le sujet vivant est engagé dans des interactions incessantes avec le monde.

De telles limites ainsi fermement posées à l'extérieur contribueraient, de ce fait même, à jouer un rôle protecteur, à l'intérieur de la personnalité, contre l'illimité des angoisses archaïques. Quand d'évidence tout cesse d'être possible à l'extérieur, une frontière nette sépare ce qui appartient à la dimension de la réalité et à celle du fantasme ; le réalisable se différencie de ce qui est de l'ordre du désir de toute-puissance avec ses ramifications. On peut bien rêver dans sa tête, mais pas dans la réalité. Mais aussi, la reconnaissance et l'acceptation par l'individu de limites ainsi posées à ses désirs, et la pleine conscience de sa finitude — c'est-à-dire, en définitive, de son pouvoir limité sur le monde et de la blessure narcissique d'une telle limitation — nécessitent, par définition même, l'existence, la présence d'un tel pouvoir, fût-il limité. Celui qui reste sans pouvoir aucun sur sa vie, sur ses actes, celui pour qui tout est impossible dans la réalité doit nécessairement trouver ailleurs des compensations ; ailleurs, c'est-à-dire dans la dimension du fantasme, là où il n'existe plus de cloison étanche avec les archaïsmes.

Affronter au long cours la crise de l'autorité nécessite chez l'individu la délimitation solide, depuis l'enfance, entre réel et imaginaire. Le réel concerne la réalité extérieure et les actes qui s'y inscrivent ; le virtuel n'est pas le réel, le rêve n'est pas l'action, le possible diffère de la toute-puissance. L'imaginaire, quand il est vécu comme tel hors de toute confusion avec le monde de la réalité objective, autorise par ailleurs les productions fantasmatiques et nourrit les processus créatifs. Pour

8. Rappelons le livre-pionnier de Didier ANZIEU, *Le Moi-peau*, Dunod, Paris, 1985.

prendre un exemple : autant le romantisme politique plus haut point dangereux, autant le romantisme en hautement bénéfique pour la personnalité et représe usage psychologique des archaïsmes, aussi bien d'aill[illegible], même si à des niveaux différents, pour le créateur ou l'amateur. Rappelons la définition célèbre donnée par Novalis du romantisme, qui recoupe étroitement ce que nous avons décrit comme étant les archaïsmes : « En donnant à l'ordinaire un visage mystérieux, au connu la grandeur de l'inconnu, au fini l'illusion de l'infini, je le rends romantique. »

Essayons, alors, de préciser la nature des axes du possible actuel.

Civiliser le schéma psychofamilial

Premier axe : on peut civiliser et socialiser le *genos*, le schéma psychofamilial, cette antique défense sociale contre les archaïsmes et l'angoisse d'abandon. Trois exemples. En un siècle, en France, grâce à la séparation de l'Église et de l'État et aux évolutions du monde moderne, le catholicisme a commencé à changer de culture. Quoi de commun, en effet, entre Vatican 2 et le langage de *Civilta cattolica*, la revue du Vatican, écrivant en 1899, sous l'inspiration de Léon XIII : « Celui qui s'adapte aux temps, transige, pourra se donner le nom qu'il veut, mais devant Dieu et devant l'Église, il est un rebelle et un traître. » Était-il concevable, il y a un siècle, qu'un évêque puisse écrire : « Dès que nous prétendons — dans l'Église catholique, nous en avons la triste expérience au cours de notre histoire — posséder la vérité ou parler au nom de l'humanité, nous tombons dans le totalitarisme et l'exclusion. Nul ne possède la vérité, chacun la recherche [9]. »

Deuxième exemple : en politique, la place respective accordée à la légalité (*demos*) et à la légitimité (*genos*) permet de mesurer le degré de socialisation démocratique du schéma psychofamilial : sa relative stabilité actuelle témoigne de la nécessité du compromis permanent entre besoins subjectifs et réalité objective.

---

9. Mgr Pierre Claverie, évêque d'Oran, *Nouveaux Cahiers du Sud*, L'Aube, janvier 1996. Mgr Claverie a été assassiné en Algérie le 1er août 1996.

Enfin, et surtout, il est un point qui peut paraître décisif, et que révèlent des enquêtes comparatives à dix ans d'intervalle concernant la pratique religieuse des musulmans de France : celle-ci est en hausse, marquant l'« intégration sans la sécularisation [10] ». Pour le sociologue de l'islam Frank Frégosi, qui commente ces enquêtes, « ce qui progresse, ce n'est pas un islam privatif, mais une religion qui s'exprime de manière collective ». À partir des cinq millions de musulmans français, une considérable force intellectuelle et spirituelle peut se développer, gardienne d'une croyance de plus en plus éclairée, et qui pourrait jouer un rôle marquant dans le renouveau culturel et politique de l'islam dans le monde. Preuve est ainsi apportée que l'État laïque et républicain est compatible avec la foi islamique. Dans les prochaines vingt années, l'élément le plus dynamique de la société française pourrait bien se trouver là, en particulier chez les filles, pour lesquelles les études représentent le seul accès à la réalisation de soi. Gardons à l'esprit, pour ce premier axe, que ce qui se développera de civilisé à partir du schéma psychofamilial sera toujours vécu par l'individu comme faisant pour lui autorité.

Compléter le schéma psychofamilial

Deuxième axe : on peut compléter les déficits du schéma psychofamilial présent et à venir par des formes de « communautés » non plus familialistes, et pourtant tout aussi défensives que ces dernières contre l'angoisse d'abandon. Qu'on songe aux rencontres sportives qui, du plus petit village jusqu'au Mondial de football ou aux jeux Olympiques, touchent des centaines de millions d'humains, partageant les mêmes émotions, et surtout acceptant les mêmes règles du jeu. Toute une ville, tout un pays, s'enflamment « communautairement », lorsque leur équipe gagne. Bien entendu, un tel patriotisme de clocher émane du schéma psychofamilial anthropologique. Mais c'est aussi, dans le respect strict de certaines conduites, avec une immédiate sanction en cas de faute, de la beauté du jeu, du *fair play*, de la mise en œuvre de l'esprit d'équipe que procèdent l'émotion et le plaisir du spectateur, tout autant que de la soif de gagner ou de la retrouvaille fusionnelle — et cela hors de toute transcendance.

10. *Le Monde*, 5 octobre 2001, p. 10-11.

Faut-il rappeler que les premiers jeux Olympiques sont nés en Grèce, berceau de la démocratie ?

On n'a pas non plus pris encore toute la mesure de ces nombreux et immenses festivals et rassemblements, parades et parties, qui, chaque été, réunissent en Europe — et ailleurs — des centaines de milliers de jeunes. Des rencontres dont l'« enveloppe » porte pour « adresse » la musique, les voyages, la Love ou la Gay Parade, voire la danse hallucinée sous drogue, mais dont le véritable « contenu » est l'appétence communautaire, le grand désir d'être ensemble, de rejoindre « ceux de la bande », qui trouve à se satisfaire ici sous la forme non familialiste, et beaucoup plus souvent pour le meilleur que pour le pire.

Développer la personnalité psychosociale

Troisième axe : on peut aider l'individu à se socialiser sous des formes nouvelles, ni communautaires, ni patriarcales, que j'appellerai « psychosociales ». Tel est le cas dans les associations, élément essentiel du tissu social actuel : on compte aujourd'hui quelque 800 000 associations en France ; 60 000 se créent chaque année ; un Français sur deux y cotise, et les bénévoles se comptent par millions. Mais il n'y a socialisation véritable que sous condition qu'elles fonctionnent de manière démocratique, ce qui n'est jamais évident.

Un problème de fond se présente, qui concerne la non-intégration dans la culture générale des recherches poursuivies depuis les années trente sur le fonctionnement des groupes à enjeux sociaux [11]. On retrouve ici le vrai scandale, signalé au tout début du livre à propos des IUFM, du « blanc » pédagogique en ce qui concerne la vie des groupes, et en particulier de celle du groupe-classe. À l'avenir, les groupes à enjeux sociaux peuvent jouer un rôle très important dans les nouvelles formes de socialisation de l'individu.

Il faut, alors, dire un mot de ce qu'est notre propre travail collectif dans le champ social depuis 1971 [12]. Il concerne, dans les établissements, les entreprises, les associations, la mise en place

11. Gérard MENDEL et Jean-Luc PRADES, *Sociologie des interventions psychosociales*, La Découverte, coll. « Repères », Paris, à paraître.

12. Gérard MENDEL, *La société n'est pas une famille*, La Découverte, Paris, 1992.

d'un dispositif de concertation et de communication venant s'ajouter au long cours à l'organisation du travail existant. De trois à cinq fois par an, des « groupes homogènes de métier » se réunissent, sur la base du volontariat, et réfléchissent, chaque groupe à part, sur les problèmes de fond de leur travail particulier. Ils rédigent un compte rendu, qui fait état de leurs réflexions, demandes, propositions, à propos de leur acte de travail, l'ensemble des comptes rendus circulant dans toute l'institution ; les responsables de la direction se réunissent eux aussi dans un « comité de pilotage ».

Depuis vingt ans, une adaptation du dispositif à l'école a été mise en place durant un an dans plusieurs centaines de classes de l'enseignement public en France, Belgique, Argentine (dans ce dernier pays, des « régulateurs » qui appliquent cette méthode sont formés dans deux universités [13]). Il s'agit là, à l'école, d'une méthode de « socialisation non identificatoire », qui vient s'ajouter aux socialisations traditionnelles. L'école cesse d'être ce lieu plutôt incompréhensible dans lequel des adultes, avec lesquels souvent le contact est devenu difficile, expriment des exigences mal comprises, ce lieu où la vraie vie se passe ailleurs, à l'intérieur de la classe d'âge. Le dispositif, par les apprentissages qu'il permet, incarne, dans le présent, l'image anticipée de ce que pourrait être plus tard, pour ces élèves, une société qui permettrait l'expression de soi, l'écoute et le respect des autres, la comparaison des vécus et des expériences, le bon usage du collectif et de son fonctionnement ; la communication (indirecte) avec le groupe des enseignants introduit un mode d'échange qui permet de retrouver, sous une forme différente, la transmission du patrimoine culturel d'une génération à l'autre. Dit autrement : un vécu en grande partie sur le mode de l'autorité archaïque (une école au fonctionnement mystérieux, devant lequel on se sent impuissant) est haussé à un niveau psychologique plus évolué, grâce au fonctionnement d'un dispositif démocratique. Ni l'autorité ni la démocratie ne sont niées dans leurs spécificités ou bien confondues, mais des formes nouvelles de compromis sont passées entre elles.

---

13. Claire RUEFF-ESCOUBÈS, *La Démocratie dans l'école*, 2e édition, Syros, Paris, 1997.

Le face à face avec l'angoisse de la solitude

Le quatrième axe, enfin, concerne non plus, vis-à-vis des archaïsmes ou de l'angoisse d'abandon, la défense sociale ou une reconstruction de la personnalité dans la dimension psychosociale, mais le fait d'assumer, de prendre en charge, dans un face à face personnel, la finitude propre à l'individualité et la part de solitude et d'angoisse que comporte toute existence humaine autonome. Un champ immense se dessine ici, celui des élections amoureuses, des choix de vie, des investissements culturels, du développement personnel de l'individu. Plusieurs directions s'ouvrent, et des chemins laïques que ne pouvait connaître l'individu communautaire, manières nouvelles de se relier au monde et aux autres.

Il y a le chemin du grandissement de soi, grâce à un horizon élargi aux autres cultures et à la connaissance du passé ; et grâce tout autant à une compréhension neuve de sa pratique professionnelle, de ses implications en amont et en aval, avec ici, à défricher, la problématique du pouvoir sur l'acte et son rapport à l'autorité. *Il y a* le rapport au monde de la nature, qui cesse d'être l'objet de ce « désenchantement », devenu après Max Weber un pont-aux-ânes intellectuel, pour s'ouvrir sur un nouvel enchantement. Que le feu ou la foudre ne renferment plus une puissance surnaturelle, que les bosquets ne s'emplissent plus de faunes ou de nymphes, et que le ciel soit devenu vide des dieux de la mythologie ne peut qu'enrichir le rapport de l'individu à la nature. À lire l'admirable « Histoire du sentiment de la nature », dans *Cosmos* d'Alexandre de Humboldt, on réalise combien la sensibilité de l'homme moderne sur ce point s'est développée, et non pas appauvrie.

Notre espèce est née de deux souches. L'une — il y aura été constamment insisté dans ce livre —, sociale et culturelle, est celle « de singes qui, en apprenant à chasser comme les loups », ont développé la qualité suprême, l'improvisation créatrice (le jazz en porte témoignage quotidiennement). Mais, aussi, par notre seconde souche, nous continuons d'appartenir pleinement au monde de la nature ; la biologie nous révèle chaque jour l'infinie complexité de ses régulations, et l'écologie bien comprise nous apprend à mieux connaître et préserver ses beautés.

Il y a encore le voyage, l'opposé du tourisme. Et, enfin, commence à s'ouvrir l'immense domaine de l'art, la musique et sa place aujourd'hui première dans la vie de beaucoup d'individus, la peinture, la poésie, le chant, la danse. L'art nous introduit au grand secret : c'est nous-mêmes, l'individu, ses ressources créatives, qui « enchantons » le monde, et non le mystère d'une supposée dimension surnaturelle, ou un magicien suprême, ou les dieux de l'Olympe. Le rêve, le fantasme, la création, le jeu, la fête ne sont que de nous, et ils sont à nous, si nous le voulons. Peuvent-ils aider l'individu à renoncer à se dissoudre dans la communauté, lui permettre d'assumer la finitude et la solitude ? À chacun d'en décider.

La légitimité de la politique ne sera sans doute désormais reconnue par l'individu moderne que si elle lui permet de développer ses ressources personnelles et d'investir ainsi les divers champs du possible. Il y faut des conditions, dont la connaissance et la mise en œuvre ouvrent des territoires nouveaux autant à la recherche qu'à la démocratie, venant, dans ce dernier cas, s'ajouter à ceux déjà défrichés et toujours à entretenir. C'est toute la pédagogie qui est à revoir si l'on veut que l'accent se déplace de la compétition à la coopération. Il fut un temps récent où l'on voulait changer de société pour « fabriquer l'homme nouveau ». La voie contraire se révèle plus exacte. L'homme nouveau est déjà là, chrysalide ; ce sont les conditions sociales lui permettant de devenir papillon qu'il faut « fabriquer ».

Un musulman éclairé, inquiétant pour les multinationales du pétrole et donc laissé sur le carreau par l'Europe et sa *realpolitik* démocraticide — et au plus haut point dangereux pour les fanatiques, et donc assassiné —, avait, à partir de son expérience, en quelque sorte déjà résumé l'objet universel du présent livre : « Nous voudrions que notre pays appartienne à ses citoyens et pas uniquement à la famille. Nous pensions que l'islam en tant que religion devait servir à parfaire l'État, et non pas à conserver l'ordre ancien au nom d'une tradition ancestrale. Nous voulions une République islamique tolérante, qui respecte les droits et les libertés de l'homme, prône les règles de la démocratie, parce que c'est une absurdité de dire que l'islam est en contradiction avec la démocratie [14]. »

---

14. Commandant MASSOUD, « Entretien avec Wojciech Jagielski », *Le Monde*, 19 septembre 2001.

Index

Table

II. LES FIGURES PASSÉES DE L'AUTORITÉ

III. L'AUTORITÉ AUJOURD'HUI, LA RÉGRESSION VERS L'ARCHAÏSME

BUSSIÈRE CAMEDAN IMPRIMERIES
GROUPE CPI

Composition Facompo, Lisieux
Achevé d'imprimer sur Cameron
à Saint-Amand-Montrond (Cher)
en janvier 2002.
Dépôt légal : février 2002.
N° d'impression : 020214/1
Imprimé en France